构建事业单位内部控制的完整体系
依据《行政事业单位内部控制规范（试行）》编写

弗布克事业单位规范化管理系列

（第2版）

行政事业单位内部控制精细化管理全案

王德敏　李超超◎编著

中国劳动社会保障出版社

内容提要

本书提供了"控制内容+控制目的+控制制度+控制流程"四位一体的行政事业单位内部控制精细化管理全案。

本书细化了行政事业单位组织架构、会计系统、信息系统、预算与结余、收入、支出、债务、政府采购、货币资金、往来资金、实物资产、无形资产、对外投资、工程项目、合同控制等15类工作事项的规范化设计内容,是一本不可多得的实用手册。

本书适用于行政事业单位内部工作者、财务工作者、内控研究人员、高校相关专业师生,以及其他欲了解和掌握行政事业单位内部控制知识的人士使用。

图书在版编目(CIP)数据

行政事业单位内部控制精细化管理全案 / 王德敏,李超超编著. -- 2 版. -- 北京:中国劳动社会保障出版社,2020

(事业单位人力资源管理实务丛书)

ISBN 978-7-5167-4694-3

Ⅰ. ①行… Ⅱ. ①王… ②李… Ⅲ. ①行政事业单位-内部审计-中国 Ⅳ. ①F239.66

中国版本图书馆 CIP 数据核字(2020)第 221514 号

中国劳动社会保障出版社出版发行

(北京市惠新东街1号 邮政编码:100029)

*

北京市艺辉印刷有限公司印刷装订 新华书店经销

787 毫米×1092 毫米 16 开本 26.5 印张 499 千字

2020 年 12 月第 2 版 2020 年 12 月第 1 次印刷

定价:68.00 元

读者服务部电话:(010) 64929211/84209101/64921644

营销中心电话:(010) 64962347

出版社网址:http://www.class.com.cn

版权专有 侵权必究

如有印装差错,请与本社联系调换:(010) 81211666

我社将与版权执法机关配合,大力打击盗印、销售和使用盗版图书活动,敬请广大读者协助举报,经查实将给予举报者奖励。

举报电话:(010) 64954652

前　言

作为国家政策贯彻和执行的行政事业单位，为了保证各项政策的落实和执行，为了保证国有资产不流失，提高国有资产的使用效率，就必须建立一套对业务活动进行组织、制约、考核和调节的方法、程序和措施，也就是必须建立起完善的内部控制体系。

完善的内部控制体系可以规范组织的内部行为，堵塞漏洞，消除隐患，保护国有资产的安全，进而改善组织的经营管理，提高组织的运营效率和效益。

行政事业单位如何结合自身特点，优化控制环境，明确控制目标，改善控制技术，并不断完善内部控制系统，提高内部控制的效果？行政事业单位如何以内部会计控制和内部管理控制为中心，建立完善的内部控制体系？行政事业单位在建立内部控制体系的过程中，如何具体操作？如何通过对各部门、各层次、各环节的控制，确保组织目标和有关方针、政策的贯彻执行？

本书从内部财务会计控制和内部管理控制两大方向，从岗位责任、授权审批、预算管理、操作规范、业务流程这五大维度对行政事业单位的组织架构、会计系统、信息系统、预算与结余、收入、支出、债务、政府采购、货币资金、往来资金、实物资产、无形资产、对外投资、工程项目、合同控制等15类工作事项进行了规范化设计，并给出了具体的制度、流程、细则、办法和规定。

本书从行政事业单位内部控制工作事项的目的、内容、控制制度、控制流程这四个角度构建了行政事业单位内部控制精细化管理的内容框架，形成了行政事业单位内部控制精细化管理的内容体系，集系统性、操作性、工具性、全案性、精细化于一体。同时，对每项内容都进行了具体的、以实用为中心的操作性设计。

本书共设计有88项内部控制内容、63个内部控制目的描述、138套内部控制制度、21个业务控制流程。通过这些实务性兼实用性内容的设计，帮助行政事业单位建立起一整套规范化的内部控制体系。行政事业单位的工作人员可以"拿来即用"或"即改即用"。

在本书编写的过程中，孙立宏、贾月负责资料的收集和整理，刘井学负责本书图表的编排,李作学、刘继萍参与修订了本书的第1、2章,齐艳霞、刘仙梅、沈冬霞参与编写了本书的第3、4章,周轩参与编写了本书的第5、6章,袁晓烈、张心参与编写了本书的第7、8章,王淑敏参与编写了本书的第9、10章,林才顺参与编写了本书的第11、12章,周常发、韩丽微参与编写了本书的第13、14章,余雪杰参与编写了本书的第15、16章,全书由王德敏、李超超统筹定稿。

目 录

第1章 行政事业单位内部控制 ... 1

第1节 行政事业单位内部控制框架 ... 2
- 1.1.1 行政事业单位内部控制体系 ... 2
- 1.1.2 行政事业单位内部控制的目标 ... 2
- 1.1.3 行政事业单位内部控制的原则 ... 3
- 1.1.4 行政事业单位内部控制的要素 ... 4
- 1.1.5 行政事业单位内部控制的方法 ... 4

第2节 如何完善行政事业单位内部控制体系 ... 5
- 1.2.1 加强组织控制 ... 5
- 1.2.2 加强预算控制 ... 6
- 1.2.3 加强会计控制 ... 6
- 1.2.4 加强审计监督 ... 6

第2章 行政事业单位内部控制规范——组织架构 ... 9

第1节 组织机构管理控制 ... 10
- 2.1.1 组织机构控制的内容 ... 10
- 2.1.2 组织机构控制的目的 ... 10
- 2.1.3 机构设置与编制管理制度 ... 11
- 2.1.4 内设机构设置、撤销及合并流程 ... 15
- 2.1.5 内设机构职责说明书编制模板 ... 16

第2节 议事决策机构控制 ... 16
- 2.2.1 议事决策机构控制的内容 ... 16
- 2.2.2 议事决策机构控制的目的 ... 17

2.2.3 重大经济活动专家论证制度	18
2.2.4 "三重一大"事项决策与责任追究管理制度	21

第3节 关键岗位控制 25

2.3.1 关键岗位控制的内容	25
2.3.2 关键岗位控制的目的	25
2.3.3 关键岗位分析评价实施办法	26
2.3.4 关键岗位说明书编写示范	29
2.3.5 不相容岗位管理办法	31
2.3.6 关键岗位任职资格管理制度	33
2.3.7 关键岗位人员招录选拔管理制度	37
2.3.8 关键岗位人员培训开发管理制度	41
2.3.9 关键岗位任职人员轮岗管理办法	44
2.3.10 关键岗位人员业绩考核管理制度	46
2.3.11 关键岗位违法违纪惩戒管理制度	49

第3章 行政事业单位内部控制规范——会计系统 53

第1节 会计系统控制的内容与目的 54

3.1.1 会计系统控制的内容	54
3.1.2 会计系统控制的目的	54

第2节 会计机构控制规范 55

3.2.1 内部会计机构设计	55
3.2.2 会计机构职责权限	55
3.2.3 会计系统授权审批制度	58
3.2.4 内部会计工作岗位说明书	60

第3节 会计政策控制规范 62

3.3.1 会计管理制度	62
3.3.2 会计核算操作制度	70
3.3.3 会计核算数据管理制度	73
3.3.4 会计核算档案管理制度	74

第4节 会计业务控制规范 76

3.4.1 会计凭证管理制度	76
3.4.2 会计账簿管理制度	80
3.4.3 财务报告编制与报送流程	85

第4章 行政事业单位内部控制规范——信息系统 … 87

第1节 信息系统控制的内容与目的 … 88
- 4.1.1 信息系统控制的内容 … 88
- 4.1.2 信息系统控制的目的 … 88

第2节 信息系统岗位控制规范 … 89
- 4.2.1 信息系统机构设计 … 89
- 4.2.2 信息系统不相容岗位分离制度 … 91
- 4.2.3 信息系统归口管理实施制度 … 93

第3节 信息系统开发控制规范 … 96
- 4.3.1 信息系统开发岗位责任管理制度 … 96
- 4.3.2 信息系统规划管理制度 … 98
- 4.3.3 信息系统开发外包管理制度 … 99
- 4.3.4 信息系统自行开发管理流程 … 102

第4节 信息系统运行维护控制规范 … 103
- 4.4.1 信息系统运行维护责任管理制度 … 103
- 4.4.2 信息系统设备资产管理制度 … 105
- 4.4.3 信息系统安全管理实施细则 … 107
- 4.4.4 信息系统数据定期备份制度 … 109
- 4.4.5 信息系统用户账号管理制度 … 111
- 4.4.6 信息系统应用操作管理办法 … 113

第5章 行政事业单位内部控制规范——预算与结余 … 115

第1节 预算与结余控制的内容 … 116
- 5.1.1 预算控制的内容 … 116
- 5.1.2 结余控制的内容 … 116

第2节 预算岗位责任与授权批准制度 … 117

5.2.1 预算业务岗位责任制度 ··· 117
5.2.2 预算管理授权审批制度 ··· 121

第3节 预算编制内部控制规范 ··· 124
5.3.1 预算编制管理制度 ··· 124
5.3.2 年度预算方案制订规则 ··· 127

第4节 预算执行内部控制规范 ··· 129
5.4.1 预算执行责任制度 ··· 129
5.4.2 重大预算项目管理办法 ··· 131
5.4.3 预算执行情况考核制度 ··· 133

第5节 预算调整分析内部控制规范 ··· 135
5.5.1 预算调整管理办法 ··· 135
5.5.2 预算执行分析制度 ··· 137
5.5.3 预算执行内部审计制度 ··· 140
5.5.4 预算执行考核奖惩制度 ··· 143

第6节 结余管理内部控制规范 ··· 145
5.6.1 净结余管理控制制度 ··· 145
5.6.2 未完结转项目结余控制制度 ··· 147

第6章 行政事业单位内部控制规范——收入 ··· 149

第1节 收入控制的内容与目的 ··· 150
6.1.1 收入控制的内容 ··· 150
6.1.2 收入控制的目的 ··· 150

第2节 收入业务岗位责任与授权审批 ··· 151
6.2.1 收入业务岗位责任制度 ··· 151
6.2.2 收入业务授权审批制度 ··· 153

第3节 征收与票据管理内部控制规范 ··· 156
6.3.1 非税收入征收责任制度 ··· 156
6.3.2 非税收入征收实施细则 ··· 158
6.3.3 非税收入票据管理制度 ··· 160

第4节 收入管理内部控制流程 ··· 162

6.4.1 征收减免审批流程 ·· 162

6.4.2 票据台账管理流程 ·· 163

第7章 行政事业单位内部控制规范——支出 ·· 165

第1节 基本支出内部控制规范 ·· 166

7.1.1 基本支出内部控制的内容与目的 ·· 166

7.1.2 基本支出岗位责任制度 ·· 167

7.1.3 个人和家庭补助支出管理制度 ·· 169

7.1.4 基本支出财务分析评价制度 ··· 170

第2节 项目支出内部控制规范 ·· 172

7.2.1 项目支出内部控制的内容与目的 ·· 172

7.2.2 项目申报管理制度 ·· 173

7.2.3 项目内部审核管理规定 ·· 175

7.2.4 项目支出预算管理制度 ·· 176

7.2.5 预算项目实施管理制度 ·· 178

第3节 政府专项支出内部控制规范 ·· 180

7.3.1 专项支出内部控制的内容与目的 ·· 180

7.3.2 专项支出岗位责任制度 ·· 181

7.3.3 专项支出授权审批制度 ·· 183

7.3.4 专项支出分析管理制度 ·· 185

第4节 其他支出内部控制规范 ·· 187

7.4.1 其他支出内部控制的内容和目的 ·· 187

7.4.2 其他支出关键风险控制制度 ··· 188

第8章 事业单位内部控制规范——债务 ·· 191

第1节 债务控制的内容与目的 ·· 192

8.1.1 债务控制的内容 ·· 192

8.1.2 债务控制的目的 ·· 192

第2节 债务举借控制规范 ·· 193

8.2.1 债务管理岗位职责权限 ·· 193

8.2.2 债务举借决策论证与审批制度 194
8.2.3 可举债单位债务举借管理流程 197

第3节 债务使用控制规范 198
8.3.1 债务资金使用控制制度 198
8.3.2 债务偿还管理控制流程 200
8.3.3 债务检查与清理管理制度 201

第9章 行政事业单位内部控制规范——政府采购 205

第1节 政府采购控制的内容与目的 206
9.1.1 政府采购控制的内容 206
9.1.2 政府采购控制的目的 206

第2节 政府采购岗位责任与授权批准制度 207
9.2.1 政府集中采购之岗位责任制度 207
9.2.2 部门集中采购之岗位责任制度 210
9.2.3 自行采购之岗位责任制度 212
9.2.4 政府采购授权审批制度 214

第3节 政府采购预算与计划内部控制规范 216
9.3.1 政府采购预算管理办法 216
9.3.2 政府采购计划编制报审办法 218
9.3.3 政府采购预算追加调整办法 221

第4节 政府采购活动执行过程内部控制规范 222
9.4.1 政府采购代理机构选择管理办法 222
9.4.2 政府采购验收管理制度 224
9.4.3 政府采购付款管理制度 226
9.4.4 政府采购业务记录与公告细则 227
9.4.5 政府采购项目安全保密管理办法 229
9.4.6 政府采购备案审批监督检查办法 231

第5节 政府采购管理内部控制流程 235
9.5.1 政府采购预算业务流程 235
9.5.2 政府采购管理控制流程（单位自行采购） 236

第 10 章 行政事业单位内部控制规范——货币资金 ... 237

第 1 节 货币资金控制的内容与目的 ... 238
10.1.1 货币资金控制的内容 ... 238
10.1.2 货币资金控制的目的 ... 238

第 2 节 岗位责任与授权批准制度 ... 239
10.2.1 货币资金岗位责任制度 ... 239
10.2.2 货币资金授权审批制度 ... 241

第 3 节 现金和银行存款管控制度 ... 243
10.3.1 现金管理办法 ... 243
10.3.2 现金支付制度 ... 245
10.3.3 支付结算细则 ... 247
10.3.4 银行对账制度 ... 250

第 4 节 票据及有关印章管理办法 ... 251
10.4.1 票据管理办法 ... 251
10.4.2 印章管理办法 ... 253

第 5 节 货币资金管理流程 ... 255
10.5.1 备用金管理流程 ... 255
10.5.2 支付业务管理流程 ... 256
10.5.3 印章使用管理流程 ... 257

第 11 章 行政事业单位内部控制规范——往来资金 ... 259

第 1 节 往来资金控制的内容与目的 ... 260
11.1.1 往来资金控制的内容 ... 260
11.1.2 往来资金控制的目的 ... 260

第 2 节 往来资金岗位责任与授权批准制度 ... 261
11.2.1 往来资金岗位责任制度 ... 261
11.2.2 往来资金授权审批制度 ... 263

第 3 节 往来资金内部控制制度 ... 265
11.3.1 往来资金管理控制办法 ... 265

11.3.2 往来资金管理责任制度 ·················· 268
11.3.3 往来结算票据管理规定 ·················· 270
11.3.4 往来资金定期清理制度 ·················· 271

第4节 往来资金管理流程 ·················· 273
11.4.1 往来资金审批流程 ·················· 273
11.4.2 往来资金清理流程 ·················· 275

第12章 行政事业单位内部控制规范——实物资产 ·················· 277

第1节 实物资产控制的内容与目的 ·················· 278
12.1.1 实物资产控制的内容 ·················· 278
12.1.2 实物资产控制的目的 ·················· 278

第2节 岗位责任与授权审批制度 ·················· 279
12.2.1 实物资产岗位责任制度 ·················· 279
12.2.2 实物资产授权批准制度 ·················· 281

第3节 取得与验收内部控制规范 ·················· 283
12.3.1 实物资产预算管理制度 ·················· 283
12.3.2 实物资产请购审批制度 ·················· 285
12.3.3 实物资产交付使用验收制度 ·················· 287

第4节 使用与维护内部控制规范 ·················· 289
12.4.1 实物资产使用管理办法 ·················· 289
12.4.2 实物资产领用交回制度 ·················· 291
12.4.3 固定资产维修保养制度 ·················· 293
12.4.4 固定资产投保管理规定 ·················· 295
12.4.5 实物资产清查管理制度 ·················· 296

第5节 处置与转移内部控制规范 ·················· 298
12.5.1 实物资产处置管理制度 ·················· 298
12.5.2 资产内部审计考评制度 ·················· 301
12.5.3 实物资产统计报告制度 ·················· 303

第6节 实物资产管理流程 ·················· 305
12.6.1 实物资产内部领用流程 ·················· 305

12.6.2	固定资产维修保养流程	306
12.6.3	实物资产的出售流程	307
12.6.4	实物资产的报废流程	308

第13章 行政事业单位内部控制规范——无形资产 … 309

第1节 无形资产控制的内容与目的 … 310
- 13.1.1 无形资产控制的内容 … 310
- 13.1.2 无形资产控制的目的 … 310

第2节 岗位责任与授权批准制度 … 311
- 13.2.1 无形资产岗位责任制度 … 311
- 13.2.2 无形资产授权批准制度 … 313

第3节 取得与验收内部控制规范 … 315
- 13.3.1 外购无形资产请购审批制度 … 315
- 13.3.2 无形资产交付使用验收制度 … 316

第4节 使用与管理内部控制规范 … 318
- 13.4.1 无形资产日常管理规范 … 318
- 13.4.2 无形资产摊销管理规定 … 321

第5节 处置与转移内部控制规范 … 322
- 13.5.1 无形资产处置管理制度 … 322
- 13.5.2 无形资产调拨管理细则 … 324

第14章 事业单位内部控制规范——对外投资 … 327

第1节 对外投资控制的内容与目的 … 328
- 14.1.1 对外投资控制的内容 … 328
- 14.1.2 对外投资控制的目的 … 328

第2节 岗位责任与授权审批制度 … 329
- 14.2.1 对外投资岗位责任制度 … 329
- 14.2.2 对外投资授权审批制度 … 331
- 14.2.3 对外投资管理控制总流程 … 334

第3节 对外投资决策控制规范 … 335

14.3.1 对外投资可行性研究评估流程 ………………………………………… 335
14.3.2 对外投资方案集体决策论证制度 ……………………………………… 336
14.3.3 对外投资项目报批管理办法 …………………………………………… 339

第4节 对外投资实施控制规范 …………………………………………………… 341

14.4.1 对外投资计划管理办法 ………………………………………………… 341
14.4.2 对外投资项目追踪管理制度 …………………………………………… 345
14.4.3 对外投资业务会计核算制度 …………………………………………… 347
14.4.4 对外投资资产处理与回收管理制度 …………………………………… 349

第5节 对外投资评价控制规范 …………………………………………………… 352

14.5.1 对外投资业务监督检查实施细则 ……………………………………… 352
14.5.2 对外投资项目评价报告实施办法 ……………………………………… 355
14.5.3 对外投资项目内部审计管理制度 ……………………………………… 358

第15章 行政事业单位内部控制规范——工程项目 …………………………… 363

第1节 工程项目控制的内容与目的 ……………………………………………… 364

15.1.1 工程项目控制的内容 …………………………………………………… 364
15.1.2 工程项目控制的目的 …………………………………………………… 364

第2节 岗位责任与授权批准制度 ………………………………………………… 365

15.2.1 工程项目岗位责任制度 ………………………………………………… 365
15.2.2 工程项目授权审批制度 ………………………………………………… 367

第3节 工程项目立项与招标内部控制规范 ……………………………………… 369

15.3.1 工程项目立项管理办法 ………………………………………………… 369
15.3.2 工程项目招标管理办法 ………………………………………………… 371

第4节 价款支付与工程实施内部控制规范 ……………………………………… 375

15.4.1 工程进度款支付制度 …………………………………………………… 375
15.4.2 工程项目变更管理制度 ………………………………………………… 377
15.4.3 工程项目进度控制办法 ………………………………………………… 380

第5节 工程竣工验收与决算内部控制规范 ……………………………………… 381

15.5.1 工程竣工决算管理办法 ………………………………………………… 381
15.5.2 工程竣工决算审计办法 ………………………………………………… 383

15.5.3　工程竣工验收管理办法 386

第6节　工程项目管理内部控制流程 388
15.6.1　工程项目招标管理流程 388
15.6.2　工程项目决算管理流程 389

第16章　行政事业单位内部控制规范——合同控制 391

第1节　合同控制的内容与目的 392
16.1.1　合同控制的内容 392
16.1.2　合同控制的目的 392

第2节　岗位责任与授权批准制度 393
16.2.1　合同管理岗位责任制度 393
16.2.2　合同归口管理制度 395

第3节　合同编审内部控制规范 396
16.3.1　合同风险防范制度 396
16.3.2　合同会审实施办法 400

第4节　合同订立履行内部控制规范 402
16.4.1　合同保密管理制度 402
16.4.2　合同档案管理规定 404
16.4.3　合同变更管理办法 406
16.4.4　合同履行验收管理制度 407

第 1 章

行政事业单位内部控制

行政事业单位内部控制
精细化管理全案
（第 2 版）

第1节 行政事业单位内部控制框架

1.1.1 行政事业单位内部控制体系

财政部 2012 年 11 月颁布、于 2014 年 1 月施行的《行政事业单位内部控制规范（试行）》（以下简称《内控规范》）是我国行政事业单位开展经济活动内部控制工作的总纲领和总指导性文件。

《内控规范》除总则、附则外，核心内容主要包括行政事业单位经济活动的风险评估和控制方法、单位层面内部控制、业务层面内部控制、评价与监督四大部分。四大部分的具体内容如图 1-1 所示。

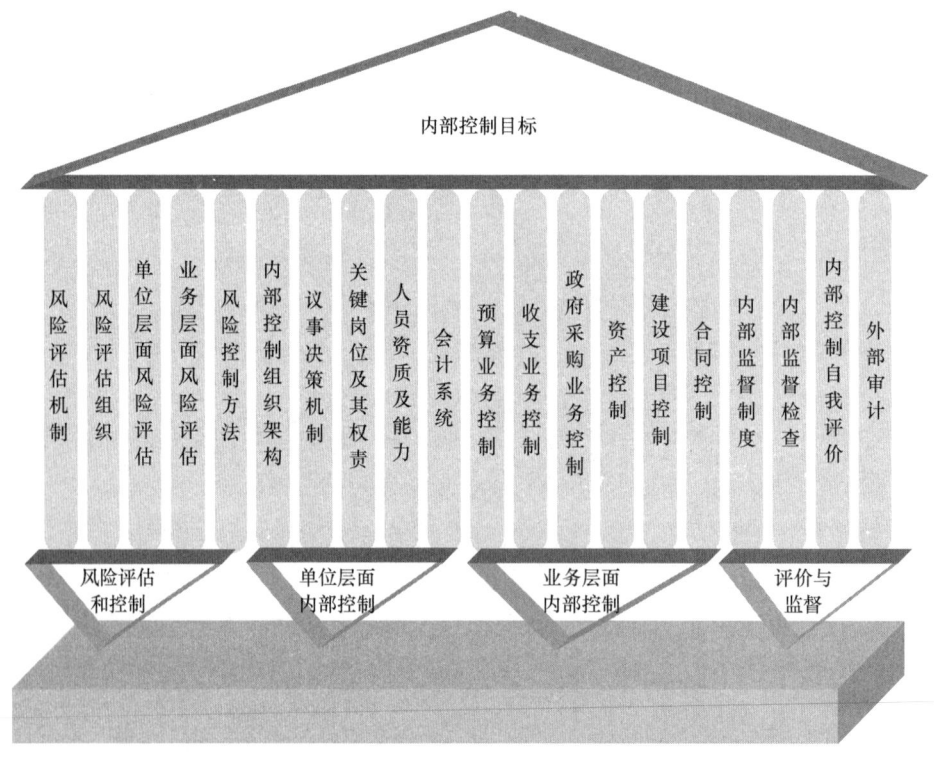

图 1-1 《内控规范》核心内容

1.1.2 行政事业单位内部控制的目标

行政事业单位的内部控制工作以财政预算为中心，涵盖行政事业单位各项经济业务及相关的工作岗位。设定相应的控制目标有利于把握内控体系建设的方向。《内控规范》主要包含五个方面，如图 1-2 所示。

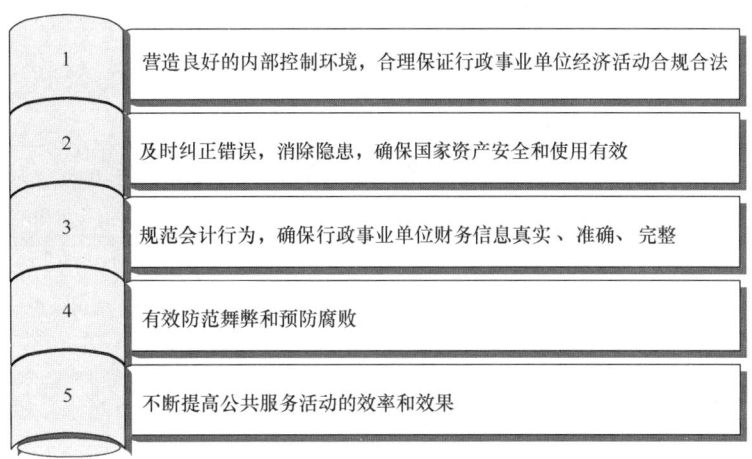

图 1-2 《内控规范》包含的五个方面

1.1.3 行政事业单位内部控制的原则

行政事业单位内部控制是贯穿于行政事业单位各活动中的一系列组织措施。行政事业单位内部控制实施过程中，应严格遵循以下原则，如图 1-3 所示。

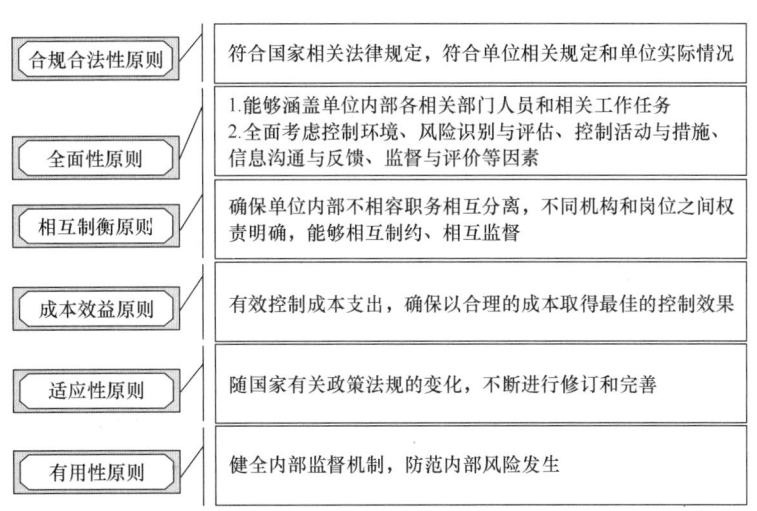

图 1-3 行政事业单位内部控制的原则

1.1.4　行政事业单位内部控制的要素

行政事业单位内部控制应充分考虑相关环境控制、风险识别与评估、控制活动与措施、信息沟通与反馈、监督与评价等要素，详情如图1-4所示。

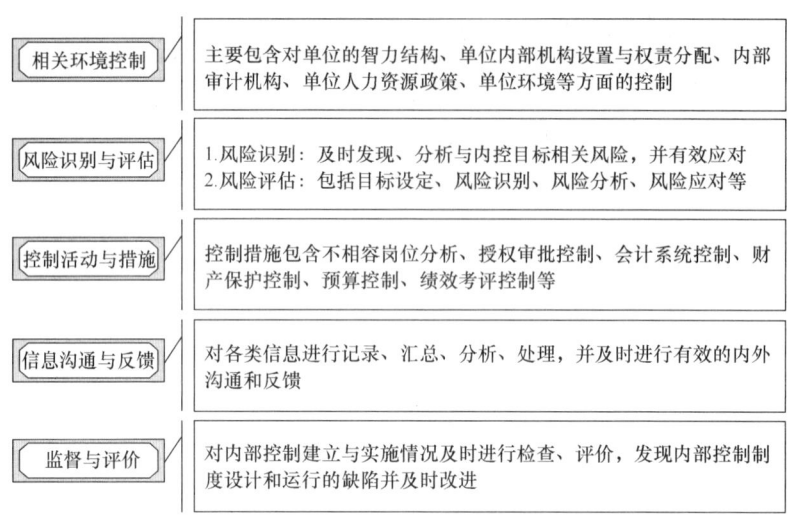

图1-4　行政事业单位内部控制的要素

1.1.5　行政事业单位内部控制的方法

行政事业单位在开展本单位的内部控制工作时，可采取下列10种方法予以综合运用。各种方法的具体说明如图1-5所示。

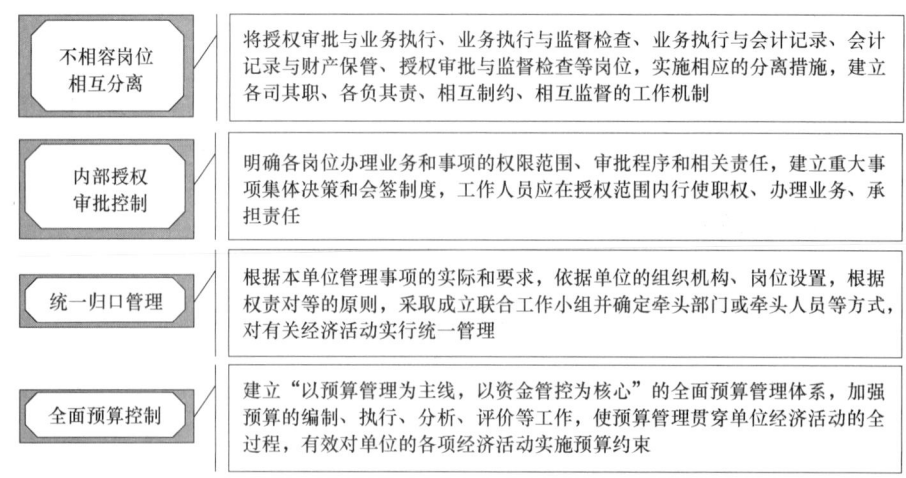

图1-5 行政事业单位内部控制的10种方法

第2节 如何完善行政事业单位内部控制体系

1.2.1 加强组织控制

加强组织控制，对完善行政事业单位内部控制体系具有至关重要的作用。加强组织控制主要可以从以下方面展开，详情如图1-6所示。

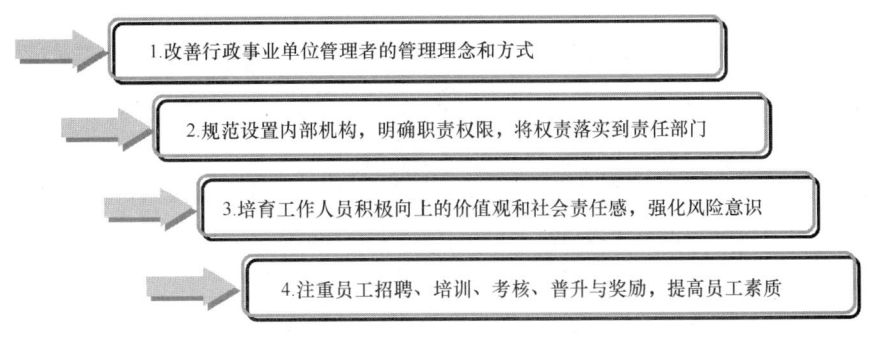

图1-6 加强组织控制的方法

1.2.2 加强预算控制

加强预算控制能够提高行政事业单位预算的透明度和管理水平,规范和制约行政事业单位的部门行为。加强预算控制主要可从以下方面展开,如图1-7所示。

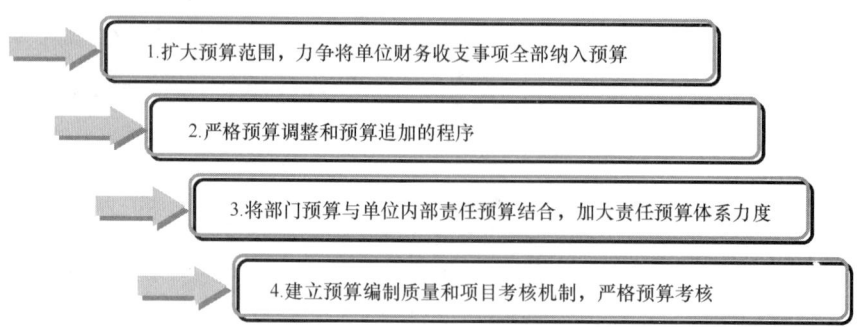

图1-7　加强预算控制的方法

1.2.3 加强会计控制

会计控制为行政事业单位各项财务管理工作提供了基本保障,是完善行政事业单位内部控制体系的重要方法。加强会计控制主要可从以下方面展开,如图1-8所示。

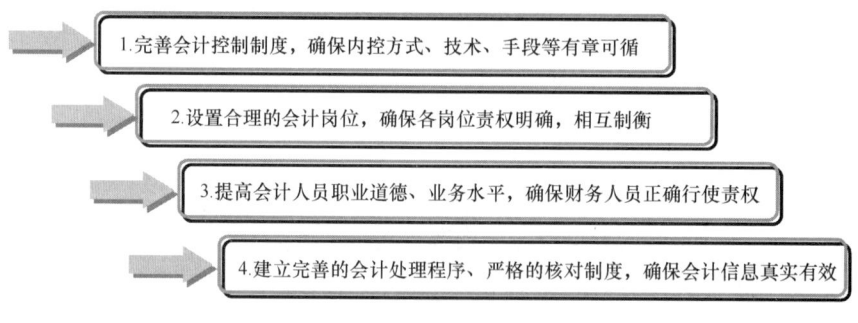

图1-8　加强会计控制的方法

1.2.4 加强审计监督

行政事业单位的审计工作既是监督,也是服务,是行政事业单位内部控制中不可缺少的环节。通过审计监督能及时发现行政事业单位内部控制的缺陷,提出改进措施,促进单位内部控制体系的完善。

行政事业单位在审计监督过程中,应把握好以下几个环节,详情如图1-9所示。

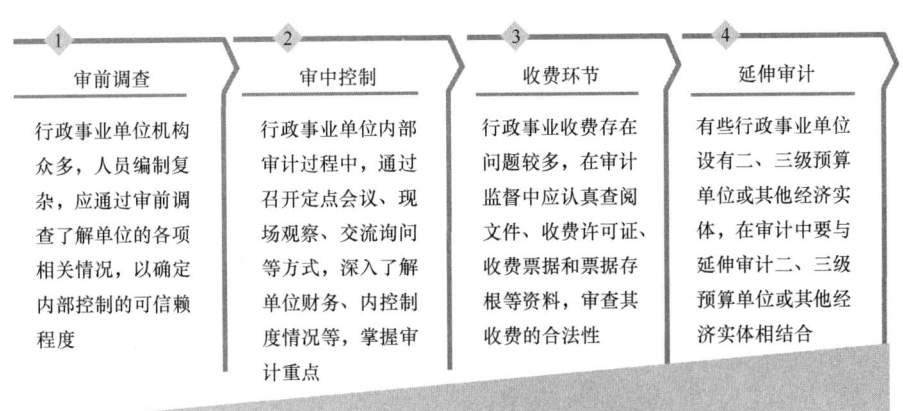

图1-9 行政事业单位审计监督的环节

第 2 章

行政事业单位内部控制规范——组织架构

第 1 节　组织机构管理控制

2.1.1　组织机构控制的内容

行政事业单位组织机构控制主要包括两个方面的内容：一是对各级行政机构及下属各级事业单位内设机构的设立（或增设）、撤销、合并或变更等事项的管理；二是在行政事业单位机构设置的基础上对单位人员进行定岗定编定额定责管理。

根据上述内容，结合《内控规范》第三章第十三条的规定，行政事业单位组织机构控制主要包括以下四个方面的内容，具体如图 2-1 所示。

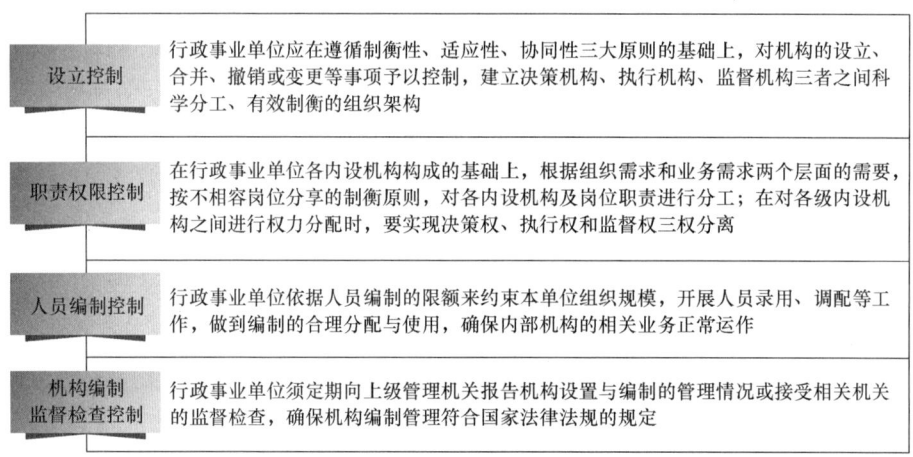

图 2-1　行政事业单位组织机构控制的四个方面内容

2.1.2　组织机构控制的目的

行政事业单位组织机构控制的主要目的是确保单位在组织编制的限额范围内开展行政管理服务及相关业务，确保组织决策权、执行权、监督权之三权分离顺利实施等，具体说明如图 2-2 所示。

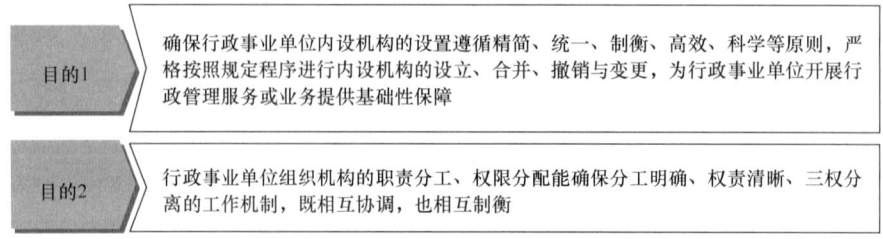

目的3	对行政事业单位组织编制的管理和定期的监督检查，既有利于确保人员名额不超编、编制使用合法合规，也有利于满足行政事业单位行政管理服务或业务对人员的需求

图 2-2　行政事业单位组织机构控制的目的

2.1.3　机构设置与编制管理制度

机构设置与编制管理制度

编制部门：　　　　　　　　　发布日期：

第一章　总　则

第一条　为规范本单位机构设置，加强本单位编制管理，根据有关法律、行政法规的规定，结合本单位的实际，制定本制度。

第二条　本制度主要适用于本单位的机构设置和编制管理。国家对行政事业单位机构设置和编制管理另有规定的，从其规定。

第三条　本单位机构编制实行统一领导、分级管理的体制，遵循精简效能、分类指导的原则，并实行总量控制、结构比例管理和标准管理，执行动态调整政策，以不断满足人民群众日益增长的行政服务需求。

第四条　本单位各级机构编制管理机关按照管理权限，负责本单位机构编制的管理工作，指导和监督下级事业单位机构编制管理工作。

第五条　本单位依法定权限和程序设置内部机构、核定编制时，应遵循下列四点要求。

（一）机构编制与人员工资、财政预算之间应符合本级人民政府建立的相互配合与相互制约的机制。

（二）应当充分考虑财政的供养能力，实有人员不得突破规定的编制，确保财政供养人员只减不增。

（三）禁止本单位下属机构擅自设置内设机构和增加事业编制。

（四）严格禁止上级业务主管部门干预下级部门的事业单位机构编制事项。

第六条　鼓励通过购买服务的方式发展社会公益事业。鼓励和支持本单位各级机构在核定的编制总额内，对人员实行合同制聘用管理。

机构设置与编制管理制度	
编制部门：	发布日期：

第二章 机构设置管理

第七条 本单位申请设立内设机构需要依法论证、评审的，举办主体应当一并提供依法设立的相关专门委员会或者评审委员会的论证、评审报告等材料。

第八条 申请设立内设机构时，本单位须向同级人民政府机构编制管理机关提出申请。申请的主要内容包括拟设立的机构名称、设立目的、职责任务、内设机构、人员编制、领导职数、编制结构、经费预算形式、机构类型等。

第九条 设立内设机构的申请，单位须根据本单位所在的级别，按国家或省市人民政府规定的程序办理报审报批手续。

第十条 单位内设机构的名称由机构的地域位置或者隶属关系、基本工作内容或者工作性质、机构组织方式中心词等部分构成，并与党政机关、企业和社会团体相区别。

若机构名称冠"中国""中华""全国""国家"和"国际"等字样的，应当报国务院审批；若机构名称冠"××省""全省"等字样且不冠所在市、县（市、区）名称的，应当报省机构编制管理机关审批。

第十一条 单位编制管理人员应当按照政事分开、事企分开、权责一致的原则确定内设机构的职责。其经费预算形式，需要根据其社会功能、职责配置和运行模式的不同情况，确定为财政全额拨款、财政补助或者经费自理，不同类型事业单位实行不同的财政支持办法。

第十二条 有下列情形之一的，单位应当向本级人民政府机构编制管理机关申请变更。

（一）调整内设机构名称、职责、规格、经费预算形式的；

（二）内设机构合并或者分设的。

第十三条 有下列情形之一的，单位应当向本级人民政府机构编制管理机关申请撤销内设机构的建制，或者由机构编制管理机关直接撤销内设机构的建制。

（一）依照法律、法规和本单位章程，自行决定撤销的；

（二）行政机关依法责令撤销的；

（三）举办主体决定解散的，或原定职责消失的；

（四）其他原因需要撤销或解散的。

机构设置与编制管理制度

编制部门：	发布日期：

第十四条 内设机构变更、撤销的,按照设立的审批权限和程序办理。

第十五条 经批准设立、变更或者撤销的事业单位内设机构,应当按照《事业单位登记管理暂行条例》的规定,办理设立登记、变更登记或者注销登记。

第三章 机构编制管理

第十六条 单位内设机构的编制应区分事业编制、行政编制的使用,二者不得混用。

第十七条 本单位的编制主要分为管理人员编制、专业技术人员编制和工勤技能人员编制,由机构编制管理机关在设立审批时根据职责任务和财政承受能力等情况,按照国家和省颁布的机构编制标准核定;国家和省尚未颁布标准的,按照职责和实际需要,可参照相关标准核定。

第十八条 本单位及内设机构的领导职数,按照国家和省颁布的机构编制标准核定,国家和省尚未颁布标准的,可参考下列标准从严从紧核定。

（一）内设机构编制 5 名以下的,配备 1 名领导。

（二）内设机构编制 6~10 名的,不超过 2 名领导。

（三）内设机构编制 11~20 名的,不超过 3 名领导。

（四）内设机构编制 21 名以上,可以增配 1 名领导。

第十九条 单位内设机构遇职责和规模发生变化、机构编制标准调整、经批准合并或分设、其他原因需要调整等情况时,可向本级人民政府的机构编制管理机关申请按照该机构设立的程序和权限调整编制。

第四章 机构编制的监督检查

第二十条 本单位的内设机构设置和人员编制实行实名制管理,并接受同级人民政府机构编制管理机关或监察机关等相关部门的监督检查。

第二十一条 本单位应根据机构编制管理机关的规定,定期对本单位机构编制的执行情况实施自我评估,及时、准确、完整地向相关单位或部门提交本单位内设机构、人员编制的统计资料,不得迟报、拒报、虚报、瞒报、伪造。

第二十二条 任何组织和个人对违反机构编制管理规定的行为,有权向机构编制管理机关、行政监察机关及其他有关国家机关举报。

机构设置与编制管理制度

编制部门：	发布日期：

第五章 附 则

第二十三条 本制度须报同级人民政府机构编制管理机关审批。

第二十四条 本制度经审批后，自公布之日起施行。

2.1.4 内设机构设置、撤销及合并流程

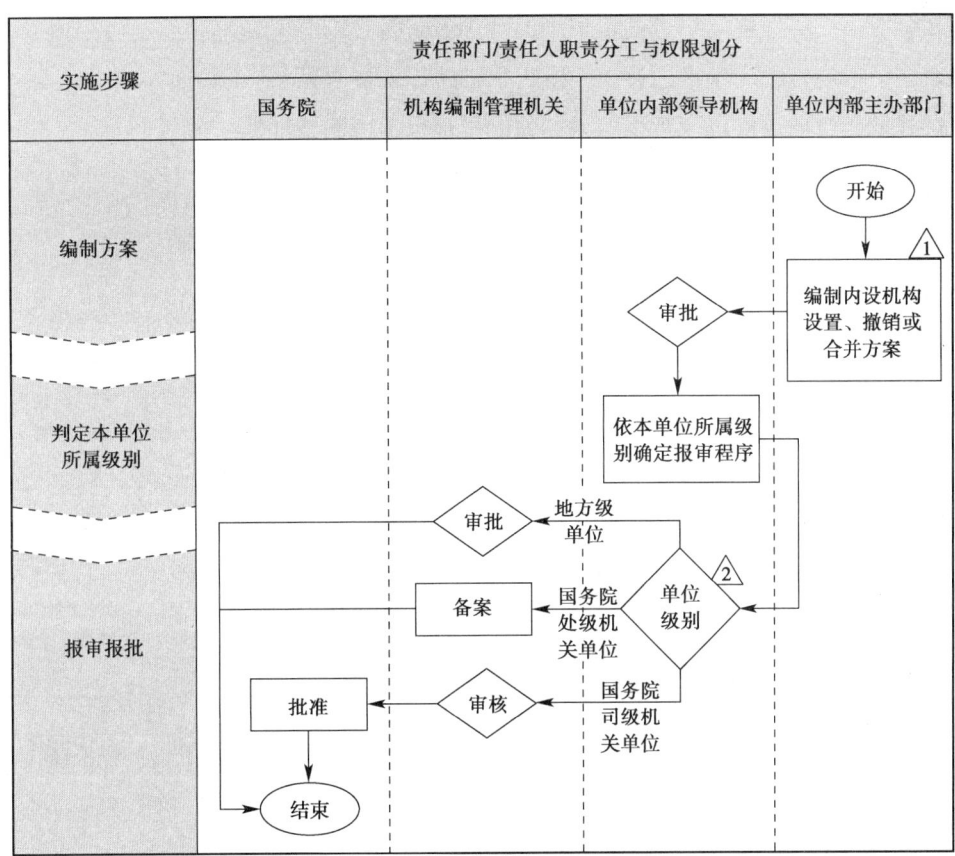

关键节点说明:

关键节点	相关说明
关键节点1	内设机构设置、撤销或合并方案的编制,需要根据《国务院行政机构设置和编制管理条例》《地方各级人民政府机构设置和编制管理条例》等法规,结合本单位所属行政管理级别和实际情况,以职责的科学配置为基础,做到职责明确、分工合理、机构精简、权责一致,决策和执行相协调
关键节点2	行政事业单位的级别主要分为地方级单位、国务院处级机关单位、国务院司级机关单位等,不同级别的行政事业单位所须履行的报审程序、上一级机构编制管理机关须履行的审核审批职责均有所不同

2.1.5　内设机构职责说明书编制模板

行政事业单位应根据本单位的组织结构和内设机构权责分配情况，编制各个内设机构的职责说明书，按规定程序审批通过后，既可以单位内部颁布执行，也可作为本单位政务公开的内容对外发布。内设机构职责说明书的编制模板可参考表2-1。

表2-1　　　　　　　　　　内设机构职责说明书模板

机构名称			机构编号	
机构负责人			分管领导	
定编数量			岗位数量	
组织结构设置			机构编制	
			部级＿＿＿人	
			厅级＿＿＿人	
			处级＿＿＿人	
			科级＿＿＿人	
			科员＿＿＿人	
			办事员＿＿＿人	
机构职责描述	（分项描述该机构承担的主要职责、辅助职责等）			
机构管理权限	（从对关键事项的审批权、审核权、监督权、备案权、建议权、参与权等方面进行描述）			
主要业务流程	（从主责流程、参与流程、监督流程等多个方面梳理该机构涉及的流程事项）			
内外协作关系	（从内部协作关系、外部协作关系两个方面来描述该机构内外部的工作协调关系）			
相关说明				
编制人员		审核人员		批准人员
编制日期		审核日期		批准日期

第2节　议事决策机构控制

2.2.1　议事决策机构控制的内容

《内控规范》第三章第十四条对行政事业单位议事决策机构的控制内容给出了指示性的描述："单位经济活动的决策、执行和监督应当相互分离。单位应当建立健全集体研究、专家论证和技术咨询相结合的议事决策机制。重大经济事项的内部决策，应当由单位领导班子集体研究决定。重大经济事项的认定标准应当根据有关规定和本单位实际情况确定，一经确定，不得随意变更。"

根据上述描述，行政事业单位议事决策机构控制的内容主要包括：决策人员组成控制、决策事项范围控制、议事决策程序控制和议事决策问责控制，具体如图2-3所示。

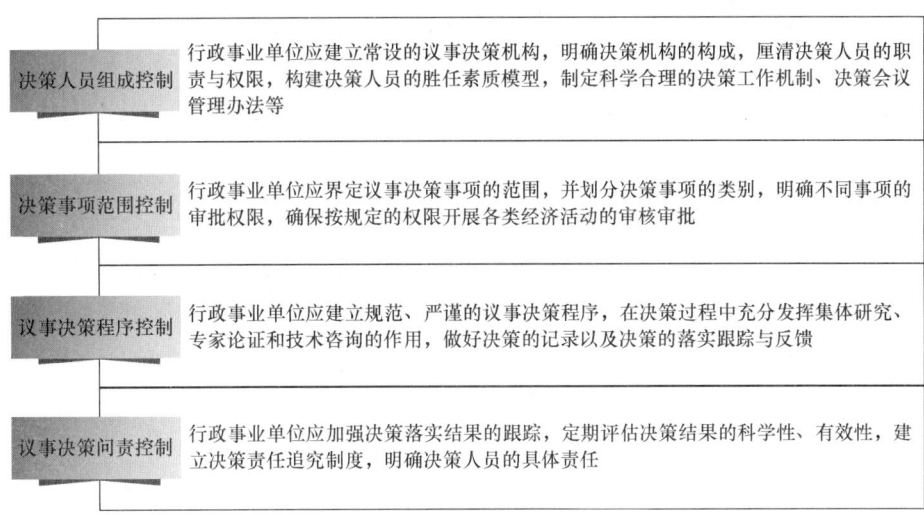

图2-3 议事决策机构控制的内容

2.2.2 议事决策机构控制的目的

行政事业单位对议事决策机构予以控制为单位高效开展经济活动、履行单位职能奠定了重要的组织基础，其具体目的如图2-4所示。

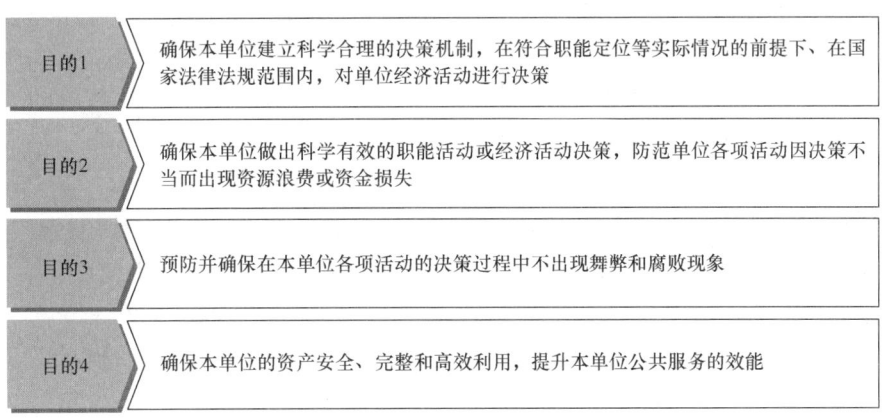

图2-4 议事决策机构控制的目的

2.2.3 重大经济活动专家论证制度

某政府机构专家论证招标文件制度	
编制部门：	发布日期：

第一条 目的。

为提高招标文件编制质量,防止招标文件存在歧视性、排他性条款,达到公平、公正,减少供应商质疑和投诉次数,提高政府采购工作质量和工作效率,增强政府采购工作的信誉度和公信力,现根据《中华人民共和国招标投标法》(以下简称《招标投标法》)、《中华人民共和国招标投标法实施条例》(以下简称《实施条例》)和《中华人民共和国政府采购法》(以下简称《政府采购法》)等法律法规的规定,制定本制度。

第二条 适用范围。

采用公开招标方式采购的项目,以及应属公开招标方式采购而经财政部门批准改为竞争性谈判方式采购的,其招标文件一律实行专家论证制度。未通过专家论证的招标文件,不得开展招投标活动。

第三条 术语定义。

专家论证制度是指在政府采购招标文件编制完成后,为保证招标文件编制的质量,在招标公告发布之前,编制招标文件的代理机构组织专家对招标文件进行论证的一项制度。

第四条 专家论证招标文件的范围。

(一) 采购预算在100万元以上的采购项目。

(二) 项目性质特殊、技术复杂的招标文件。

(三) 审查人员与招标人分歧较大的招标文件。

(四) 潜在投标人质疑较多无法确定的招标文件。

第五条 招标文件论证专家的选拔。

论证专家从评标专家库中随机抽取,人数为3人以上,单数。对于技术特别复杂、专业性要求特别高或者国家有特殊要求、采取随机抽取方式确定的专家难以胜任的招标项目,由招标单位提出初选专家名单及专家详细情况,报经上级主管机构批准后确定。

第六条 招标文件专家论证的内容。

被邀请的专家需要对招标文件从以下六个方面予以论证。

(一) 招标条件设置是否必须、合理、完整。

某政府机构专家论证招标文件制度
编制部门：　　　　　　　　　　发布日期：

（二）技术需求中的技术标准是否规范、编写有无缺陷。

（三）技术要求有无倾向性、推荐品牌是否必要。

（四）评标标准、评标办法是否科学、规范、完整。

（五）技术条款、商务条款是否合理。

（六）其他规定的内容。

第七条　专家论证的程序。

专家论证会由招标单位（或招标代理机构）组织召开，项目主审协助安排场地、监督论证过程，招标文件的论证工作原则上应当在会议当日全部完成。专家论证的程序主要包括下列步骤。

（一）招标单位招标工作负责人向论证专家介绍项目的有关情况，设计人员介绍设计思路，编制招标文件的招标代理机构向论证专家介绍招标文件编制情况。

（二）论证专家根据《政府采购法》《招标投标法》以及国家有关法律法规的规定进行论证。论证会结束前，论证专家要对招标文件提出论证意见，并将论证意见填写在"招标文件专家论证意见表"中。

（三）本单位招标工作负责人对论证专家提出的论证意见进行确认，并将确认意见填写在"招标文件专家论证意见表"中。

（四）代理机构根据论证专家的论证意见和本单位的确认意见，对招标文件进行修改，形成新的招标文件，并由论证专家和本单位招标工作负责人在招标文件专家论证意见表上签字确认。

（五）论证后形成的招标文件，原则上不得修改；特殊情况下，招标单位可提出修改，但须征得原论证专家的同意。

（六）论证专家对论证意见负责，招标单位对确认意见负责，招标代理机构对最终形成的招标文件负责。

第八条　招标文件论证其他相关规定。

（一）参与论证的相关人员对论证内容及相关信息严格保密，对论证专家的个人论证意见不得外泄。

（二）招标单位及招标代理机构不得以论证专家的身份参加论证会。

某政府机构专家论证招标文件制度

编制部门：	发布日期：

(三) 参加招标文件专家论证会的专家，不得参加该项目的评标活动。

(四) 召开专家论证会所产生的一切费用，由招标单位或其委托的代理机构先行支付，该部分费用在招标结束后可由中标单位支付。

第九条 论证专家的日常管理。

对每位论证专家建立论证工作档案，记载参与评审的具体情况。根据专家论证档案，对其进行定期考核。论证专家必须秉承独立、公正、客观的原则对招标文件进行论证，论证过程中不能客观公正地履行职责或发现存在违规行为，一经查实，将按照《评标委员会和评标方法暂行规定》及其他有关规定进行处理。

第十条 附则。

本制度由××市××局负责解释，并从20××年1月1日起试行，试行中有何问题，请及时函告我局办公厅。

2.2.4 "三重一大"事项决策与责任追究管理制度

"三重一大"事项决策与责任追究管理制度
编制部门：　　　　　　　　发布日期：

第一章　总　则

第一条　目的。

为切实加强对权力的民主监督与制约，防范"一言堂"或"一支笔"造成的决策风险和腐败风险，实现决策的科学化、民主化，促进依法行政和廉政建设，结合本单位的实际情况，制定本制度。

第二条　"三重一大"事项的集体决策成员。

"三重一大"事项决策成员一般由单位领导班子组成，针对不同的决策事项，可机动地加入与具体决策事项相关的分管领导或专家。

第二章　"三重一大"事项的范围

第三条　重大事项决策。

重大事项决策是指关系本单位切身利益的重大问题、重大项目引进，均属于重大事项决策范围，主要内容包括但不限于下列 10 类事项。

（一）党和国家路线、方针、政策，上级有关会议和文件精神的贯彻执行。

（二）党建工作、党风廉政工作、精神文明建设和思想政治工作的重大问题。

（三）全单位各项工作制度的制定和调整。

（四）围绕本单位中心工作的重要工作思路和重要举措。

（五）本单位年度工作计划和工作目标任务的确定。

（六）重点项目的建设引进，项目资金审核上报。

（七）本单位财务年度决算、预算的申报和调整。

（八）本单位年度评比及奖惩等事项。

（九）重大突发事件的处理。

（十）需集体研究决定的重大事项。

第四条　重要人事管理。

（一）本单位重要岗位的人事变动。

"三重一大"事项决策与责任追究管理制度

编制部门：	发布日期：

（二）重要岗位的干部轮岗。

（三）干部的推荐。

第五条 重要项目安排。

（一）大宗物资及办公设备的采购。

（二）经上级批准的重大活动项目经费支出。

（三）重大项目投资考察。

第六条 大额资金的使用。

单项支出在 5 000 元以上的资金款项，包括价值超过 3 万元的设备购置项目、超过 5 万元的维修项目、基建项目及金额较大的支出事项等。

第三章 "三重一大"事项的决策管理

第七条 "三重一大"集体决策规划。

（一）"三重一大"问题集体决策，要有计划地进行，无特殊情况，不讨论临时动议议题。

（二）决策前要根据工作计划，做好调研、论证、相关法律咨询和必要的事前审计。

（三）决策时要集体讨论、各抒己见、集思广益、少数服从多数、民主集中。

（四）决策后由重大事项的项目负责人安排专人负责集体决策的落实、总结，办公室负责催促、监督和检查。

（五）"三重一大"事项决策的情况，包括决策参与人、决策事项、决策过程、决策结论等，要以会议记录、纪要、决定等形式留下文字性资料，并存档备查。

第八条 "三重一大"集体决策的程序。

单位领导班子研究决定"三重一大"经济事项程序必须严格执行科学、民主的决策机制，具体程序如下。

（一）咨询论证。单位领导班子对重大事项要在调查研究、广泛征求意见的基础上，提出议题。

（二）准备材料。分管领导组织有关部门准备相应的计划、调研报告等书面材料，以供领导班子研究决策时使用。

"三重一大"事项决策与责任追究管理制度	
编制部门：	发布日期：

（三）列入计划。经主要领导审阅后，根据事项性质和轻重缓急程度，按照集体决策范围，列入相应的集体决策计划。

（四）提前通知。会议通知（含议题及有关资料）须至少提前2个工作日通知应到会人员，并履行签收手续。

（五）充分讨论。在不同的决策范围内，先由分管领导或有关部门介绍上会资料，然后安排足够的时间对议题进行充分讨论。会议由单位党支部书记主持，会议讨论中班子成员应提出赞同或不赞同意见。

（六）做出决定。党支部书记在听取班子成员充分发表意见的基础上，按照民主集中制原则决策，做出决定。

（七）形成纪要。会议须形成"重大事项会议纪要"，按照有关规定，重大事项决定报请上级主管部门。

（八）正式发文，付诸实施。重大事项（保密事项除外）决定后实行政务公开。

（九）年终通报。根据"三重一大"事项或问题的性质，在全单位干部或全体党员大会上通报相关事项或问题的落实情况。

第九条 "三重一大"集体决策会议其他事项。

（一）"三重一大"集体决策会议的议事记录须列明会议名称、会议主持人、正式与会人员、会议记录人员。

（二）有需要特别说明的情况，在重大事项会议记录"备注"栏中列出。

第四章 "三重一大"事项决策责任的追究

第十条 责任追究的范围。

"三重一大"问题集体讨论决定是从源头上治理腐败的一项重要举措。凡属下列情况给国家、集体、单位造成重大经济损失和严重政治影响的，均要追究相关人员的责任。

（一）不履行或不正确履行"三重一大"制度决策程序，不执行或擅自改变集体决定的。

（二）未经集体讨论决定而个人决策，事后又不通报的。

（三）未向领导集体讨论决定提供真实情况而造成错误决定的责任人。

"三重一大"事项决策与责任追究管理制度

编制部门:	发布日期:

（四）执行决策后发现可能造成损失，能够挽回而不采取措施挽回的。

（五）违反保密纪律的。

（六）其他因违反本制度而造成失误的。

第十一条 责任追究办法。

本单位应公开社会监督的途径，公开举报投诉部门和举报电话。对上述违反本制度的行为，按情节严重程度进行责任追究。

（一）情节轻微的，主要责任人和直接责任人应当在党支部会上进行检查，接受批评。

（二）情节较重并造成后果的，按照干部管理权限，进行诫勉谈话。

（三）情节严重给单位造成重大损失的，按规定上报组织处理。

（四）构成违纪的，移送纪检监察机关查处。

第五章 附 则

第十二条 本制度由单位纪律检查委员会负责制定与解释工作，修订时亦同。

第十三条 本制度自_____年___月___日起施行。

第 3 节 关键岗位控制

2.3.1 关键岗位控制的内容

关键岗位是行政事业单位内部一系列重要岗位的总和，指对单位履行行政职能、开展经济活动、对外服务等事项起着非常重要的作用，且掌握着单位业务的关键技能或商业机密，与单位行政管理目标的实现密切相关，在短期内难以替代的岗位。

在行政事业单位，关键岗位包括但不限于预决算编制和绩效评价岗、资金收支管理岗、票据管理岗、印章管理岗、采购管理岗、建设项目管理岗、债务管理岗、合同管理岗、内部监督岗等。行政事业单位对关键岗位控制的内部说明具体如图2-5所示。

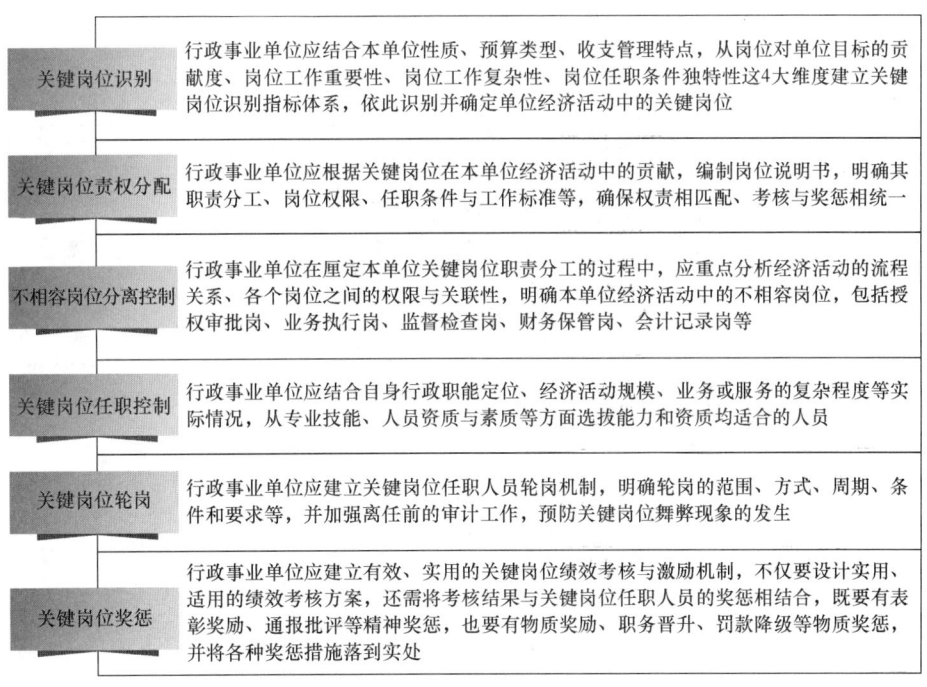

图 2-5 行政事业单位对关键岗位控制的内部说明

2.3.2 关键岗位控制的目的

行政事业单位对关键岗位予以控制的主要目的是防范这些岗位出现舞弊和腐败现象，提高单位履行行政职能、提供公共服务的效能。其具体目的包括如图2-6所示的5个方面的内容。

目的1	合理地识别出本单位需要的关键岗位,给予相应的合理管控,才能保障单位行政职能或经济活动或公共服务的有效开展
目的2	厘清本单位关键岗位的职责和权限,编制明确的岗位说明书,既便于招录、选拔合格的人到岗任职,也便于对不相容岗位实施分离管理
目的3	通过对关键岗位任职人员施行明确的奖励机制,提高工作人员的工作积极性和能动性,确保关键岗位的业务或工作事项高效地开展
目的4	通过对关键岗位任职人员施行轮岗机制或惩戒措施,制约关键岗位任职人员自由散漫、业绩平平甚至违法违规,预防关键岗位发生舞弊和腐败现象
目的5	通过对关键岗位的各种控制,确保关键岗位人员的任用、管理以及关键岗位事项的运作合法合规,不存在触犯国家法律法规的行为或现象

图2-6 关键岗位控制的目的

2.3.3 关键岗位分析评价实施办法

关键岗位分析评价实施办法

编制部门:	发布日期:

第一章 总 则

第一条 为确保合理识别内部控制关键岗位,加强本单位内部控制关键岗位的管理,有效防范舞弊和腐败,根据有关法律、行政法规的规定,结合本单位的实际,制定本办法。

第二条 本办法主要适用于本单位关键岗位的分析、评价、识别工作。

第二章 关键岗位定义与类型

第三条 关键岗位定义。

内部控制关键岗位是指在本单位内部管理、业务开展、对外服务过程中对本单位职能履行起重要作用的岗位,即承担重要工作责任,掌握本单位业务所需关键技能,与本单位管理目标的实现密切相关,并且在一定时期内难以通过内部人员置换和外部人才供给所替代的一系列重要岗位的总和。

关键岗位分析评价实施办法

编制部门：	发布日期：

第四条 关键岗位类型。

本单位内部控制关键岗位主要包括预算业务管理、收支业务管理、政府采购业务管理、资产管理、建设项目管理、合同管理以及内部监督等经济活动的关键岗位。

第三章 关键岗位分析评价管理

第五条 关键岗位评价维度。

结合本单位性质、预算类型及收支管理特点，现确定本单位关键岗位的评价维度主要有四个，即单位目标贡献率、岗位工作重要性、岗位工作复杂性、任职条件独特性，具体如下文所示。

（一）单位目标贡献率。岗位工作开展对单位目标实现的贡献程度。

（二）岗位工作重要性。岗位工作开展对单位核心经济活动开展所起的承载能力。包括对业务流程的承载和对关键绩效指标的承载。

（三）岗位工作复杂性。岗位工作不确定性、工作压力及协调难度。

（四）任职条件独特性。岗位工作所需关键技能、实践经验和综合文化素质等方面的要求。

第六条 关键岗位评价程序。

（一）岗位筛选。从单位目标贡献率、岗位工作重要性、岗位工作复杂性、任职条件独特性这四个维度细化分解，建立岗位评价指标，为各评价指标设定具体分值，然后单位管理人员打分排序，确定单位经济活动中的关键岗位。

（二）岗位分类。根据关键岗位的工作职能、岗位性质等情况，分别设置"管理岗位类""专业技术类""工勤技能类"三类，便于同类岗位之间进行综合比较，提高关键岗位的可比性。

（三）岗位申报。关键岗位确定后，本单位应向上级单位提出书面报告，征询上级意见，并根据上级意见进行修改。

（四）岗位公示。关键岗位书面报告经上级审批通过后，本单位通过下发通知、网站公告、报纸刊登等方式，集中公示单位关键岗位名录，包括关键岗位的岗位名称、职责、岗位负责人信息、年度工作任务等基本情况；相关部门在关键岗位办公场所的显要位置挂牌公示，接受监督。

关键岗位分析评价实施办法

编制部门：	发布日期：

第四章 关键岗位调整管理

第七条 关键岗位调整频率。

（一）原则上，本单位每年开展 1 次关键岗位调整工作。

（二）若某岗位为新增岗位，且符合关键岗位认定标准，则即时纳入关键岗位。

第八条 关键岗位调整程序。

关键岗位取消、调整时，本单位应向上级单位提出书面报告，申请取消、调整关键岗位。取消、调整申请审批通过后，本单位方可进行调整。

第五章 附 则

第九条 本办法由人事处负责解释。

第十条 本办法自＿＿＿＿年＿＿月＿＿日起施行。

2.3.4 关键岗位说明书编写示范

关键岗位说明书编写示范			
编制部门：		发布日期：	
单位名称（盖章）		编写日期：_____年___月___日	
岗位名称	办公室主任	所在部门	办公室
直属上级	局长	直属下属	办公室副主任、科员
岗位类别	管理	岗位等级	七级
岗位代码	GL07001	说明书编号	000016
工作概述	负责承办领导层有关部门交付的事项，做好办公室各项事务安排、管理工作，协调好内外部上下级的关系，确保办公室工作有序、依法开展		
工作职责	1. 承办领导层、上一级办公室、党支部等交付办理的事项； 2. 在上级领导下，负责单位文秘、财务、文件起草、文书收发、档案、车辆、单位印章等行政综合管理事务工作； 3. 参与单位业务计划、目标制订工作，负责制订单位的各项管理规章制度及有关事务管理的具体办法，并检查督促各项事务管理规定的执行； 4. 就办公室工作及时向领导提出意见，辅助领导做好有关决策； 5. 综合协调单位内外、上下关系，负责单位对外联络和接待； 6. 负责单位安全保卫监管工作； 7. 负责单位网站指定栏目的信息采编及维护工作； 8. 完成上级领导交办的其他任务。		

关键岗位说明书编写示范	
编制部门：	发布日期：

工作标准	1. 严格遵守宪法和法律，服从和执行上级依法作出的决定和命令； 2. 严格遵守单位的章程和规章制度； 3. 熟悉单位业务工作相关法律法规和政策、条例、规定； 4. 热爱社会事业，有奉献精神； 5. 严格恪守职业道德和社会公德，廉洁自律、奉公守法、尽职尽责、爱岗敬业、作风正派、光明磊落； 6. 有创新、开拓能力，有强烈的进取心，工作中能起带头作用； 7. 胜任本职工作，完成好岗位说明书规定的各项职责任务。
任职要求	1. 大学专科以上学历，外招人员应具备大学本科以上学历； 2. 具备《党政领导干部选拔任用工作条例》《局直属事业单位岗位设置管理实施意见》等规定的任职基本条件； 3. 在下一级岗位有三年以上工作经验，身体健康； 4. 熟悉事业单位日常行政管理工作，具有一定的管理能力及岗位所需的专业能力，能够胜任所任岗位职务； 5. 有较强的组织协调能力、开拓创新意识、沟通能力、书面表达能力，具备团队合作精神； 6. 符合本单位人事聘任的其他要求。
岗位考核	1. 个人述职； 2. 民主测评； 3. 评定等级（优秀、合格、基本合格、不合格）。
备注	每个岗位填写一式二份，上报人事部门一份。岗位代码前2位为岗位类别代码。

2.3.5　不相容岗位管理办法

不相容岗位管理办法
编制部门：　　　　　　　　发布日期：

第一章　总　则

第一条　目的。

为促进本单位内部管理规范化，加强不相容岗位的相互分离、相互制约和相互监督，合理保证本单位经济活动合法合规，有效防范舞弊和预防腐败，提高公共服务的效率和效果，根据相关法律规定，结合本单位实际，制定本办法。

第二条　适用范围。

本办法适用于本单位内部不相容岗位的管理。

第三条　名词解释。

所谓不相容岗位，是指某些若由一个人担任，既可能发生错误和舞弊行为，又可能掩盖其错误和舞弊行为的岗位。

第二章　不相容岗位分离的目标和原则

第四条　不相容岗位分离的目标。

（一）规范单位经济活动，形成相互制约、相互监督的工作机制。

（二）堵塞漏洞、消除隐患，防止并及时发现、纠正舞弊行为，保证单位财产的安全、完整。

（三）确保国家有关法律法规和单位规章制度的贯彻实施。

第五条　不相容岗位分离的原则。

（一）不相容岗位分离应当符合国家有关规范以及单位的实际情况。

（二）不相容岗位分离应当确保单位内部关键岗位合理设置，职责权限明确划分，确保各岗位之间权责分明、相互制约、相互监督。

（三）不相容岗位分离应当约束单位内部涉及预算编制、审批、执行、评价等不相容岗位的所有人员，每一项业务不能完全由一人经办，任何个人不得拥有超越不相容岗位分离规范的权利。

不相容岗位管理办法

编制部门：	发布日期：

（四）不相容岗位分离规范应当随着外部环境的变化、单位业务职能的调整和管理要求的提高，不断修订和完善。

第三章 不相容岗位分离实施

第六条 确定不相容岗位。

单位应当结合本单位经济活动特点，分析各个关键岗位之间的相互关系，确定单位经济活动中的各类不相容岗位。本单位不相容岗位主要包括授权审批职务、业务执行职务、监督检查职务、会计记录职务、财务保管职务五类，不相容岗位具体如下文所示。

（一）授权审批职务与业务执行职务。

（二）业务执行职务与监督检查职务。

（三）业务执行职务与会计记录职务。

（四）业务执行职务与财务保管职务。

（五）会计记录职务与财务保管职务。

第七条 实施不相容岗位分离。

对不相容岗位涉及的每项活动，都要经过两个或两个以上的部门或人员进行处理，使得单个人或部门的工作必须与其他人或部门的工作相一致或相联系，并受其监督和制约，形成各司其职、各负其责、相互制约、内部牵制的工作机制。

第八条 不相容岗位分离的检查。

审计部门负责对不相容岗位分离、执行情况进行监督检查，编制检查报告，对涉及资金管理、资产管理、岗位设置管理等方面的缺陷提出改进意见，确保不相容岗位分离办法的贯彻执行。

第四章 附　则

第九条 本办法由人事处负责解释。

第十条 本办法自＿＿＿＿年＿＿月＿＿日起施行。

2.3.6 关键岗位任职资格管理制度

关键岗位任职资格管理制度

编制部门：　　　　　　　　　　发布日期：

第一章　总　则

第一条　为规范关键岗位的任职管理，指导招聘、培训工作等，确保内部控制关键岗位任职人员具备与其工作岗位相适应的资格和能力，制定本制度。

第二条　本制度适用于本单位所有关键岗位任职人员。

第二章　明确关键岗位任职资格

第三条　关键岗位任职资格的确定。

人事处应在综合分析本单位经济活动规模、复杂程度和管理模式的基础上，结合各关键岗位的性质和职能，明确单位经济活动关键岗位的任职资格要求，并在岗位说明书中进行明确。

第四条　关键岗位任职资格的构成。

关键岗位任职资格包括年龄、品行、知识结构、专业技能、工作经验、岗位能力等。

第三章　行政单位关键岗位任职资格

第五条　关键岗位基本任职条件。

（一）具有中华人民共和国国籍；

（二）年满十八周岁；

（三）拥护中华人民共和国宪法，拥护中国共产党领导和社会主义制度；

（四）具有良好的政治素质和道德品行；

（五）具有正常履行职责的身体条件和心理素质；

（六）具有符合职位要求的文化程度和工作能力；

（七）法律规定的其他条件。

第六条　晋升非领导职务任职年限条件。

（一）巡视员应当任厅局级副职领导职务或者副巡视员五年以上；

（二）副巡视员应当任县处级正职领导职务或者调研员五年以上；

关键岗位任职资格管理制度

编制部门：	发布日期：

（三）调研员应当任县处级副职领导职务或者副调研员四年以上；

（四）副调研员应当任乡科级正职领导职务或者主任科员四年以上；

（五）主任科员应当任乡科级副职领导职务或者副主任科员三年以上；

（六）副主任科员应当任科员三年以上；

（七）科员应当任办事员三年以上。

第七条 提拔担任党政领导职务的基本资格。

（一）提任县处级领导职务的，应当具有五年以上工龄和两年以上基层工作经历。

（二）提任县处级以上领导职务的，一般应当具有在下一级两个以上职位任职的经历。

（三）提任县处级以上领导职务，由副职提任正职的，应当在副职岗位工作两年以上，由下级正职提任上级副职的，应当在下级正职岗位工作三年以上。提任处级以上非领导职务的任职年限，按照有关规定执行。

（四）一般应当具有大学专科以上文化程度，其中厅局级以上领导干部一般应当具有大学本科以上文化程度。

（五）应当经过党校、行政院校、干部学院或者组织（人事）部门认可的其他培训机构的培训，培训时间应当达到干部教育培训的有关规定要求。确因特殊情况在提任前未达到培训要求的，应当在提任后一年内完成培训。

（六）具有正常履行职责的身体条件。

（七）符合有关法律规定的资格要求。提任党的领导职务的，还应当符合《中国共产党章程》规定的党龄要求。

第八条 公务员其他任职资格条件。

除符合上述第五条至第八条所示的资格条件外，担任行政单位关键岗位的公务员还应当具备省级以上公务员主管部门规定的拟任职位所要求的其他资格条件。

第四章 事业单位关键岗位任职资格

第九条 基本任职条件。

事业单位管理岗位、专业技术岗位和工勤技能岗位三类岗位的基本任职条件如下：

（一）遵守宪法和法律；

关键岗位任职资格管理制度

编制部门：	发布日期：

（二）具有良好的品行；

（三）具有岗位所需的专业、能力或技能条件；

（四）适应岗位要求的身体条件。

第十条 事业单位管理岗位基本任职条件。

（一）职员岗位一般应具有中专以上文化程度，其中六级以上职员岗位，一般应具有大学专科以上文化程度，四级以上职员岗位一般应具有大学本科以上文化程度。

（二）各等级职员岗位的基本任职条件是：

1. 三级、五级职员岗位，须分别在四级、六级职员岗位上工作两年以上；

2. 四级、六级职员岗位，须分别在五级、七级职员岗位上工作三年以上；

3. 七级、八级职员岗位，须分别在八级、九级职员岗位上工作三年以上。

（三）一级、二级职员岗位按照国家有关规定执行。

第十一条 事业单位专业技术岗位基本任职条件。

（一）专业技术岗位的基本任职条件按照现行专业技术职务评聘的有关规定执行。

（二）实行职业资格准入控制的专业技术岗位的基本条件，应包括准入控制的要求。

（三）各省（自治区、直辖市）、国务院各有关部门以及事业单位在国家规定的专业技术高级、中级、初级岗位基本条件基础上，根据行业指导意见，结合实际情况，制定本地区、本部门以及本单位的具体条件。

（四）专业技术高级、中级、初级岗位内部不同等级岗位的条件，由主管部门和事业单位，按照《事业单位岗位设置管理试行办法》《〈事业单位岗位设置管理试行办法〉实施意见》以及行业指导意见，根据岗位的职责任务、专业技术水平要求等因素综合确定。

第十二条 事业单位工勤技能岗位基本条件。

（一）一级、二级工勤技能岗位，需在本工种下一级岗位工作满5年，并分别通过高级技师、技师技术等级考评；

（二）三级、四级工勤技能岗位，需在本工种下一级岗位工作满5年，并分别通过高级工、中级工技术等级考核；

（三）学徒（培训生）学习期满和工人见习、试用期满，通过初级工技术等级考核后，可确定为五级工勤技能岗位。

关键岗位任职资格管理制度	
编制部门：	发布日期：

第十三条　事业单位其他任职资格条件。

除符合上述第十条至第十三条所示的资格条件外，担任事业单位关键岗位的人员还应当具备有关主管部门规定的拟任职位所要求的其他资格条件。

第五章　附　则

第十四条　本制度由人事处负责解释。

第十五条　本制度有关条款若与国家有关法律法规不一致的，以相关法律法规为准。

第十六条　本制度自_____年___月___日起施行。

2.3.7 关键岗位人员招录选拔管理制度

关键岗位人员招录选拔管理制度

编制部门：	发布日期：

第一章 总 则

第一条 为规范单位关键岗位任职人员招聘管理，提高新进关键岗位任职人员的整体素质，防止因选拔不当给本单位的活动造成危害，根据《中华人民共和国公务员法》《事业单位公开招聘人员暂行规定》《事业单位人事管理条例》等法律法规，结合本单位实际，制定本制度。

第二条 本单位在编委、组织部门等核定的编制和职数范围内的关键岗位任职人员的招录、选拔管理均依本制度执行。

第二章 做好招录选拔准备

第三条 制订招聘计划。

（一）单位根据主管部门核定的编制和职数，于每年____月____日前完成下一年度关键岗位任职人员招聘计划，明确招聘岗位、招聘人员、任职条件以及其他具体要求等内容。

（二）单位将招聘计划报请人事编制部门同意后予以实施，招聘计划无特殊情况一般不调整。

第四条 确定选录标准。

单位对本单位关键岗位任职人员的基本情况、知识结构、专业技能、工作经验等进行信息统计分析，建立关键岗位任职人员信息档案，明确关键岗位任职人员选录标准。

第三章 实施招录选拔工作

第五条 选择选用方式。

本单位可综合采用公开招录、其他单位调配、内部民主推荐等方式选择关键岗位任职人员。

第六条 公务员招录选拔管理。

（一）录用担任主任科员以下及其他相当职务层次的非领导职务的关键岗位公务员，采取公开考试、严格考察、平等竞争、择优录取的办法。具体招录选拔程序如下表所示。

关键岗位人员招录选拔管理制度

编制部门：　　　　　　　　　发布日期：

序号	程序	程序说明
1	公告	发布招考公告，招考公告应载明招考的职位、名额、报考资格条件、报考需要提交的申请材料以及其他报考须知事项
2	审查	根据报考资格条件对报考申请进行审查
3	考试	录用考试采取笔试和面试的方式进行，具体考试内容根据公务员应当具备的基本能力和不同职位类别分别设置
4	考察	根据考试成绩确定考察人选，并对其进行报考资格复审、考察
5	体检	安排考察人选体检，体检的项目和标准根据职位要求确定
6	公示	根据考试成绩、考察情况和体检结果，参照选录标准，提出拟用人员名单，并予以公示
7	上报	公示期满，将拟录用人员名单报主管部门备案或审批

（二）录用特殊职位的关键岗位公务员，经省级以上公务员主管部门批准，可以简化程序或者采用其他测评办法。

（三）机关根据工作需要，经省级以上公务员主管部门批准，可以对专业性较强的职位和辅助性职位实行聘任制。涉及国家秘密的职位，不得实行聘任制。机关聘任公务员可以参照公务员考试录用的程序进行公开招聘，也可以从符合条件的人员中直接选聘。

第七条　非公务员招录选拔管理。

（一）新进人员除国家政策性安置、按干部人事管理权限由上级任命及涉密岗位等确需使用其他方法选拔任用人员外，都要进行公开招聘。

（二）招聘可采用外部招聘、内部竞聘或委托第三方招聘等方式对关键岗位进行选拔。

（三）单位公开招聘按照下列程序进行：

1. 制订公开招聘方案；

2. 公布招聘岗位、资格条件等招聘信息；

关键岗位人员招录选拔管理制度

编制部门：	发布日期：

3. 审查应聘人员资格条件；

4. 考试、考察；

5. 体检；

6. 公示拟聘人员名单；

7. 订立聘用合同，办理聘用手续。

（四）单位内部产生岗位人选，需要竞聘上岗的，按照下列程序进行：

1. 制订竞聘上岗方案；

2. 在本单位公布竞聘岗位、资格条件、聘期等信息；

3. 审查竞聘人员资格条件；

4. 考评；

5. 在本单位公示拟聘人员名单；

6. 办理聘任手续。

（五）专家组评审前应根据选录标准设计选录评价指标表，确保指标与关键岗位任职要求相符；而后按分数从高到低择优录用的原则，集体讨论确定录用人员名单。

第四章 招录选拔费用管理

第八条 单位招录选拔经费实行预算管理，由人事处负责提出经费预算建议，经计划财务处审核，报单位主管领导或财政部门审批后下达。

第九条 经费预算一经下达，一般不予调整。特殊情况，经人事处、计划财务处审核，报单位主管领导或财政部门审批后，予以调整。

第十条 审计部门要加强对招录选拔经费的审计监督，一旦发现违规使用的，要予以纠正，情节严重的要提请有关部门追究单位主管领导和相关部门的责任。

第五章 招录选拔纪律与监督

第十一条 招录选拔实施回避制度，招录选拔工作要做到信息公开、过程公开、结果公开，接受社会及有关部门的广泛监督，及时处理检举、申诉和控告。

关键岗位人员招录选拔管理制度

编制部门：	发布日期：

第十二条 严格遵守招聘工作纪律。对下列违反本规定情形的，区别不同情况，分别予以责令纠正或者宣布无效；对违规人员视情节轻重给予批评教育或处分；违规行为构成犯罪的，依法追究违规人员刑事责任。

（一）招聘工作人员指使、纵容他人作弊，或在考试考核过程中参与作弊的；

（二）招聘工作人员故意泄露考试题目的；

（三）单位负责人员违反规定私自聘用人员的；

（四）政府人事行政部门、事业单位主管部门工作人员违反规定，影响招聘公平公正进行的；

（五）违反本规定的其他情形。

第六章 附 则

第十三条 本制度由人事处负责解释。

第十四条 本制度未尽事宜，依照国家有关规定执行。

第十五条 本制度自＿＿＿＿年＿＿月＿＿日起施行。

2.3.8 关键岗位人员培训开发管理制度

关键岗位人员培训开发管理制度	
编制部门：	发布日期：

第一章 总 则

第一条 为提高本单位关键岗位任职人员的业务水平和整体素质，确保培训具有针对性、实用性和先进性，充分发挥关键岗位的关键作用，提高公共服务的效率，依据国家相关法律规定，结合本单位实际，制定本制度。

第二条 本制度所称培训是指单位根据工作需要，对关键岗位工作人员进行的思想政治、职业道德、行为规范、业务知识、业务工作能力等方面的教育培训活动。

第三条 本制度适用于本单位关键岗位任职人员的培训管理工作。

第二章 培训计划编制与审批

第四条 人事处负责编制本单位年度培训计划（包括培训名称、对象、内容、时间、地点、参训人数、所需经费及列支渠道等），经单位计划财务处审核后，报单位领导办公会议或党组（党委）会议批准后施行。

第五条 年度培训计划一经批准，原则上不得调整。因工作需要确需临时增加培训及调整预算的，报单位主要负责领导审批。

第六条 单位年度培训计划于每年3月1日前同时报××市委组织部、市人力社保局、市财政局备案。

第三章 培训组织实施管理

第七条 培训类型。

关键岗位任职人员应按照单位的要求及培训计划，参加岗前培训、在岗培训、交流培训和为完成特定任务的专项培训等。具体培训的类型如下表所示。

培训类型表

培训类型	类型说明
岗前培训	对关键岗位新进人员应当安排进行以基础理论、公文写作、公务礼仪、时代精神、廉洁奉献、本单位工作特点等为主的岗前培训

关键岗位人员培训开发管理制度

编制部门：	发布日期：

培训类型	类型说明
在岗培训	对关键岗位在职人员应当进行以更新知识、提高工作能力等为主的在岗培训
交流培训	交流培训可以在内部进行，也可以与国有企业事业单位、人民团体和群众团体进行人员交流。交流的方式包括调任、转任和挂职锻炼
专项培训	对从事专项工作的关键岗位任职人员应当进行专门业务培训；对担任专业技术职务的关键岗位任职人员，应当按照专业技术人员继续教育的要求，进行专业技术培训

第八条　培训机构。

培训任务承办机构主要有本单位，专门的培训机构，根据需要委托的高等院校、科研院所等其他培训机构。

第九条　培训方式。

关键岗位任职人员培训方式主要包括观看警示电教片、学习政策法规、专家讲座、先进事迹报告会、焦点辩论、现身说法、新闻评点、对比教育、参观烈士陵园、下基层体验、网络学习等。

第十条　培训效果评估及应用。

（一）根据培训计划开展的各项培训，培训活动组织部门应牵头组织实施，并做好培训准备、考勤记录、培训记录、后勤保障等工作，建立培训档案。

（二）培训结束后，培训活动组织部门应组织培训实施效果评估，完整记录培训参加人员的培训项目、培训成绩等，总结培训经验与教训，制定改善措施，强化培训质量。

（三）培训任务完成情况、培训成绩可作为关键岗位任职人员业绩考核、任职、晋升的依据。

第十一条　培训禁止行为。

严禁借培训名义安排公款旅游；严禁借培训名义组织会餐或安排宴请；严禁组织高消费娱乐、健身活动等。

关键岗位人员培训开发管理制度

编制部门：	发布日期：

第四章 培训费用管理

第十二条 培训费用预算管理。

（一）单位培训经费实行预算管理，由单位人事处负责提出经费预算建议，经计划财务处核准，报单位主管领导或财政部门审批后下达经费预算。

（二）培训费用由人事处按下列范围列支：列入培训计划的各种培训班费用，装备教学场所所需要的装置费，开展教学需要的购置费，培训办班需要的考务费、教学设备维修费、教材编写和课件开发费及其他相关培训费用。

第十三条 培训费用报销管理。

（一）鼓励和支持关键岗位任职人员积极开展业务学习，对于参加上级统一组织的业务学习班、培训班，按规定予以报销相关费用。

（二）单位计划财务处、人事处应做好培训费用的报销管理工作，定期检查培训经费的使用情况，严禁使用培训费购置电脑、复印机、打印机、传真机等固定资产以及开支与培训无关的其他费用；严禁在培训费中列支公务接待费、会议费；严禁套取培训费设立"小金库"等挪用挤压、乱支乱用行为。

（三）审计部门要加强对培训经费的审计监督，一旦发现违规使用的，要予以纠正；情节严重的要提请有关部门追究单位主管领导和相关部门的责任。

第五章 附 则

第十四条 本制度由人事处负责解释。

第十五条 本制度自＿＿＿＿年＿＿月＿＿日起施行。

2.3.9 关键岗位任职人员轮岗管理办法

<table>
<tr><td colspan="2" align="center">关键岗位任职人员轮岗管理办法</td></tr>
<tr><td>编制部门：</td><td>发布日期：</td></tr>
</table>

第一章 总　则

第一条　为确保单位关键岗位轮岗制度化、规范化，使本单位关键岗位任职人员在多个工作岗位经受锻炼，丰富经验，提高工作能力，根据《中华人民共和国公务员法》《行政事业单位内部控制规范（试行）》及有关法律法规，结合本单位实际，制定本办法。

第二条　本办法适用于本单位所有关键岗位任职人员。

第三条　本办法所称轮岗，是指同一工作单位（处室）内部，关键岗位任职人员有计划地调换职位任职。

第四条　关键岗位任职人员轮岗工作坚持公开、合理、高效和个人服从组织的原则。

第二章　轮岗周期、比例与条件

第五条　轮岗周期。

原则上每两年开展一次。

第六条　轮岗比例。

单位每次关键岗位轮岗比例应不少于本单位实有关键岗位任职人员人数的10%。

第七条　轮岗条件。

关键岗位任职人员符合下列条件之一的，原则上应有计划、按比例进行轮岗，必要时也可以在不同单位同类性质岗位之间进行交流。

（一）在同一岗位工作满8年的；

（二）在同一关键岗位工作满5年的；

（三）因工作能力、专业知识、身体状况等原因，不适应现职岗位的；

（四）应当进行交流的对象，因交流名额限制或其他原因而未能交流的；

（五）其他需要轮岗的。

第八条　不作为轮岗对象的条件。

下列人员可不作为轮岗对象：

（一）非行政管理职位中部分专业技术要求较高的；

关键岗位任职人员轮岗管理办法

编制部门：	发布日期：

（二）涉及党和国家重要机密的；

（三）职位条件有特殊要求的；

（四）其他原因不适合轮岗的。

第三章 轮岗程序与纪律

第九条 轮岗程序。

关键岗位任职人员的轮岗，由本单位组织实施，科级领导干部的轮岗需报局人事处（组织处）备案。

第十条 轮岗纪律。

（一）轮岗应严格执行领导干部职数和人员编制规定，不准超职数、超编制配备；

（二）各单位（处室）必须严格关键岗位任职人员轮岗工作程序，集体研究决定轮岗对象，不准个人或少数人指定对象；

（三）各单位（处室）必须严格执行上级关于关键岗位任职人员轮岗的决定；

（四）关键岗位任职人员必须服从组织作出的轮岗决定，接到通知后，必须尽快办理工作交接手续，在规定时间内到新岗位上班。

对违反上述纪律的当事人或责任者，视情节轻重，予以处理；对无正当理由，拒不服从轮岗决定的人员，依照有关规定进行处理。

第四章 附 则

第十一条 本办法由人事处负责解释。

第十二条 本办法自＿＿＿＿年＿＿月＿＿日起施行。

2.3.10 关键岗位人员业绩考核管理制度

关键岗位人员业绩考核管理制度	
编制部门：	发布日期：

第一章 总 则

第一条 为了正确评价行政事业单位关键岗位任职人员的德才表现和工作实绩，规范行政事业单位关键岗位任职人员业绩考核工作，促进勤政廉政，提高工作效能，建设高素质的行政事业单位工作人员队伍，根据《中华人民共和国公务员法》和《公务员考核规定（试行）》《事业单位人事管理条例》等法律法规，结合本单位实际，制定本制度。

第二条 本制度适用于本单位经公布确定的关键岗位任职人员。

第三条 关键岗位任职人员业绩考核坚持客观公正、注重实绩的原则，实行领导与群众相结合，平时与定期相结合，定性与定量相结合的方法，按照规定的权限、条件、标准和程序进行。

第二章 业绩考核实施管理

第四条 考核机构。

由单位相关负责人以及人事处、党委办公室、纪检监察室相关人员组成考核工作领导小组，负责关键岗位任职人员的业绩绩效考核工作。

第五条 考核内容。

本单位关键岗位任职人员在全面考核德、能、勤、绩、廉的基础上，突出单位目标贡献率、岗位工作重要性、岗位工作复杂性、任职条件独特性。考核内容具体包括本职工作、中心工作、学习活动、联系群众、出勤和廉政情况等方面。

第六条 考核标准。

本单位根据不同类别、不同职务以及不同技术层次和业务水平、不同工作性质，对考核内容制定具体要求和量化标准。

第七条 考核程序。

业绩考核程序为学习动员、自我总结、述职评议、测评划等、张榜反馈、总结应用六个阶段。

关键岗位人员业绩考核管理制度

编制部门:	发布日期:

第八条 考核办法。

(一)实行"三个结合"。领导考核与群众考核相结合,以群众考核为主;定性考核与定量考核相结合,以定量考核为主;年终考核与平时考核相结合,以平时考核为主。

(二)年终考核与平时考核挂钩,年终考核以平时考核为基础。平时考核分和年终考核分的占比分别为60%、40%,通过自我总结、述职评议,全面评价被考核人全年的德才表现和工作情况。

(三)每年12月最后一周的第一个工作日上午召开年度考核工作会议,由关键岗位人员对其工作进行述职,然后进行考核民主测评,考核工作领导小组根据平时考核及年终考核情况确定年度考核等次。

第三章 业绩考核结果应用

第九条 考核结果等级划分。

(一)行政单位关键岗位任职人员年度考核的结果分为优秀、称职、基本称职和不称职四个等次;事业单位关键岗位任职人员年度考核的结果分为优秀、合格、基本合格、不合格四个等次。

(二)考核工作领导小组根据关键岗位任职人员年度考核得分,从高分到低分依次将被考核人进行排序。依照考核排位,根据考核工作有关规定,确定年度考核等级。

第十条 考核结果通知。

考核工作领导小组将年度考核结果以书面形式通知被考核人,并由被考核人本人签署意见。

第十一条 考核结果申诉。

被考核人对年度考核结果不服的,可以按有关规定申请复核和申诉。

第十二条 考核结果报送。

考核工作领导小组将本单位关键岗位任职人员年度考核情况于翌年二月底前按管理权限分别报送上级组织部或人事局审核,并将《关键岗位任职人员年度考核等级表》存档。

第十三条 考核结果应用。

考核结果作为年度先进人员评选、晋升、薪酬福利、干部职工城乡交流、劝诫整改的依据。

关键岗位人员业绩考核管理制度

编制部门：	发布日期：

第四章 业绩考核相关事项规定

第十四条 新录用的人员任职到关键岗位，在试用期内可参加年度考核，但不确定等次，只写评语，作为任职、定级的依据。

第十五条 调任或者转任的人员任职到关键岗位，由其调任或者转任的现工作单位进行考核并确定等次。其调任或者转任前的有关情况，由原单位提供。

第十六条 病、事假累计超过考核年度半年的关键岗位任职人员，不进行考核（工伤除外）。

第十七条 凡涉嫌违法违纪被立案调查尚未结案的关键岗位任职人员，均应参加年度考核，但不写评语不定等次，结案后不给予处分或者给予警告处分的，按规定补定等次。

第十八条 关键岗位任职人员受行政处分的，其年度考核按下列规定办理。

（一）受警告、记过处分的当年，参加年度考核，根据所犯错误的事实确定为基本称职（基本合格）或不称职（不合格）等次；

（二）受记大过、降级、撤职处分的当年，参加年度考核，确定为不称职（不合格）等次。受处分期间（记大过为18个月，降级、撤职为24个月），参加年度考核，只写评语，不定等次，在解除处分的当年及以后，其年度考核不受原处分影响。

第十九条 不进行考核或参加年度考核不定等次的，本考核年度不计算为按年度考核结果晋升级别和工资档次的考核年限。对无正当理由不参加年度考核的人员，经教育后仍然拒绝参加的，直接确定其考核结果为不称职（不合格）等次。

第二十条 对在考核过程中有徇私舞弊、打击报复、弄虚作假等违法违纪行为的，依照有关规定予以严肃处理。

第五章 附 则

第二十一条 本制度由人事处负责解释，与国家规定有不一致的，以国家规定为准。

第二十二条 本制度自＿＿＿＿年＿＿月＿＿日起施行。

2.3.11 关键岗位违法违纪惩戒管理制度

关键岗位违法违纪惩戒管理制度	
编制部门：	发布日期：

第一章 总 则

第一条 为严肃单位纪律，规范关键岗位任职人员的行为，防止处理违法违纪时徇私舞弊现象的发生，确保违法违纪惩戒公正、公平，充分发挥惩戒的作用，依据《行政机关公务员处分条例》《事业单位工作人员处分暂行规定》等法律法规规定，结合本单位实际，制定本制度。

第二条 本制度适用于本单位违反法律、法规、规章以及行政机关的决定和命令，应当承担纪律责任的关键岗位任职人员。

第二章 违法违纪惩戒原则及类型

第三条 违法违纪惩戒原则。

（一）客观、公正、公平；

（二）惩教结合；

（三）事实清楚、证据确凿、定性准确、处理恰当、程序合法、手续完备；

（四）实事求是、严格要求、违规必究。

第四条 违法违纪惩戒类型。

（一）警告，期间6个月；

（二）记过，期间12个月；

（三）记大过，期间18个月；

（四）降级，期间24个月；

（五）撤职，期间24个月；

（六）开除。

第三章 违法违纪惩戒实施

第五条 有下列行为之一的，给予警告、记过或者记大过处分；情节较重的，给予降级或者撤职处分；情节严重的，给予开除处分。

关键岗位违法违纪惩戒管理制度

编制部门：	发布日期：

（一）对上级的决定及符合法律、法规、有关规定的事项拖延不办，扯皮推诿的；

（二）不认真履行岗位职责，工作效率低下，贻误工作，造成不良影响的；

（三）不服从领导安排，影响工作的；

（四）弄虚作假，有欺骗领导和群众行为的；

（五）服务态度粗暴，有损单位形象的；

（六）利用职务存在索、拿、卡、要行为的；

（七）参加可能影响公正执行公务的宴请、娱乐活动的；

（八）不执行或不正确执行有关规定，越权办理业务的；

（九）不遵守单位工作制度，经批评教育仍不改正的；

（十）对举报、投诉人进行打击报复，造成不良后果的；

（十一）发生重大事故、灾害、事件或者重大刑事案件、治安案件，不按规定报告、处理的；

（十二）对救灾、抢险、防汛、防疫、优抚、扶贫、移民、救济、社会保险、征地补偿等专项款物疏于管理，致使款物被贪污、挪用，或者毁损、灭失的；

（十三）以殴打、体罚、非法拘禁等方式侵犯公民人身权利的；

（十四）压制批评，打击报复，扣压、销毁举报信件，或者向被举报人透露举报情况的；

（十五）违反规定向公民、法人或者其他组织摊派或者收取财物的；

（十六）妨碍执行公务或者违反规定干预执行公务的；

（十七）其他滥用职权，玩忽职守，造成不良后果的行为。

第六条 关键岗位任职人员违法违纪涉嫌犯罪的，应当移送司法机关依法追究刑事责任。

第七条 违法违纪惩戒程序。

（一）发现关键岗位任职人员涉嫌违规违纪的，经任免机关负责人同意，由任免机关有关部门对需要调查处理的事项进行初步调查；

（二）经初步调查后认为需进一步查证的，任免机关有关部门报任免机关负责人批准后立案；

关键岗位违法违纪惩戒管理制度

编制部门：	发布日期：

（三）任免机关有关部门负责对该关键岗位任职人员违法违纪事实做进一步调查，并形成书面调查材料，向任免机关负责人报告；

（四）任免机关有关部门将调查认定的事实及拟给予处分的依据告知被调查的关键岗位任职人员本人，听取其陈述和申辩，并对其所提出的事实、理由和证据进行复核，记录在案；

（五）经任免机关领导成员集体讨论，作出对该关键岗位任职人员给予处分、免予处分或者撤销案件的决定；

（六）任免机关应当将处分决定以书面形式通知受处分的关键岗位任职人员本人，并在一定范围内宣布；

（七）任免机关有关部门应当将处分决定归入受处分的关键岗位任职人员本人档案，同时汇集有关材料形成该处分案件的工作档案。

第四章 附 则

第八条 法律、其他行政法规、国务院决定对违法违纪惩戒另有规定的，依照该法律、行政法规、国务院决定的规定执行。

第九条 本制度由人事处负责解释。

第十条 本制度自＿＿＿＿年＿＿月＿＿日起施行。

第 3 章

行政事业单位内部控制规范——会计系统

行政事业单位内部控制精细化管理全案（第2版）

第 1 节 会计系统控制的内容与目的

3.1.1 会计系统控制的内容

根据会计系统的主要内容，结合《内控规范》的规定，行政事业单位会计系统控制设计主要包括：会计机构控制、会计政策控制和会计业务控制，具体如图 3-1 所示。

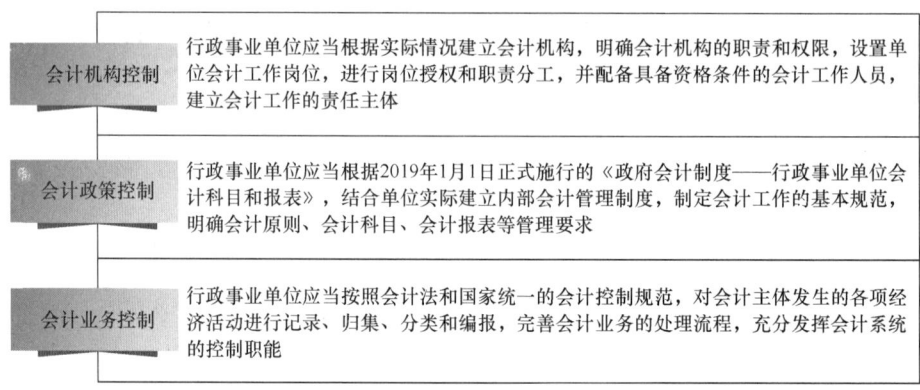

图 3-1 会计系统控制的内容

3.1.2 会计系统控制的目的

会计系统控制的目的是提高会计信息质量，保护行政事业单位财产安全完整，保证法律法规、规章制度的贯彻执行等，具体包括如图 3-2 所示的内容。

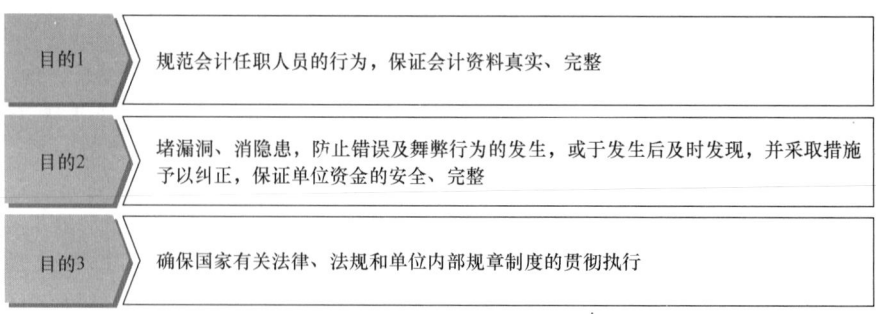

图 3-2 会计系统控制的目的

第 2 节　会计机构控制规范

3.2.1　内部会计机构设计

根据《行政单位财务规则》和《事业单位财务规则》，行政事业单位均应当单独设置会计机构，配备专职的财务会计人员，施行独立核算。会计工作岗位可以一人一岗、一人多岗或者一岗多人。

以图 3-3 为例，举例说明行政事业单位内部会计机构设计。

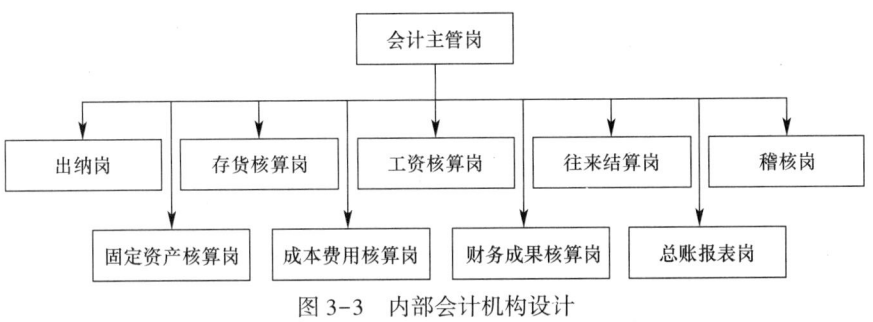

图 3-3　内部会计机构设计

3.2.2　会计机构职责权限

会计机构职责权限	
编制部门：	发布日期：

第一条　会计主管岗。

（一）在单位领导班子的带领下，具体领导本单位的会计工作，组织开展会计核算和会计监督。

（二）负责组织制定本单位的各项财务会计制度，并使之贯彻执行。

（三）参与编制各种经济计划和业务计划。

（四）定期或不定期地向单位领导报告财务状况和财务成果。

（五）负责会计人员的业绩考核、业务指导、岗位分工、工作协调等。

会计机构职责权限

编制部门：	发布日期：

第二条 出纳岗。

（一）负责办理现金收付和银行结算业务，登记现金和银行存款日记账，编制日报表，负责保管库存现金和各种有价证券。

（二）定期核对外埠存款和在途货币资金，并督促有关人员办理结算。

第三条 存货核算岗。

（一）负责会同有关部门制定存货管理与核算办法，参与制定材料消耗定额。

（二）制定存货储备定额，审查汇编存货采购用款计划，控制存货采购成本。

（三）负责日常存货的明细核算和有关往来结算业务。

（四）参与库存存货的清查盘点和存货价值减损的计量和处理。

第四条 工资核算岗。

（一）根据计划工资总额控制工资支出，计算并发放工资和奖金。

（二）负责工资费用分配及工资的明细分类核算。

（三）计提职工福利费、工会经费和职工教育经费。

第五条 往来结算岗。

（一）负责办理产品购销业务及其他往来款项的结算业务。

（二）负责往来款项的明细核算。

（三）督促有关部门和人员催讨债款。

第六条 稽核岗。

（一）负责审核财务和成本计划以及各项财务收支的合法性、合理性。

（二）审核会计凭证和账簿的记录，保证账证、账账、账实相符。

（三）审核会计报表，以保证其准确性。

第七条 固定资产核算岗。

（一）负责会同有关部门制定固定资产管理与核算办法。

（二）参与核定固定资产需用量，编制固定资产更新、改造和修理计划。

（三）计算提取固定资产的折旧，并负责核算工作。

第八条 成本费用核算岗。

（一）协同有关部门拟订成本核算办法，并编制成本费用计划。

会计机构职责权限

编制部门：	发布日期：

（二）加强成本管理的基础工作，正确计算产品成本。

（三）负责登记生产成本、制造费用和管理费用等明细账，编制成本和费用报表。

第九条　财务成果核算岗。

（一）编制利润计划，负责销售业务的核算以及销售和利润的明细核算。

（二）编制利润及利润分配表，进行利润分析和考核。

第十条　总账报表岗。

负责记账凭证的汇总和总账登记工作，编制各种会计报表，管理会计凭证、账簿和报表等会计档案。

3.2.3 会计系统授权审批制度

会计系统授权审批制度	
编制部门：	发布日期：

第一章 总 则

第一条 为不断提升会计系统的管理水平,加强内部控制和风险管理,同时提高管理效率;明确授权的机制、原则及责任追究,建立合理的会计系统授权审批机制,制定本制度。

第二条 本制度适用于单位会计系统及各会计业务的审批权限和程序。

第二章 授权审批的原则

第三条 坚持授权范围与单位会计系统内部控制的建立健全程度及会计主管人员的控制水平相匹配的原则。

第四条 坚持根据单位实际情况变化适时调整授权的原则,兼顾相对稳定和持续优化。

第五条 坚持授权与授责相结合,有权必有责,授权范围内的事务产生的结果由被授权人承担,建立责任追究机制。

第六条 坚持授权与监督相结合的原则,确保权利被恰当、有效使用。

第三章 授权范围

第七条 本制度所称授权是指主管将职权和职责授给某位部属承担,并责令其负责管理性或事务性工作。

第八条 会计系统授权审批范围具体包括会计记录、会计业务经办、财产保管等会计内控事项。

第四章 授权审批的程序及管理

第九条 单位"授权审批表"的拟订及修改由财务部门负责,财务部门负责对具体授权事宜的评估及各主体对已授权利使用的监控,根据单位经营情况的变化、内部控制逐步健全的情况及各级会计管理人员控制能力的提升情况提出对授权的调整建议,报单位主管领导签批后生效。

会计系统授权审批制度

编制部门：	发布日期：

第十条　财务部门至少每年对授权审批制度进行一次评估，根据评估情况提出对次年"授权审批表"的具体条款，于每年＿＿月＿＿日前逐级报财务部门主管审核、单位领导班子审批。

第十一条　"授权审批表"未涵盖的新业务或者未确定批准权限的项目发生时，由财务部门按照上述程序提请财务部门主管审核、单位领导班子审批，严禁未经授权实施审批。

第五章　授权审批的监督检查及责任追究

第十二条　财务部门按照"审批授权表"的规定在其管辖范围内审核、监督被授权人对所授权利的使用。每年定期或者不定期审查授权执行情况，并根据审查情况至少每年出具一份检查报告报送单位负责人。

第十三条　各级会计管理人员须本着恪尽职守的态度，以价值最大化为原则，在各项规章制度规定的范围内审慎行使被授予的权利，并全责承担因不当使用权限而引发的后果。

（一）违反单位制度规定不恰当使用权限或超越所授权限处理会计业务，财务部门等职能部门应拒绝办理相关事务，同时将其不恰当履职的情形抄送其上级领导；一年内发生类似情形三次，予以降职处分。

（二）对其权限范围内的事务玩忽职守、不负责任的审批，一经发现将给予警告、通报批评等处分，如因此给单位带来不良影响或造成损失的，应该赔偿全部损失并处降职、免职处分；造成重大损失的，由单位领导班子决定是否移送司法机关处理。

（三）被授权人在办理会计业务中有掩盖事实、弄虚作假或滥用权力、营私舞弊等行为的，一经查实立即予以解职；如因此给单位带来不良影响或造成损失的，被授权人承担全部责任并予以赔偿，同时由单位领导班子决定是否移送司法机关处理。

第六章　附　　则

第十四条　本制度由财务部门负责制定、修改和解释。

第十五条　本制度经单位领导班子审议通过、财务部门主管领导签字批准之日起生效。

3.2.4 内部会计工作岗位说明书

行政事业单位应通过制定会计工作岗位说明书,明确会计业务各岗位的职责和权限。会计工作岗位职责说明书的内容主要包括岗位信息、岗位使命、岗位工作职责、岗位工作标准、岗位任职要求和岗位考核等。

表3-1以综合会计岗位的说明书为例,向读者介绍说明。

表3-1 综合会计岗位说明书

一、基本信息			
岗位名称	综合会计	岗位代码	
所属部门	财务部	岗位等级	
直接上级	会计主管	拟订者与日期	
审核者与日期		批准者与日期	
二、岗位职责概要			
受会计主管领导,为了单位业务的发展和工作开展需要,按照财务制度、会计准则的要求进行税务和费用核算工作,并按要求向单位内外部财务信息需要者提供相关财务信息			
三、岗位联系(在组织架构图的位置)			
会计主管下设:综合会计、成本会计、销售会计、稽核会计、出纳员			
四、岗位职责			
序号	工作领域	工作职责	工作结果及要求
1	账务处理	负责根据原始凭证填制会计凭证,登记账簿;负责核对预收账目,完成营业收入结转,编制结转收入月报表;完成月末收入成本费用类科目结转,负责单位固定资产的账务处理,无形资产及固定资产费用折旧及摊销工作;其他应收款及其他应付款往来账处理	账务数据及时率、准确率100%;预收账款每月月末核对1次,提交月报表;计提及结转工作每月月末完成;重大差错和违规行为发生次数为0
2	处理税务事宜	参与进行税务筹划方案的制定与落实,并设计合理的筹划方案;办理单位税务事宜,包括税额计算、申报、缴纳等工作;建立税务登记台账;配合税务部门对单位税务工作检查,协调与税务部门关系;定期完成对税务管理工作的总结,并及时汇报;承担各类涉税证照、稽查报告、有关文件及其他相关证件的保管	每月15日前完成纳税申报及入库工作;年终进行所得税汇算;计算数据准确率、及时率100%;协调与税务部门关系,及时总结汇报,证件保管完整

续表

序号	工作领域	工作职责	工作结果及要求
3	费用核算管理	完成单位各部门的费用审核及账务处理；完成费用指标的下达工作，对费用预算进行控制及审核；编制公司各类费用统计表	费用审核准确率100%；每年编制1次公司各类费用统计表，数据准确、及时
4	财务信息处理	提供结转收入月报表；建立、整理、装订会计凭证/账簿/报表等会计档案；备份财务软件中的财务数据；为相关部门提供支持	每月按时上报财务信息；上报统计数据准确；按财务档案管理制度及单位要求管理档案，以备查阅；内部客户对财务服务有效投诉次数0次
5	报表编制及分析	编制资产负债表、利润表和现金流量表等财务报表，并及时上报；协助编制常规财务分析报告，并及时上报	报表及财务分析数据准确、上报及时
6	其他	在完成日常工作和月度重要工作的同时，负责完成上级交办的临时性工作	在上级要求的时间内完成上级交办的临时性工作，月度重要工作计划完成率100%

五、关键业绩衡量标准

1. 财务报表产出及时率、准确率达到100%
2. 内部客户对财务服务有效投诉次数0次
3. 账务数据及时率、准确率100%
4. 重大差错和违规行为发生次数0
5. 月度重要工作计划完成率100%

六、工作权限

1. 财务管理建议权
2. 费用控制建议权
3. 其他各部门各项费用支出监督权
4. 财务相关资料索取权

七、工作协作关系

内部联系	单位各部门	外部联系	税务局等政府部门

八、岗位汇报关系

直接上级	会计主管	直接下属	

九、职位关系

可直接晋升的职位	会计主管	可晋升至此的岗位	

续表

十、任职资格			
学　　历	本科及以上学历	专　　业	会计、财务管理类等相关专业
性　　别	不限	年龄要求	30岁以上
工作经验	2年及以上	资格证书	会计师从业资格证
知识要求	1. 本部门基本规章制度与流程和企业文化，熟悉本专业规章制度与流程 2. 掌握计算机办公自动化知识，熟练应用财务软件，掌握财务管理知识，熟练掌握会计知识、会计法规和制度		
能力要求	1. 具有较强的沟通能力、协调能力和学习能力 2. 忠诚、有责任心、能坚持原则		
十一、岗位培训项目			
财务知识、业务操作技能培训等			

第3节　会计政策控制规范

3.3.1　会计管理制度

会计管理制度

编制部门：　　　　　　　　　发布日期：

第一章　总　则

第一条　为加强会计管理工作，规范单位的会计管理行为，根据国家相关法律法规及单位规章制度的规定，结合单位实际情况，制定本制度。

第二条　本制度适用于单位的各项会计管理工作，包括会计人员岗位责任、财务处理程序、内部牵制、内部稽核等。

会计管理制度

| 编制部门： | 发布日期： |

第二章　单位主管领导对会计工作的领导职责

第三条　领导班子对会计工作负全面责任，领导会计机构、会计人员和单位其他人员认真执行会计法律、法规、规章和制度，督促内部会计制度的贯彻和实施。

第四条　保障会计凭证、账簿、报表和其他会计资料真实、准确、完整，并符合国家统一的会计制度的规定，不指使他人去做弄虚作假、伪造账目、篡改会计资料等违法的事，严禁其他人员为达到某种目的而进行此类违法活动。

第五条　会计负责人调动工作或离职与接管人员办理交接手续时，单位领导要监交。

第三章　会计组织负责人、会计主管人员的职责、权限

第六条　会计组织设置和会计人员的配备，应符合国家统一行政事业单位会计制度的规定。

第七条　会计组织负责人、会计主管人员应当具备下列基本条件。

（一）坚持原则，廉洁奉公。

（二）具有会计专业技术资格。

（三）主管一个单位或者单位内一个重要方面的财务会计工作时间不少于2年。

（四）熟悉国家财经法律、法规、规章和方针、政策，掌握行政事业单位业务管理的有关知识。

（五）身体状况能够适应本职工作的要求。

第四章　会计人员岗位责任制度

第八条　会计人员的工作岗位设置。

（一）会计工作岗位一般包括会计机构负责人、出纳、财产物资核算、工资核算、费用核算、资金核算、往来核算、总账报表、稽核、会计信息系统管理、档案管理等。

（二）原则上会计岗位一人一岗，但不排除在不相容岗位相分离的情况下出现一人多岗的情况。

（三）出纳不得兼管审核、会计档案保管和收入、费用、债权债务账目的登记工作。

第九条　各会计工作岗位的职责。

会计管理制度

编制部门：	发布日期：

（一）会计机构负责人的岗位职责。

1. 掌握国家颁布的财经法律、法规、政策、条例和上级有关主管部门制定的财会制度、规定及管理办法，结合本单位的实际，组织制定其内部的财会规章制度，并负责贯彻实施。

2. 组织建立会计人员岗位责任制，负责对会计人员的考核。

3. 组织编制单位的财务成本、经费预算计划，检查督促财务成本、经费预算计划的落实，并对经费预算执行情况进行分析。

4. 组织财会人员做好会计核算工作，充分发挥会计工作的核算和监督作用，审查对外提供的会计资料。

5. 按时足额完成各项上交任务，不挤占、挪用、拖欠、截留应交收入。

6. 审查或参与拟订经济合同、协议及其他经济文件。

7. 实施对下属单位财务收支的审计工作。

8. 负责加强会计档案的管理工作和会计人员工作变动的监交工作。

（二）出纳员的岗位职责。

1. 负责管理库存现金、银行存款、其他货币资金以及有价证券，设置和登记现金及银行存款日记账。

2. 根据会计人员开出的收款凭证，办理货币资金收款业务。所收的现金和支票应及时送存银行，并在有关原始凭证上加盖收讫戳记。

3. 根据批准、审核无误的付款凭证，签发支票，办理银行各种付款手续，办理现金付款业务，并在有关原始凭证上加盖付讫戳记。

4. 对不真实、不合法和违反会计制度的收支，出纳人员有权不予受理。对记载不准确、不完整的原始凭证予以退回，必须更正补充后再予受理。

（三）其他会计岗位详见"××单位岗位说明书"。

第十条　会计工作岗位轮换办法。

（一）会计部门负责人可根据岗位分工情况，决定会计人员轮岗方式及轮岗顺序。

（二）会计人员应当从部门工作大局出发，自觉服从轮换安排，进行岗位轮换。

会计管理制度

编制部门：	发布日期：

（三）会计人员各工作岗位原则上每两年轮换一次，特殊情况下，根据工作需要可适当延长或缩短。

（四）在安排轮岗人员时，应至少在一个月前通知本人，以便其熟悉新会计岗位业务。

（五）轮岗前，必须按规定在会计部门负责人的监交下进行会计工作交接，并填写交接单。交接后，移交人有义务协助处理未了结事项。

（六）会计人员轮岗时间一般规定为年初，和会计年度相一致。

第五章　账务处理程序制度

第十一条　会计科目及其明细科目的设置和使用。

（一）会计科目设计应符合国家现行财经法规制度的要求并满足单位工作开展需要。

（二）会计科目的名称要含义明确、字义相符、通俗易懂，并要保持相对的稳定性。

（三）会计科目应按账户的经济内容设计总分类科目以及明细分类科目。

（四）设置会计科目的编号和企业的会计科目表。

第十二条　会计凭证的格式、审核要求和传递程序。

（一）应分清会计凭证的类型，包括原始凭证和记账凭证。

（二）会计凭证应具备名称、日期、填制凭证和接受凭证的单位、经济业务的内容、有关单位或个人签章。

（三）在设计会计凭证时，必须根据实际需要，合理解决各种凭证所需的联次数量，并规定各联的具体用途。

（四）应合理地规定凭证的传递程序，避免传递过程中的迂回或脱节。

（五）力求凭证的种类、用途、格式标准化和通用化，满足会计账簿的登记要求。

第十三条　会计核算的具体方法如下。

（一）根据会计对象具体内容的不同特点和实际工作的不同要求，选择一定的标准进行分类，并按分类核算的要求，逐步开设相应的账户。

（二）复式记账就是对每一项经济业务，都以相等的金额同时在两个或两个以上的相关账户中进行记录的方法。本单位统一使用借贷复式记账。

会计管理制度

编制部门：	发布日期：

（三）对于已经发生的经济业务，都必须由经办人填制原始凭证，并签名盖章。所有原始凭证都要经过财务处和其他有关单位的审核，并根据审核后的原始凭证编制记账凭证，作为登记账簿的依据。

（四）根据填制和审核无误的记账凭证，在账簿上进行全面、连续、系统的记录。

（五）成本费用经过统计计算后，要对应记入相应对象的全部费用进行归集、计算以确定各对象的总成本和单位成本。

（六）通过实物盘点、往来款项的核对检查财产和资金的实有数额。

（七）根据账簿记录的数据资料，采用一定的表格形式，概括、综合地反映各部门和单位一定时期内的经济活动过程和结果。

第六章 内部牵制管理

第十四条 建立会计独立的业务处理体系。

会计工作与其他业务工作要分清职责，会计、出纳负责管理经济业务的会计核算账务和现金的收支，不应经管业务部门的采购、供销、实物管理工作。

第十五条 开票和收款要求。

（一）会计部门开票人和收款人应分开，开票由会计负责，收款由出纳负责（开票、收款人请假等特殊原因，单位领导、会计主管可以指定人员暂替）。

（二）出纳办理收款业务后，应在发票、收据的各联盖收款人私章或签名。

（三）会计人员应对开出的发票、收据收款情况进行核对。

第十六条 财务公章、私章的保管和使用。

（一）签发票据的财务公章、私章应分别保管使用，出纳人员负责保管空白支票等银行付款空白票据，但不应保管签发票据所使用的公章。

（二）签发付款票据的财务公章应由部门经理、会计主管或由单位负责人、会计主管指定的会计人员保管使用。

（三）单位负责人、会计人员不应保管空白支票等银行付款空白票据，不应保管保险柜钥匙。

会计管理制度

编制部门：	发布日期：

第十七条　现金盘点。

出纳员在每天工作结束时应清点现金，核对账目，银行存款要经常和银行核对。会计人员每月终应采用实地盘点法，核实出纳员库存现金；采用本单位银行存款余额调节表与银行对账单相互核对的方法，核实出纳员经管的各银行存款，核查对账单银行收支情况。

第十八条　账账核对。

定期进行账账核对，会计经管的总账和出纳经管的现金日记账、银行存款日记账要定期进行核对（每月不少于一次），发现差错应查明原因并及时更正。

第七章　内部稽核管理

第十九条　原始凭证稽核。

（一）原始凭证的名称、填制日期、填制单位名称或填制人姓名，接受单位名称、经济业务内容、数量、单价和金额是否正确。

（二）从外单位取得的原始凭证是否盖有填制单位公章，从个人取得的原始凭证必须有填制人员的签名或签章，自制原始凭证是否有单位领导人或指定人员签字或盖章，对外开出原始凭证是否已加盖本单位公章。

（三）稽核原始凭证的大小写金额是否相等。

（四）职工借款凭据，是否已附在记账凭证上；收回借款时，应当另开收据，不是退还原借款收据。

（五）经上级有关部门批准的经济业务，是否将批准文件作为原始凭证附件。如果批准文件需要单独归档的，是否在凭证上注明批准机关名称、日期和文件字号。

（六）原始凭证不得涂改、挖补。发现原始凭证有错误的，应当由开出单位重开或更正，更正处应当加盖开出单位的公章。

（七）由外单位提供的原始凭证如丢失，应取得原单位盖有公章的证明，并注明原始凭证号码、金额等内容，严禁外单位提供白条凭证。

第二十条　记账凭证稽核。

（一）记账凭证的填制日期、凭证编号、经济业务事项摘要、会计科目、金额、所附原始凭证张数、填制人员、复核人员、记账人员、会计机构负责人、会计主管人员的签字或盖章是否齐全。

会计管理制度

编制部门：	发布日期：

（二）记账凭证是否连续编号。

（三）是否将不同内容和类别的原始凭证汇总填制在一张记账凭证上。

（四）除结账和更正错误的记账凭证外，其他记账凭证是否附有原始凭证，记账凭证金额与相关原始凭证所载金额是否相符。

（五）会计科目（包括总账科目和明细账科目）的运用是否准确，借贷方向是否正确。

（六）记账凭证记载的内容是否及时登录于相关的会计账簿等。

第二十一条　会计账簿稽核。

（一）总账、明细账、日记账和其他辅助性账簿的设置是否符合企业会计制度。

（二）各种账簿的记录是否与相关记账凭证相符。

（三）总账、明细账、日记账之间钩稽关系是否相符。

（四）各种明细账是否按时登记，是否每月与总账账户核对相符。

（五）会计账簿是否有启用表，启用表内容填写是否完整，是否有汇总账页和目录。

（六）账簿的登记、装订、保管和存放地点是否妥善。

第二十二条　会计报表稽核。

（一）会计报表的种类和格式是否符合企业会计制度和公司内部账表设置的要求。

（二）会计报表是否根据登记完整、核对无误的会计账簿记录和其他有关资料编制，数字是否真实、计算是否准确、内容是否完整。

（三）会计报表项目之间、会计报表之间的钩稽关系是否正确。

（四）会计报表附注及其说明是否符合规定，与会计报表是否保持一致。

（五）对外报送的会计报表是否经单位负责人、主管会计工作的负责人、会计机构负责人签名或盖章。

第二十三条　会计档案稽核。

（一）稽核人员应每月检查会计档案。会计凭证、账簿、报表及其他会计资料是否按规定定期整理，装订成册，立卷归档。

（二）检查会计档案是否由专人管理，是否按分类顺序编号，建立目录。

（三）会计凭证、账簿、报表封面填写是否完整，有无档案调阅、移交、销毁登记，手续是否齐全。

会计管理制度

编制部门：	发布日期：

（四）稽核人员应每月检查会计电算化工作，是否按规定定期备份保管，是否有严格的软、硬件管理规定并认真执行，是否合乎安全保管要求。

第二十四条 库存现金和银行存款稽核。

（一）稽核人员应定期核查现金及银行存款日记账，采用实地盘查法，检查库存现金实存数与日记账余额是否相符，有无白条抵库、现金收付不入账等现象。

（二）检查银行存款日记账与银行对账单是否相等，如有未达账项是否填制银行存款余额调节表，未达账项应查明原因，有无违反银行结算规定的现象。

（三）支票签发数额与银行存款是否相符，空白未使用支票是否齐全，作废支票有无注销等。

第二十五条 有价证券稽核。

（一）购入及出售是否经核准，手续是否齐备。

（二）证券种类、面值及号码，是否与账簿记载相符。

（三）债券附带的息票是否齐全，并与账册相符。

（四）本息票有无到期或是否齐全，并与账册相符。

第八章 附 则

第二十六条 本制度由财务处负责制定、修改和解释。

第二十七条 本制度自_____年___月___日起施行。

3.3.2 会计核算操作制度

会计核算操作制度
编制部门：　　　　　　　　　　　发布日期：

第一章　总　则

第一条　为规范会计核算操作，提高财务部门工作效率，减少会计信息化带来的风险，依据国家相关法律法规，结合本单位实际，制定本制度。

第二条　本制度所称会计核算，是指利用计算机信息技术代替人工记账、算账、报账，以及替代部分由人工完成的对会计信息的分析和判断的过程。

第三条　本单位会计核算操作的各项工作均依本制度执行。

第二章　操作管理人员权限

第四条　财务部门负责人的权限。

（一）严格限定会计核算系统操作管理人员的使用范围和权限。

（二）组织核算人员进行会计核算，并做好指导和监督工作。

（三）规范会计核算系统的操作管理人员行为。

第五条　核算人员的权限。

（一）依法进行会计核算操作工作，确保会计核算的真实性、合法性、规范性。

（二）妥善管理会计凭证、账簿、报表、磁盘和有关文件制度等会计资料，定期分类装订立卷，并按规定移交给档案管理员。

第六条　审计人员的权限。依据规章制度，定期或不定期进入会计核算系统，对核算项目、内容的合法性、真实性进行审计。

第七条　系统管理员的权限。负责会计核算系统日常维护、定期检查、升级等工作，并做好会计核算数据的备份工作。

第八条　核算人员不得兼任审计人员，也不得兼任系统管理员。

第三章　会计核算基础规定

第九条　会计年度采用历年制，自公历每年1月1日起至12月31日止为一个会计年度。

会计核算操作制度

编制部门：	发布日期：

第十条 会计科目账户的设置要求，应按照《政府会计制度——行政事业单位会计科目和报表》执行，不得任意更改或自行设置；因业务需要新增科目时，需报财务部门负责人批准。

第十一条 记账方法要求。

记账采取借贷记账法，采用权责发生制，具体要求如下。

（一）凡收益已实现，费用已发生，不论款项是否收付，都应作为本期的收益或费用入账。

（二）凡不属于本期的收益或费用，即使款项已在本期收付，也不应作为本期收益或费用处理。

（三）一个时期内的各项收入与其相关联的成本、费用，必须在同一时期入账。

（四）凡用于增加固定资产而发生的各项支出都应记为资本支出，不得记入费用作为收益支出。

（五）凡为了取得收益而发生的各项支出，都应作为收益支出，同时记入成本费用。

第十二条 记账货币单位要求：本位币，会计凭证、会计账簿、会计报表均用法定文字书写。

第十三条 会计凭证的分类。

会计凭证主要包括自制原始凭证和外来原始凭证两种，具体说明如下。

（一）自制原始凭证。自制原始凭证指进货验收单、领料单、出库单、旅差费报销单、费用开支证明单、调拨单、收款收据、借条等。

（二）外来原始凭证。外来原始凭证指本单位与其他单位或个人发生业务、劳务关系时，由对方开给本单位的凭证、发票、收据等。

第十四条 会计报表的编制：应根据国家制定的《政府会计制度——行政事业单位会计科目和报表》规定的会计报表格式和填报时间、份数来执行。

第四章 会计核算系统操作规程

第十五条 会计年度开始时，进入会计核算系统的操作管理人员应得到财务部门负责人的授权，未经授权不得进行上机操作。

会计核算操作制度

编制部门：	发布日期：

第十六条　会计核算系统的操作管理人员必须以个人账号和密码登录，并严格按照所分配权限进行操作，任何操作管理人员不得越权或利用他人账号和密码进行操作。

第十七条　会计核算系统的操作管理人员对系统登记账号和密码进行妥善保存，严格保密。密码每月（或泄露时）变更一次。

第十八条　会计核算系统的操作管理人员必须严格按规定步骤开、关计算机，进、出会计核算系统。

第十九条　会计核算系统的操作管理人员离机时，应按程序要求安全退出会计核算系统，以防他人越权操作。

第二十条　核算人员或审计人员在核算或审计过程中，如发生故障，应及时通知系统管理员进行处理。

第五章　附　则

第二十一条　本制度未尽事宜，依照国家相关规定执行。

第二十二条　本制度由财务部门负责制定、修改和解释。

第二十三条　本制度自＿＿＿＿年＿＿月＿＿日起施行。

3.3.3 会计核算数据管理制度

会计核算数据管理制度
编制部门：　　　　　　　　　发布日期：

第一条　为规范单位会计核算数据管理，确保数据完整、准确，依据国家相关法律法规，结合本单位实际，制定本制度。

第二条　单位全部会计核算数据的管理均依本制度执行。

第三条　会计核算数据备份由系统管理员负责。其中，每天上午、下午下班前五分钟进行两次数据备份；每月最后一个工作日下班前完成对当月每天数据的月度备份；次年____月____日前完成对上年数据的整年备份。

第四条　对于采用光盘等磁性介质存放的会计核算数据备份盘，应标识清楚，详细注明账套、时间、备份人等内容；年度备份属档案资料，归档后应定期复制。

第五条　系统管理员应妥善保管备份数据，防止非授权人员非法查看、修改、删除备份数据。

第六条　用磁性介质存放的会计核算数据的保管时间，原则上应当与纸质数据资料的保管时间一致，另有规定的除外。

第七条　对磁性介质存放的月度和年度备份数据应当进行双备份，备份要存放在两个不同的地点，并定期复制，重要的会计核算数据必须复制双份。

第八条　本制度未尽事宜，依照国家相关规定执行。

第九条　本制度由财务部门负责解释。

第十条　本制度自_____年____月____日起施行。

3.3.4 会计核算档案管理制度

会计核算档案管理制度	
编制部门:	发布日期:

第一章 总 则

第一条 为规范会计核算工作,确保会计核算档案的安全与完整,依据《中华人民共和国档案法》《会计档案管理办法》等法律法规,结合本单位实际,制定本制度。

第二条 本制度所称会计核算档案,是指利用会计核算系统打印出来的纸质会计档案,包括打印输出的记账凭证、会计账簿、会计报表等。

第二章 会计核算档案管理规定

第三条 单位财务部门是会计核算档案的具体管理机构,审计部门是会计核算档案管理的监督机构。

第四条 会计核算档案的借阅。

(一)单位会计核算档案资料不得借出,如有特殊需要,经单位负责人批准,档案保管人员现场监督,可提供查阅或复制,并办理必要的登记手续。

(二)查阅和复制会计核算档案人员,严禁在档案上涂画、抽换。

第五条 会计核算档案的保管。

(一)核算档案资料由操作人员定期打印输出,形成书面文件资料后装订保存,保存期限为____年,期满后,移交档案管理责任人统一进行保管。

(二)档案管理责任人对会计核算档案管理期限根据《会计档案管理办法》规定执行,档案的具体名称不相符的,可参照类似档案的保管期限办理。

(三)已经归档的会计核算档案,任何人不得私自拆封或抽换;尚未移交给档案管理责任人的,确需拆封重新整理的会计核算档案,报经财务部门批准后,由财务部门派人监督办理。

(四)会计核算档案的存放应做好防火、防潮、防盗、防尘、防高温、防虫害工作,以保证会计核算档案资料的安全。

第六条 会计核算档案的移交程序。

会计核算档案管理制度

编制部门：	发布日期：

（一）编制档案移交清册，列明应当移交的会计档案名称、卷号、册数、起止年度、档案编号、应保管期限、已保管期限等内容。

（二）交接双方按照移交清册所列内容进行逐项交接。

（三）交接双方交接完毕后在档案移交清册上签名或盖章。

第七条 保管期满的会计核算方案，按以下程序销毁。

（一）由档案管理负责人会同财务部门相关人员提出销毁意见，编制会计核算方案销毁清册，列明销毁档案的名称、册数、起止年度和档案编号、应保管期限、已保管期限、销毁时间等内容。

（二）单位负责人在会计核算档案销毁清册上签署意见。

（三）销毁档案时，应有审计部门、财务部门相关人员共同组成监销小组进行监销。

（四）监销小组在监销档案前，按会计核算档案销毁清册所列内容清点核对应销毁的资料；销毁后在销毁清册上签名盖章，并提交监销情况报告。

第三章 会计核算档案管理责任

第八条 会计核算档案保管人员要对会计档案的完整性、准确性负责；因保管不当造成会计档案损毁的，应追究保管人员的责任。

第九条 各会计核算档案使用人和查阅人应遵守档案查阅登记规定；损坏、丢失会计核算档案的，要追究相关人员的责任。

第十条 擅自涂改、拆封、抽换会计核算档案的单位和个人，要追究其相应责任，构成犯罪的，移交司法机关处理。

第十一条 对故意销毁会计核算档案的单位和相关责任人，提交纪检监督部门处理，构成犯罪的，移交司法机关处理。

第四章 附 则

第十二条 本制度由财务部门负责解释。

第十三条 本制度自_____年___月___日起施行。

第4节 会计业务控制规范

3.4.1 会计凭证管理制度

会计凭证管理制度	
编制部门：	发布日期：

第一章 总　则

第一条　为加强对会计凭证的规范管理，使其能够正确、及时、清楚地反映各项经济业务的真实情况，保证会计核算的质量，制定本制度。

第二条　本制度适用于本单位会计凭证的管理工作。本制度所称的会计凭证，是原始凭证和记账凭证的总称。

第二章 原始凭证管理

第三条　原始凭证的填制要求。

（一）原始凭证上填制的日期、内容和数字须是经济业务发生时的真实情况，不得弄虚作假。

（二）规定的项目要逐项填写，不可缺漏，尤其要注意，接受单位要写全称，不能简化；品名或用途要填写明确，不许含糊不清。

（三）凭证经办人员必须在原始凭证上签名、签章；对外开出的原始凭证必须加盖单位公章。

（四）经济业务发生或完成，都要及时填制，并按规定及时送交会计机构。

（五）原始凭证所记载的内容有错误的，应当由出具单位重开或者更正，并在更正处加盖出具单位印章。

会计凭证管理制度

编制部门：	发布日期：

第四条 原始凭证数字书写规范。

（一）阿拉伯数字应当逐个填写，不得连笔写。阿拉伯数字金额前面应当书写货币符号，如人民币符号"￥"，美元符号"＄"。币种符号与阿拉伯金额数字之间不得留有空白。凡阿拉伯数字前写有币种符号的，数字后面不再写货币单位。

（二）所有金额一律填写到角分；无角分的，角位和分位可写"00"，或符号"–"；有角无分的，分位应当写"0"，不得用符号"–"代替。

（三）汉字大写数字金额如零、壹、贰、叁、肆、伍、陆、柒、捌、玖、拾、佰、仟、万、亿等，一律用汉字大写，不得用一、二、三、四、五、六、七、八、九、十等简化字代替，不得任意自造简化字。大写金额数字到元或角为止的，在"元"或者"角"字之后应写"整"或者"正"字。

（四）大写金额数字前未印有货币名称的，应当加填货币名称，货币名称与金额数字之间不得留有空白。

（五）阿拉伯数字金额中间有"0"时，汉字大写金额要写"零"字；阿拉伯数字金额中间连续有几个"0"时，汉字大写金额中可以只写一个"零"字。

第五条 原始凭证的审核传递。

（一）原始凭证须由经办人签字并写明事由，主管领导审批签字。

（二）原始凭证须由财务主任及有关领导审批签字。

（三）会计、出纳员对原始凭证须进行严格的审核支付。

（四）会计人员对审核无误的原始凭证，按照会计科目的要求编制记账凭证，进行会计核算。

（五）会计主办审核并记账。

（六）装订记账凭证并存档。

第六条 原始凭证的审核。

（一）审核原始凭证记录的经济业务的内容是否真实、合法，有无违反国家法规、制度。

会计凭证管理制度

编制部门：	发布日期：

（二）审核原始凭证的格式和内容是否符合规定的要求、有否加盖填制单位的公章或专用章，接受凭证单位与本单位是否相符合，购买实物的原始凭证有无验收证明。

（三）审核原始凭证所列的数量、单价、金额及小计、合计是否准确，大小写金额是否相符，文字和数字的填写是否清楚，有关责任人的签字是否齐备等。

第三章　记账凭证管理

第七条　记账凭证的编制。

（一）记账凭证的内容必须具备：填制凭证的日期，凭证编号，经济业务摘要，应记会计科目、方向和金额，记账符号，所附原始凭证张数，填制凭证人员、稽核人员、记账人员、会计机构负责人、会计主管人员签名或盖章。收款和付款凭证还应当由出纳人员签名或盖章。

（二）填制记账凭证时，应当对记账凭证进行连续编号。一笔经济业务需要填制两张以上记账凭证的，可以采用分数编号法编号。

（三）记账凭证可以根据每一张原始凭证填制，或根据若干张同类原始凭证汇总填制，也可根据原始凭证汇总表填制，但不得将不同内容和类别的原始凭证汇总填制在一张记账凭证上。

（四）除结账和更正错误的记账凭证可以不附原始凭证外，其他记账凭证须附有原始凭证。如果一张原始凭证涉及几张记账凭证，可以把原始凭证附在一张主要的记账凭证后面，并在其他记账凭证上注明附有该原始凭证的记账凭证的编号或者附原始凭证复印件。

（五）如果在填制记账凭证时发生错误，应当重新填制。

（六）记账凭证填制完经济业务事项后，如有空行，应当自"金额"栏最后一笔金额数字下的空行处至合计数上的空行处划线注销。

第八条　记账凭证的审核。

（一）审核记账凭证是否附有原始凭证，记录内容与所附原始凭证的内容是否相同。

（二）审核会计分录是否正确。

会计凭证管理制度

编制部门：	发布日期：

（三）审核记账凭证内容是否完整。审核后，如发现错误，应按规定的方法及时更正。只有审核无误的记账凭证才能作为登记账簿的依据。

第九条 记账凭证的错误更正。

（一）如果在填制记账凭证时发生错误，应当重新填制。

（二）如果已经登记入账的记账凭证发生错误，可以根据不同的情况，分别更正。

1. 在当年内发现填制错误时，可以用红字填写一张与原内容相同的记账凭证，在摘要栏注明"注销某月某日某号凭证"字样。

2. 如果会计科目没有错误，只是金额错误，也可以将正确的数字与错误的数字之间的差额，另编写一张调整的记账凭证，调增金额用蓝字，调减金额用红字，并在摘要栏注明"更正某年某月某日某号凭证"字样；发现以前年度的记账凭证有错误的，应当用蓝字填制一张更正的记账凭证，并在摘要栏注明"更正某年某月某日某号凭证"字样及更正的原因等。

第四章　附　则

第十条 本制度由财务部门负责解释。

第十一条 本制度自＿＿＿＿年＿＿月＿＿日起施行。

3.4.2 会计账簿管理制度

会计账簿管理制度	
编制部门：	发布日期：

第一章 总 则

第一条 为规范会计账簿的管理，准确、完整地反映和监督各项经济业务的完成情况，确保为财务管理提供必要的准确的数据资料和经济信息，制定本制度。

第二条 本制度适用于会计账簿的启用、设置、登记、错弊更正、更换、保管等管理事项。

第二章 会计账簿的启用

第三条 设置账簿封面。

除订本账不另设封面以外，各种活页账都应设置封面和封底，并登记单位名称、账簿名称和所属会计年度。

第四条 登记账簿启用及经管人员一览表。

在启用新会计账簿时，应首先填写在扉页上印制的"账簿启用及交接表"中的启用说明，其中包括单位名称、账簿名称、账簿编号、起止日期、单位负责人、主管会计、审计人员和记账人员等项目，并加盖单位公章。在会计人员发生变更时，应办理交接手续并填写"账簿启用及交接表"中的交接说明。

第五条 填写账户目录。

总账应按照会计科目的编号顺序填写科目名称及启用页码。在启用活页式明细分类账时，应按照所属会计科目填写科目名称和页码。在年度结账后，撤去空白账页，填写使用页码。

第六条 粘贴印花税票。

印花税票应粘贴在账簿的右上角，并且划线注销。在使用缴款书缴纳印花税时，应在右上角注明"印花税已缴"及缴款金额。

第三章 会计账簿的设置

第七条 会计账簿的设置原则。

会计账簿管理制度

编制部门：	发布日期：

账簿设置应做到总分结合、序时与分类相结合、层次清楚、便于分工，具体说在设计时应符合以下原则。

（一）与单位规模和会计分工相适应的原则。

（二）既满足管理需要又避免重复设账的原则。

（三）账簿设计与账务处理程序紧密配合原则。

（四）账簿设计与会计报表指标相衔接的原则。

第八条 应设置的会计账簿类型。

根据《会计法》的规定，单位应设置以下法定会计账簿，并保证其真实、完整。

（一）总账，是根据会计科目（也称总账科目）开设的账簿，用于分类登记单位的全部经济业务事项，提供资产、负债、资本、费用、成本、收入和成果等总括核算的资料。总账一般有订本账和活页账两种。单位可以根据所采用的记账方法和财务处理程序的需要设置总账。

（二）明细账，是根据总账科目所属的明细科目设置的，用于分类登记某一类经济业务事项，提供有关明细核算资料。通过明细账，可以对经济业务信息或数据作进一步的加工整理和分析，也能为了解会计资料的形成提供具体情况和有关线索。

（三）日记账，包括现金日记账和银行存款日记账。日记账是各单位加强现金和银行存款管理的重要账簿。

（四）其他辅助账簿，是为备忘备查而设置的。在实际会计实务中，主要包括各种租借设备、物资的辅助登记或有关应收、应付款项的备查账簿等。

第四章 会计账簿的登记

第九条 会计账簿的登记依据。

为保证账簿记录的真实、正确，须根据审核无误的会计凭证登账。各单位每天发生的各种经济业务都要记账。

第十条 会计账簿的登记时间。

（一）总分类账要按照单位所采用的会计核算形式及时登账。

会计账簿管理制度

编制部门：	发布日期：

（二）各种明细分类账，要根据原始凭证、原始凭证汇总表和记账凭证每天进行登记，也可以定期登记。

（三）现金日记账和银行存款日记账，应当根据办理完毕的收付款凭证，随时逐笔顺序进行登记，最少每天登记一次。

第十一条 会计账簿的登记规范要求。

（一）登记账簿时，应当将会计凭证日期、编号、业务内容摘要、金额和其他有关资料逐项记入账内，同时记账人员要在记账凭证上签名或者盖章，并注明已经登账的符号（如打"√"），防止漏记、重记和错记情况的发生。

（二）各种账簿要按账页顺序连续登记，不得跳行、隔页。如发生跳行、隔页，应将空行、空页划线注销，或注明"此行空白"或"此页空白"字样，并由记账人员签名或盖章。

（三）登记账簿时，要用蓝黑墨水或者碳素墨水书写，不得用圆珠笔或者铅笔书写。

（四）记账要保持清晰、整洁，记账文字和数字要端正、清楚、书写规范，一般应占账簿格距的二分之一，以便留有改错的空间。

（五）凡需结出余额的账户，应当定期结出余额。现金日记账和银行存款日记账必须每天结出余额。结出余额后，应在"借或贷"栏内写明"借"或"贷"的字样。没有余额的账户，应在该栏内写"平"字并在余额栏"元"位上用"0"表示。

（六）每登记满一张账页结转下页时，应当结出本页合计数和余额，写在本页最后一行和下页第一行有关栏内，并在本页摘要栏内注明"转后页"字样，在次页的摘要栏内注明"承前页"字样。

（七）会计账簿记录发生错误时，不允许用涂改、挖补、刮擦、药水消除字迹等手段更正错误，也不允许重抄，而应根据情况，按照规定采用划线更正法、红字更正法、补充登记法三种方法进行更正；由于记账凭证错误而使账簿记录发生错误，应当首先更正记账凭证，然后再按更正的记账凭证登记账簿。

第五章 会计账簿的错误更正

第十二条 划线更正法。

会计账簿管理制度

编制部门：　　　　　　　　发布日期：

在结账前，如发现会计账簿记录有错误，而记账凭证没有错误，仅属于记账时文字或数字上的笔误，应采用划线更正法。更正方法是：先将错误的文字或数字用一条红色横线划去，表示注销；再在划线的上方用蓝色字迹写上正确的文字或数字，并在划线处加盖更正人图章，以明确责任。但要注意划掉错误数字时，应将整笔数字划掉，不能只划掉其中一个或几个写错的数字，并保持被划去的字迹仍可清晰辨认。

第十三条　红字更正法。

（一）账簿记录的错误，是因记账凭证中的应借、应贷会计科目或记账方向有错误而引起的，应用红字更正法进行更正。更正方法是：先用红字填写一张会计科目与原错误记账凭证完全相同的记账凭证，在"摘要"栏中写明"冲销错账"以及错误凭证的号数和日期，并据以用红字登记入账，以冲销原来错误的账簿记录；然后，再用蓝字或黑字填写一张正确的记账凭证，在"摘要"栏中写明"更正错账"以及冲账凭证的号数和日期，并据以用蓝字或黑字登记入账。

（二）记账凭证和账簿记录的金额有错误（所记金额大于应记的正确金额），而应借、应贷的会计科目没有错误，应用红字更正法进行更正。更正的方法是：将多记的金额用红字填制一张记账凭证，而应借、应贷会计科目与原错误记账凭证相同，在"摘要"栏写明"冲销多记金额"以及原错误记账凭证的号数和日期，并据以登记入账，以冲销多记的金额。

第十四条　补充登记法。

记账以后，如果发现记账凭证和账簿记录的金额有错误（所记金额小于应记的正确金额），而应借、应贷的会计科目没有错误，应用补充登记法进行更正。更正的方法是：将少记的金额用蓝字或黑字填制一张应借、应贷会计科目与原错误记账凭证相同的记账凭证，在"摘要"栏中写明"补充少记金额"以及原错误记账凭证的号数和日期，并据以登记入账。

第六章　会计账簿的更换及保管

第十五条　会计账簿的更换。

会计账簿的更换，通常在新会计年度建账时进行。总账、日记账和多数明细账应每年更换一次。备查账簿可以连续使用。

会计账簿管理制度

编制部门：	发布日期：

第十六条 会计账簿的保管如下。

（一）各种账簿要分工明确，指定专人管理，账簿经管人员既要负责记账、对账、结账等工作，又要负责保证账簿安全。

（二）会计账簿未经领导和会计负责人或者有关人员批准，非经管人员不能随意翻阅查看会计账簿。

（三）会计账簿除需要与外单位核对外，一般不能携带外出。对需携带外出的账簿，一般应由经管人员或会计主管人指定专人负责。

（四）会计账簿不能随意交与其他人员管理，以保证账簿安全，防止任意涂改账簿等问题发生。

第七章 附 则

第十七条 本制度由财务部门负责解释。

第十八条 本制度自＿＿＿＿年＿＿月＿＿日起施行。

3.4.3 财务报告编制与报送流程

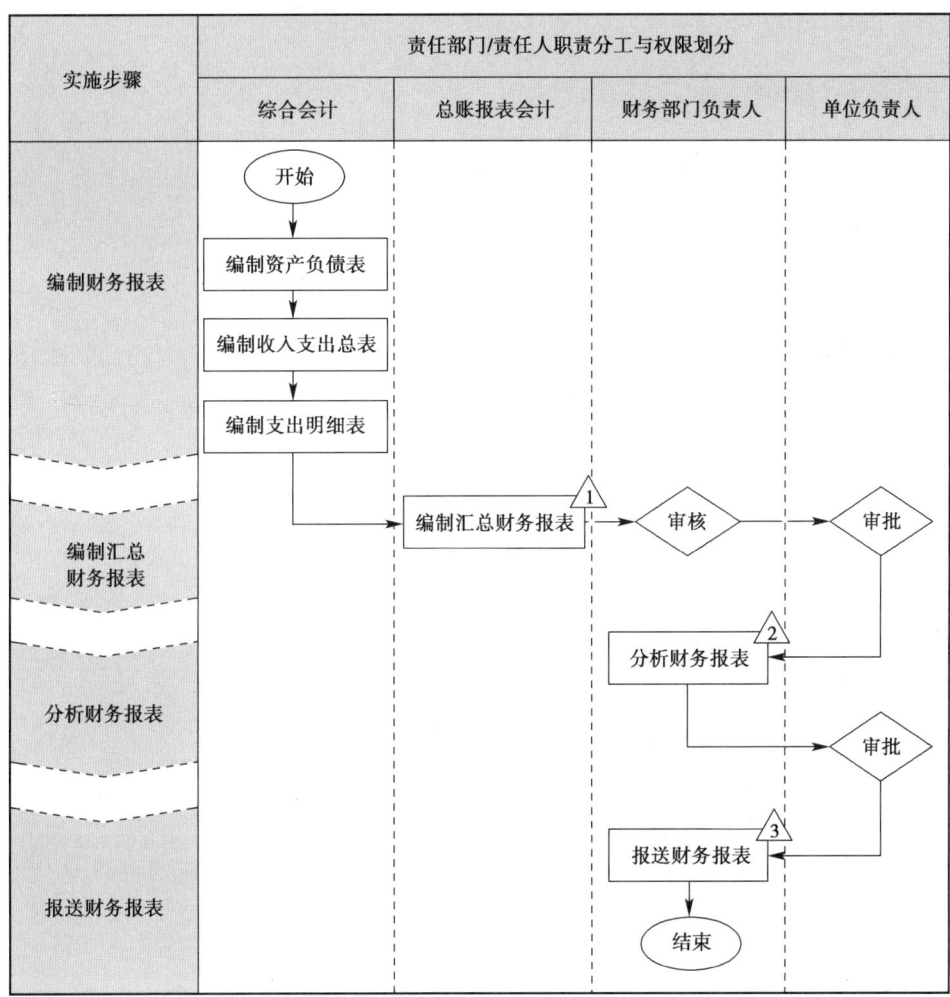

关键节点说明:

关键节点	相关说明
关键节点1	汇总编制时,应将上下级单位之间对应的上缴、下拨数以及系统内部各单位之间的往来款项相互冲销,以免重复计算
关键节点2	分析财务报表时,应依据行政任务和单位预算,利用会计核算、业务核算等,对单位财务活动的过程和结果进行分析、比较和研究
关键节点3	单位应严格按照规定的财务报表编制审批程序,由各级负责人逐级把关,对财务报表予以审核,审核无误的财务报表应分级报送

第 4 章

行政事业单位内部控制规范——信息系统

行政事业单位内部控制精细化管理全案（第2版）

第1节 信息系统控制的内容与目的

4.1.1 信息系统控制的内容

信息系统是由计算机硬件、计算机软件、网络通信设备、数据信息资源、信息系统管理规章制度以及相关人员构成的信息化管理平台,其主要用于对事业单位各项工作的过程进行集成转化。行政事业单位信息系统控制制度中,应至少加强如图4-1所示内容的控制。

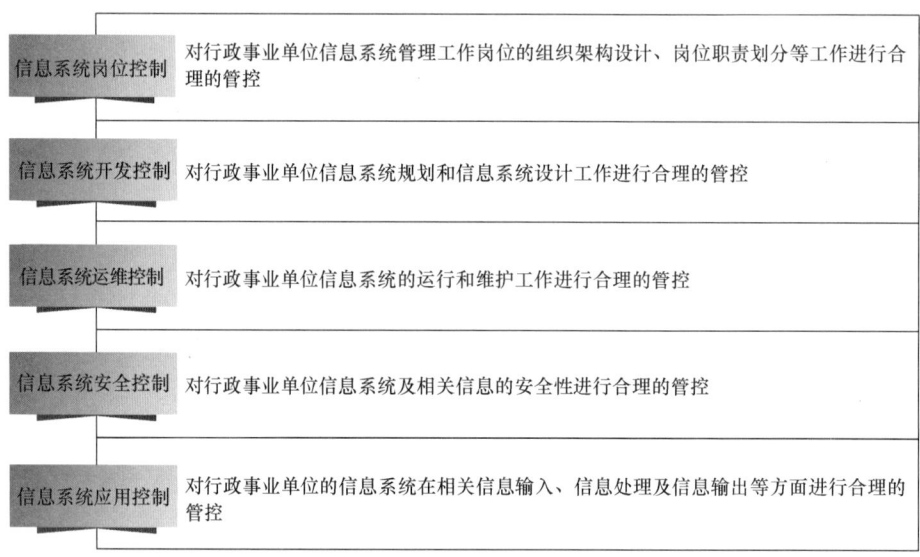

图4-1 信息系统控制的内容

4.1.2 信息系统控制的目的

行政事业单位对信息系统进行合理的控制,可有效提高各项工作管理水平,并确保相关信息的安全性、完整性及有效性,以高效、准确处理相关工作。行政事业单位信息系统控制的目的如图4-2所示。

第4章 行政事业单位内部控制规范——信息系统

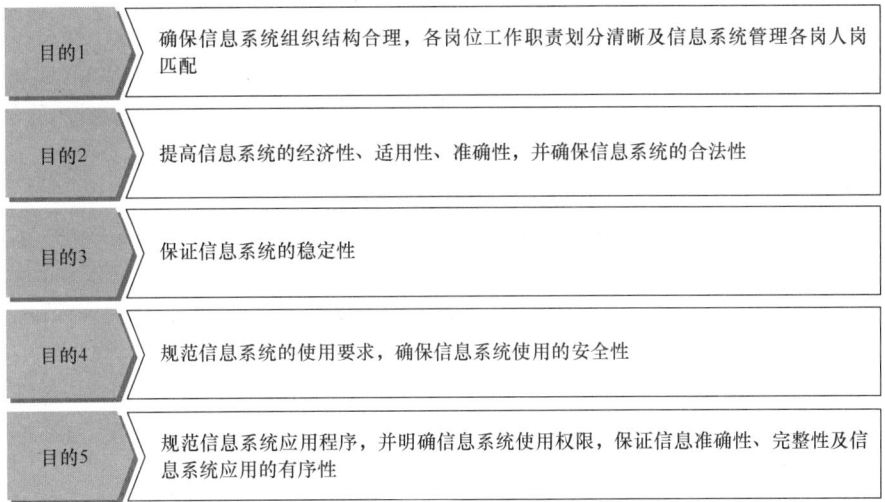

图 4-2 信息系统控制的目的

第 2 节 信息系统岗位控制规范

4.2.1 信息系统机构设计

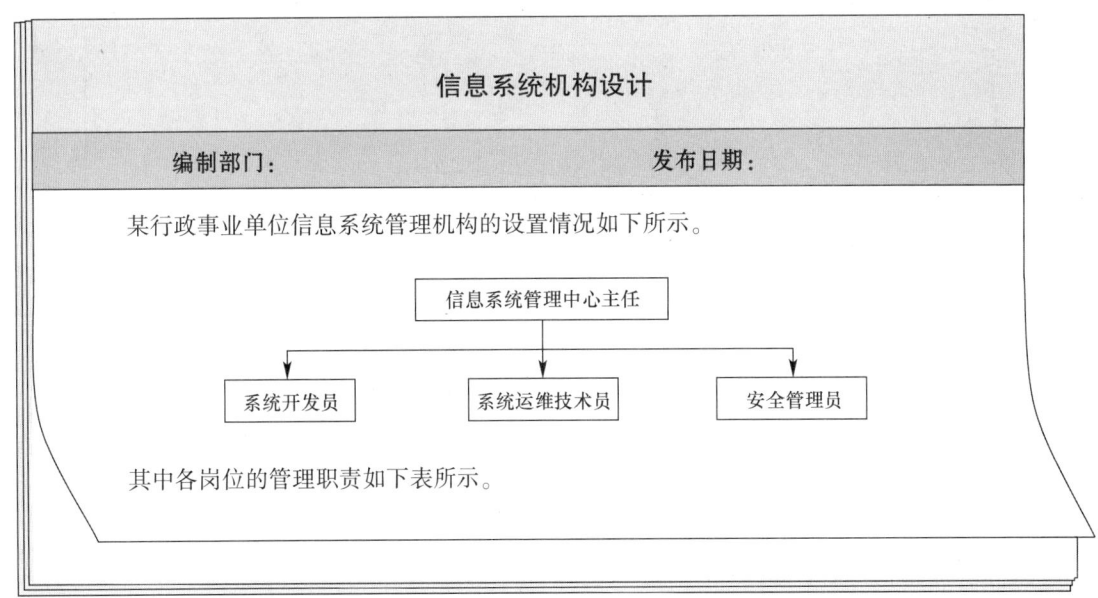

信息系统机构设计

编制部门：	发布日期：

信息系统管理岗位职责一览表

岗位名称	岗位职责
信息系统管理中心主任	统筹管理信息管理中心各项工作
系统开发员	负责信息系统规划与设计工作
系统运维技术员	负责信息系统的运行与维护工作
安全管理员	负责信息系统安全防御管理工作

4.2.2　信息系统不相容岗位分离制度

信息系统不相容岗位分离制度	
编制部门：	发布日期：

　　第一条　为规范信息系统不相容岗位分离工作，确保信息系统不相容岗位有效分离，从而能够准确判断信息系统应用效果，依据国家相关法律法规，结合本单位实际，制定本制度。

　　第二条　本制度适用于信息系统不相容岗位分离工作的规范。

　　第三条　本制度所称的不相容岗位涉及信息系统开发岗位、信息系统运维岗位及信息系统使用部门的相关岗位三类岗位的分离。

　　（一）信息系统开发岗位负责信息系统的规划与设计工作，不得参与信息系统的运行维护工作。

　　（二）信息系统运维岗位负责信息系统的运行情况记录及维护工作，不得直接参与信息系统开发工作。

　　（三）信息系统使用部门的岗位需按规范要求，使用信息系统。

　　第四条　在使用信息系统时，需根据信息系统的使用情况，做好记录。

　　第五条　信息系统使用部门在使用过程中，如发现系统存在问题，需按以下程序进行处理。

　　（一）信息系统使用部门需对信息系统存在的问题进行记录，并及时反馈给信息系统管理部门。

　　（二）信息系统运维岗位需对信息系统使用部门提供的信息进行分析，并结合单位信息系统运行的实际情况，进行问题修复。

　　1. 如问题修复完成，信息系统运维岗位需通知信息系统使用部门进行试用，确定问题解决后，信息系统运维岗位需做好记录，并要求信息系统使用部门签字确认。

　　2. 如问题难以修复，信息系统运维岗位需将问题报信息系统管理中心主任进行处理。

　　3. 信息系统管理中心主任需对信息系统运维岗位所报问题进行分析，确定无法修复后，通知信息系统开发岗位进行信息系统开发，并做好记录。

　　4. 信息系统开发岗位需针对信息系统存在的问题进行信息系统开发，并做好记录。

　　5. 信息系统开发完成后，信息系统开发岗位需报信息系统管理中心主任。

信息系统不相容岗位分离制度

编制部门：	发布日期：

6. 信息系统管理中心主任需通知信息系统运维岗位及信息系统使用部门进行信息系统试运行，并对信息系统的试运行情况进行记录，如存在问题，需由信息系统开发岗位及时进行修正。

第六条 如信息系统使用部门对信息系统存在新的需求时，需按如下程序进行处理。

（一）信息系统使用部门需将需求进行详细的描述，并及时提交信息系统管理中心。

（二）信息系统管理中心主任需对信息系统需求描述进行分析，确定其具有可行性后，通知信息系统开发人员进行信息系统开发，并做好记录；如信息系统使用部门提出的需求不具有可行性，需对信息系统使用部门进行说明。

（三）信息系统开发岗位需按需求进行信息系统的开发工作，并需在信息系统开发完成后，报信息系统管理中心主任。

（四）信息系统管理中心主任需通知信息系统运维岗位进行信息系统试运行，并对信息系统的试运行情况进行记录，如存在问题，需由信息系统开发岗位及时进行修正。

第七条 单位对信息系统中心绩效进行考核时，需以信息系统管理中心主任、信息系统开发岗位、信息系统运维岗位及信息系统使用部门四方提供记录为依据，如发现不一致，需及时进行调查处理。

第八条 本制度由信息系统管理中心制定、解释与修订。

第九条 本制度自_____年____月____日起施行。

4.2.3 信息系统归口管理实施制度

信息系统归口管理实施制度	
编制部门：	发布日期：

第一章 总 则

第一条 为加强单位信息系统归口管理工作，使信息系统管理部门各岗位能够各负其责、各司其职，确保信息系统管理工作的有序进行，制定本制度。

第二条 本制度适用于信息系统开发、运维、安全及应用等各种工作归口管理的规范。

第二章 信息系统开发归口管理规范

第三条 信息系统使用部门需定期分析部门对信息系统的使用需求，并编写详细的需求描述，报信息系统管理中心。

第四条 信息系统管理中心主任需对各部门提供的需求进行分析，确定需求可行的，通知信息系统开发人员进行开发；如确定需求不可行，需向相关部门进行说明。

第五条 信息系统开发员需根据部门提供的需求，并结合单位的实际情况，进行信息系统规划及设计。

第六条 信息系统设计完成后，信息系统管理中心主任需组织信息系统运维技术员和信息系统使用部门进行信息系统试运行，并做好试运行记录。如存在问题，信息系统开发员需根据信息系统的试运行情况对信息系统进行调整。

第七条 信息系统试运行后，信息系统管理中心主任组织进行信息系统的使用推广。

第三章 信息系统运维归口管理规范

第八条 信息系统运维技术员需定期对信息系统的运行情况进行评价，并准确进行记录。

第九条 信息系统运维技术员需定期对机房进行巡视，检查信息系统相关设备的运行情况，并准确进行记录。

第十条 信息系统运维技术员需对信息系统的运行情况进行分析，识别信息系统运行过程中的风险，并针对风险进行系统维护，同时做好记录。

信息系统归口管理实施制度

编制部门：	发布日期：

第十一条　信息系统运维技术员需收集信息系统使用情况的相关反馈信息，并需对反馈信息进行分析。

第十二条　信息系统运维技术员需根据反馈信息对信息应用系统、硬件、代码或相关数据进行检查、修改等工作，并填写维护记录。

第四章　信息系统安全归口管理规范

第十三条　信息系统硬件设备安全管理规范。

（一）在购入信息系统硬件设备时，安全管理员需对设备的相关信息进行登记。

（二）安全管理员需对信息系统硬件设备的使用情况进行检查，并进行准确记录。

第十四条　信息系统软件安全管理规范。

（一）安全管理员需对各客户端下载的软件进行查毒，并在确定无毒后，方可允许下载。

（二）安全管理员需定期对杀毒软件进行更新，并及时传送至各客户端使用。

第十五条　信息系统网络安全管理规范。

（一）安全管理员需定期加强信息系统防护，检查信息系统网络安全漏洞情况，并及时进行处理。

（二）安全管理员需定期更新病毒库。

（三）安全管理员需对各客户端的网络使用情况进行实时监控，发现问题及时进行处理。

第十六条　安全管理员需定期备份信息系统相关数据。

第五章　信息系统应用归口管理规范

第十七条　信息系统运维技术员需对信息系统的使用者进行培训，明确信息系统使用规范。

第十八条　信息系统运维技术员需合理设置信息系统用户权限，并监控用户执行操作情况。

信息系统归口管理实施制度	
编制部门：	发布日期：

第六章　附　则

第十九条　本制度由信息系统管理中心负责制定，其解释权、修订权归信息系统管理中心所有。

第二十条　本制度自_____年___月___日起施行。

第3节 信息系统开发控制规范

4.3.1 信息系统开发岗位责任管理制度

信息系统开发岗位责任管理制度	
编制部门：	发布日期：

第一章 总 则

第一条 为明确信息系统开发各岗位的岗位职责，确保信息系统开发工作高效进行，制定本制度。

第二条 本制度适用于信息系统开发各岗位的责任划分管理。

第二章 信息系统开发规划职责

第三条 信息系统管理中心主任和信息系统开发工程师需对单位战略目标及工作任务进行分析，明确当期单位信息化的需求。

第四条 信息管理中心主任需根据当期单位信息化需求，制定信息系统发展战略。

第五条 信息系统开发工程师需根据信息系统发展战略，并结合单位的客观现实情况，制订信息系统开发计划。

第三章 信息系统开发设计职责

第六条 信息系统开发工程师需依据单位信息系统开发计划，并结合单位的实际情况，选择合适的信息系统开发设计方式：外包开发或自行开发。

第七条 如选择外包开发，信息系统管理人员及开发人员需完成以下工作。

（一）信息系统管理中心主任协同信息系统开发工程师负责查询潜在外包商。

（二）信息系统开发工程师负责起草项目计划书要求。

（三）信息系统管理中心主任协同信息系统开发工程师负责对外包商进行综合分析，确定外包商报上级行政部门审核后，签订外包合同。

信息系统开发岗位责任管理制度
编制部门：　　　　　　　　　　发布日期：

（四）信息系统开发员需根据外包合同，对外包商展开系统设计工作的进度与质量进行检查监督。

（五）信息系统开发工程师需在外包项目结束后，对外包项目进行验收。

（六）信息系统开发员负责进行信息系统的安装调试。

第八条　如选择自行开发，信息系统管理人员及开发人员需完成以下工作。

（一）信息系统开发工程师负责编制信息系统开发任务书及信息系统程序方案。

（二）信息系统开发员负责程序代码编写、信息系统测试及信息系统的安装调试。

第四章　附　则

第九条　本制度由信息系统管理中心负责制定，其解释权、修订权归信息系统管理中心所有。

第十条　本制度自＿＿＿＿年＿＿月＿＿日起施行。

4.3.2 信息系统规划管理制度

信息系统规划管理制度	
编制部门：	发布日期：

第一条 为加强单位信息系统规划工作，确保信息系统规划科学、合理，以增强信息系统的实用性，制定本制度。

第二条 本制度适用于规范信息系统开发规划工作。

第三条 信息系统管理中心主任协同信息系统开发工程师对单位战略目标进行分析，确定单位工作信息化的需求。

第四条 信息系统管理中心主任协同信息系统开发工程师结合单位信息系统投资预算情况及信息系统应用现状，对单位工作信息化需求进行分析，确定需求的可行性。

第五条 信息系统管理中心主任协同信息系统开发工程师根据信息系统可行性分析结果，制定信息系统发展战略，明确信息系统战略目标。

第六条 信息系统开发工程师需根据信息系统发展战略，并结合当期单位信息系统应用需要及实际情况，制订信息系统开发计划。开发计划应明确以下内容。

（一）信息系统名称。

（二）信息系统的技术性能。

（三）信息系统操作环境，包括硬件和软件。

（四）信息系统开发工作计划。

（五）信息系统开发人员情况，包括人员姓名、岗位、职责等。

（六）信息系统开发费用预算。

第七条 当信息系统的应用环境发生变化时，信息系统管理中心主任和信息系统开发工程师需根据变化情况进行及时调整。

第八条 本制度由信息系统管理中心负责制定，其解释权、修订权归信息系统管理中心所有。

第九条 本制度自_____年___月___日起施行。

4.3.3 信息系统开发外包管理制度

信息系统开发外包管理制度	
编制部门：	发布日期：

第一章 总 则

第一条 为规范信息系统开发外包工作的实施，确保外包项目成果能够满足单位的使用要求，制定本制度。

第二条 本制度适用于信息系统开发项目的外包管理工作。

第二章 外包前期准备

第三条 信息系统管理中心主任协同信息系统开发工程师以信息系统的开发需求为依据，选择至少三家待选外包商进行咨询。

第四条 信息系统开发工程师根据单位外包服务，并结合外包商的报价情况，编制项目计划书要求，供外包商作为项目计划书的编写参考。项目计划书要求需包括但不限于以下七项内容。

（一）外包商的基本情况，需包括发展背景、员工数量、地点、从业年限及历史项目情况等内容。

（二）外包项目的基本要求，需包括信息系统性能要求、项目进度要求、项目质量要求、项目报告要求等。

（三）外包商项目成员的基本信息，需包括派遣原因、成员个人背景、成员技能及绩效相关证明资料等。

（四）外包商的技术要求。

（五）外包项目的执行转换要求。

（六）费用信息，包括收费标准、提高收费的方式及时间。

（七）外包商筛选工作时间安排表。

第五条 信息系统管理中心主任协同信息系统开发工程师对待选外包商提供的项目计划书进行分析，并结合单位信息系统开发预算及应用要求等，确定外包商，并报上级部门进行审核。

信息系统开发外包管理制度

编制部门：	发布日期：

第六条 审核通过后，信息系统管理中心主任需同外包商代表签订信息系统开发外包合同。外包合同应明确以下内容。

（一）双方权利和责任，主要包括项目实施过程中双方的权利责任、违约责任等。

（二）项目收费信息，主要包括收费标准、收费总额、收费提高方式及时间、付费条件。

（三）项目进度信息。

（四）项目质量标准。

第三章 外包过程控制

第七条 在外包项目实施过程中，信息系统开发工程师需安排信息系统开发员及时对外包项目的开发进度与质量情况进行监督，如发现问题，需及时同外包商进行沟通处理。

第八条 信息系统开发工程师需要求外包商按合同要求定期提供项目工作报告，并认真核查，发现问题应及时同外包商进行沟通处理。

第四章 外包成果验收

第九条 项目结束后，信息系统开发工程师需严格按照外包合同约定的质量标准，对项目成果进行验收，并编制验收报告。验收报告中需包括但不限于以下内容。

（一）验收项目的基本信息。

（二）验收人员信息。

（三）验收结果及相关处理建议。

（四）验收时间。

第十条 验收合格的项目需按以下要求进行处理。

（一）信息系统开发工程师需安排信息系统开发员协助外包商进行系统安装与调试。

（二）信息系统安装调试完毕后，信息系统开发工程师需通知信息系统运行维护技术人员为用户部门授权。

（三）信息系统管理中心主任需根据外包合同约定，安排费用支付相关事宜。

信息系统开发外包管理制度
编制部门： 发布日期：

第十一条 验收不合格的项目，信息系统管理中心主任需按合同中的相关要求进行处理。

第五章 附 则

第十二条 本制度由信息系统管理中心负责制定，其解释权、修订权归信息系统管理中心所有。

第十三条 本制度自_____年___月___日起施行。

4.3.4 信息系统自行开发管理流程

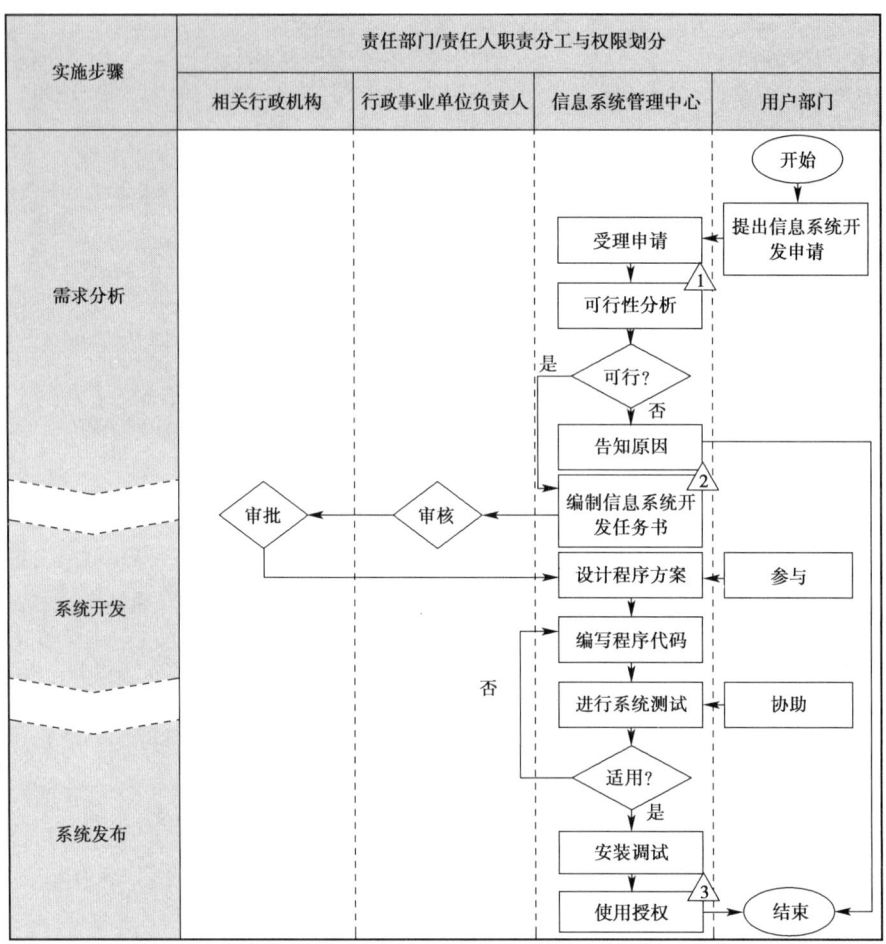

关键节点说明：

关键节点	相关说明
关键节点1	信息系统管理中心需结合单位的相关规定及实际情况，对用户部门申请开发的信息系统的可行性进行分析
关键节点2	信息系统管理中心需根据信息开发可行性分析结果，编制信息系统开发任务书，明确信息系统名称、技术性能、操作环境、具体工作计划、开发人员以及费用预算等内容
关键节点3	信息系统管理中心需根据用户部门职能特征及单位的相关规定，为用户部门的相关岗位设置信息系统使用权限

第4节 信息系统运行维护控制规范

4.4.1 信息系统运行维护责任管理制度

信息系统运行维护责任管理制度	
编制部门：	发布日期：

第一章 总 则

第一条 为明确信息系统运行维护责任，加强信息系统运行维护的管理，制定本制度。

第二条 本制度主要涉及信息系统运行与维护工作的规范。

第二章 信息系统运行管理职责

第三条 信息系统运行维护技术员需及时、准确记录信息系统的运行状态。

第四条 信息系统运行维护技术员需定期检查信息系统的运行情况，并需根据单位实际工作需求，修改或扩充信息系统。

第三章 信息系统维护管理职责

第五条 信息系统运行维护技术员需根据信息系统正常运行过程中发生事件的涉及范围、影响程度及紧急程度等因素，对信息系统运行维护事件进行分类处理。

第六条 信息系统运行维护技术员需对信息系统运行过程中存在的问题进行分析与处理，并针对已发生问题采取预防措施。

第七条 信息系统运行维护技术员需及时核查信息系统关键设备及关键系统软硬件环境的配置清单，并需准确记录发生变动的情况。

第八条 信息系统运行维护技术员需定期对单位信息系统使用需求进行分析，明确硬件需求及软件版本变化需求，并根据分析结果进行软硬件配置的变更。

第九条 信息系统运行维护技术员需定期对信息系统相关设备进行保养维护，发现问题，需及时进行维修或更换处理。

信息系统运行维护责任管理制度	
编制部门：	发布日期：

第四章 附 则

第十条 本制度由信息系统管理中心负责制定、解释与修订。

第十一条 本制度自_____年___月___日起施行。

4.4.2 信息系统设备资产管理制度

信息系统设备资产管理制度	
编制部门：	发布日期：

第一章 总 则

第一条 为规范信息系统设备资产管理，确保信息系统设备稳定运行，提高信息系统设备资产的利用率，制定本制度。

第二条 本制度适用于如下信息系统运行相关设备资产的规范管理工作。

（一）计算机的可视部分。

（二）网络设备、打印机、扫描仪、存储器等周边设备。

第二章 设备资产购置

第三条 信息系统设备使用部门需根据部门使用要求，并比对政府采购目录的内容，在规定时间提交信息系统设备采购申请，报预算部门进行采购预算，并报本级财政部门进行审批。

第四条 采购预算经审批通过后，单位采购部门或采购代理机构需根据相关法律规定并结合单位的实际情况，选择合适的方式进行采购。

第五条 信息系统设备采购到货后，设备请购部门需对设备质量进行检验，并在检验合格后，对设备进行登记，并填写张贴设备标签，注明设备名称、设备编号、设备购买日期、设备使用部门、设备使用人员等信息。

第三章 设备使用

第六条 信息系统设备仅允许登记的设备使用人员使用，其他人员禁止私自使用信息系统相关设备。

第七条 信息系统设备使用人员需严格按照设备使用要求使用设备，并做好使用记录。

第八条 信息系统设备使用人员需定期按照要求对设备进行检查维护，并做好维护记录。

第九条 信息系统设备使用人员在设备使用过程或设备维护过程中如发现设备运行存在问题，需及时向上级领导进行反映，不得私自拆装维修设备。

信息系统设备资产管理制度

编制部门：	发布日期：

第四章 设备报废

第十条 当出现以下情形时，信息系统设备使用部门需提出设备报废申请。

（一）信息系统更新，原有设备不符合新信息系统的使用要求。

（二）信息系统设备超过使用年限，且不能改造利用。

（三）信息系统设备腐蚀严重无法修复，且继续使用会发生危险。

（四）信息系统设备绝缘老化，磁路失效，性能低劣，且无修复价值。

（五）因事故或其他自然灾害，使信息系统设备受到损坏，且无修复价值。

第十一条 信息系统设备报废申请部门需在报废申请中注明以下内容。

（一）报废设备的名称。

（二）报废设备的规格。

（三）报废设备采购时间。

（四）报废设备的数量。

（五）报废设备的原因。

第十二条 单位资产管理中心需结合设备的实际情况，对报废申请进行审查。对于判定可做报废处理的，需根据国家或地方相关法律法规规定并结合单位的实际情况，选择合适的方式进行报废设备处理。

第五章 附 则

第十三条 本制度由资产管理中心负责制定，其解释权、修订权归资产管理中心所有。

第十四条 本制度自＿＿＿＿年＿＿月＿＿日起施行。

4.4.3 信息系统安全管理实施细则

信息系统安全管理实施细则	
编制部门：	发布日期：

第一章 总　则

第一条　为规范信息系统的使用，确保信息系统安全，制定本制度。

第二条　本制度用于信息系统管理中心及信息系统使用部门在信息系统使用方面的行为规范。

第二章　信息系统操作安全

第三条　信息系统安全系数的设置工作及软件系统环境配置工作需由信息系统管理中心完成，其他部门不得对上述内容进行修改。

第四条　信息系统中的软件安装、升级、杀毒、删除等工作需由信息系统管理中心完成，其他部门禁止私自进行上述工作。

第五条　信息系统管理中心需对信息系统使用人员进行培训，并需出具培训合格凭证。

第六条　信息系统使用人员需保管好个人的信息系统登录账号及密码，不得私自将个人账号信息泄露给他人。

第七条　信息系统使用人员在离开工作现场时，需锁定或退出正在运行的程序。

第八条　其他人员不得私自使用他人的电脑或使用他人的账号登录信息系统。

第九条　当更换信息系统使用人员时，信息系统管理中心需及时更换信息系统登录账号及密码。

第三章　网络安全

第十条　信息系统相关人员在使用信息系统上网时，需遵守国家法律法规，严格执行安全保密制度。

第十一条　信息系统管理中心需设置无线网卡终端用户权限，合理安排无线网卡使用。

第十二条　信息系统管理中心需定期升级防火墙或杀毒软件。

第十三条　信息系统管理中心在受到ARP攻击后，需及时进行ARP病毒处理。

信息系统安全管理实施细则

编制部门：	发布日期：

第十四条　信息系统管理中心需对终端用户的情况及时进行监督，当终端用户未运行执行程序或未安装防病毒软件时，需强制阻断网络不允许其进入信息系统。

第四章　信息系统外接设备安全

第十五条　信息系统管理中心需对信息系统外接设备进行登记，明确设备名称、设备型号、设备接入时间、设备使用部门等信息。

第十六条　外接设备使用人员需在对外接设备进行查毒杀毒后，方可将外接设备连入信息系统。

第十七条　外接设备出现安全问题，当事人或当事部门需负全责。

第五章　数据安全

第十八条　终端计算机内资料涉及单位机密的，计算机使用者需设置计算机开机密码或将文字加密。

第十九条　凡涉及单位机密的文件或数据，其相关管理或使用人员不得将文件或数据信息透漏给其他人员。

第二十条　计算机终端用户需定期更新、备份计算机内的工作相关数据，并提交上级，由上级进行保管。

第二十一条　数据备份介质保管人员需定期检查介质，发现损坏，需立即进行更换。

第六章　附　则

第二十二条　本制度由信息系统管理中心负责制定，其解释权、修订权归信息系统管理中心所有。

第二十三条　本制度自＿＿＿＿年＿＿月＿＿日起施行。

4.4.4 信息系统数据定期备份制度

信息系统数据定期备份制度	
编制部门：	发布日期：

第一条　为规范单位相关数据的备份管理工作，合理存储数据，同时确保数据的安全性，制定本制度。

第二条　本制度适用于信息系统管理中心及信息系统使用部门。

第三条　本制度中设计的信息系统数据，主要包括但不限于以下三类。

（一）系统运行数据。

（二）应用程序数据。

（三）数据库文件，主要包括储存在数据库中的用户数据。

第四条　信息系统运行维护技术员需根据数据类别，进行数据备份安排，具体如下表所示。

信息系统数据备份安排表

数据类别	备份时间	备份介质
系统运行数据	每月月底进行一次完全备份	移动硬盘
	每天进行一次差分备份	本地硬盘
	操作系统发生重大变更时，对原系统进行完全备份	移动硬盘
应用程序数据	每三个月进行一次完全备份	移动硬盘
	操作系统或应用长期发生重大变更时，对应用程序及站点自定义文件进行完全备份	移动硬盘
数据库文件	每周周一和周三进行增量备份	磁带
	每月进行一次完全备份	磁带

第五条　信息系统运行维护技术员需在每次数据备份后，进行备份数据恢复测试，并填写测试报告。

信息系统数据定期备份制度

编制部门：	发布日期：

第六条　信息系统运行维护技术员需在备份介质上表明备份数据内容、备份时间及备份操作人员等信息。

第七条　信息系统运行维护技术员需备份两份，一份留用，一份交单位档案室保管。任何人不得私自取用数据备份介质。

第八条　档案保管员需定期对备份介质进行检查，如发现介质损坏，需立即通知信息系统运行维护技术员进行更换，并对损坏介质进行销毁处理。

第九条　对于长期保存数据备份介质，信息系统运行维护技术员需在介质有效期内进行数据转存，并做好介质转存记录。

第十条　本制度由信息系统管理中心负责制定，其解释权、修订权归信息系统管理中心所有。

第十一条　本制度自_____年___月___日起施行。

4.4.5 信息系统用户账号管理制度

信息系统用户账号管理制度	
编制部门：	发布日期：

第一章 总 则

第一条 为加强信息系统用户账号规范化管理工作，确保信息系统安全稳定运行，制定本制度。

第二条 本制度适用于信息系统的终端用户账号创建、变更、使用及注销等工作的规范管理。

第二章 终端用户账号创建与变更

第三条 申请人需填写用户"账号创建/变更申请单"，明确以下内容，并报上级领导审核。

（一）申请人基本信息，包括姓名、岗位、入职时间等。

（二）申请项目。

（三）申请原因。

第四条 上级领导需根据申请人的身份权限对申请单进行审核，并签字确认，交信息系统管理中心。

第五条 信息系统管理中心根据申请单内容进行用户账号相关处理。

（一）对于账号创建申请，信息系统管理中心需根据申请内容创建用户名、设置初始密码，并填写用户账号创建记录，注明用户名、用户名使用者信息、创建日期等内容。

（二）对于账号变更，信息系统管理中心需根据申请内容进行调整，并填写用户账号更改记录，注明更改申请人信息、更改内容、更改时间等。

第三章 终端用户账号使用

第六条 信息系统用户在初次使用系统时，需立即更改初始密码。

第七条 信息系统用户需定期更改账号密码。

第八条 信息系统用户需根据其用户权限使用信息系统。

第九条 当信息系统用户账号信息泄露时，信息系统相关人员需进行如下处理。

信息系统用户账号管理制度

编制部门：	发布日期：

（一）信息系统用户需及时通知信息系统管理中心。

（二）信息系统管理中心在查明情况前，需立即暂停此用户的使用权限，并同时对用户所报信息进行核查处理。

（三）信息系统管理中心在处理完成后，恢复用户使用权限，同时要求用户修改密码，并做好记录。

第四章 终端用户账号注销

第十条 当出现下述情形时，信息系统管理中心可对信息系统用户账号进行注销处理。

（一）账号使用者离开单位。

（二）账号使用者虽未离开单位，但因其工作岗位发生变化而导致用户权限需发生重大变化。

第十一条 用户账号使用者的上级需对用户账号的相关数据进行备份，并需在数据备份工作完成，填写"账号注销申请"，注明账号名称、注销原因、申请注销日期等信息，报信息系统管理中心。

第十二条 信息系统管理中心需根据账号注销申请内容注销用户账号，并做好记录，注明注销账号名称、注销原因、注销日期、注销申请人等信息。

第五章 附 则

第十三条 本制度由信息系统管理中心负责制定，其解释权、修订权归信息系统管理中心所有。

第十四条 本制度自_____年___月___日起施行。

4.4.6 信息系统应用操作管理办法

信息系统应用操作管理办法	
编制部门：	发布日期：

第一条 为规范信息系统的应用操作，确保信息系统正常运行，制定本制度。

第二条 本制度适用于信息系统应用操作行为的规范。

第三条 信息系统应用操作人员需严格按照信息系统操作要求进行操作，不得私自更改信息系统操作行为。

第四条 信息系统应用操作人员仅可通过信息系统进行与工作相关的活动，禁止使用信息系统进行与工作无关的活动。

第五条 信息系统的相关设备特别是计算机需专人专用，不得交叉使用。

第六条 信息系统的相关设备需专机专用，信息系统操作人员在使用信息系统设备时不得私自修改设备配置或将设备挪为他用。

第七条 信息系统应用操作人员需定期备份工作相关数据。

第八条 信息系统应用操作人员在使用信息系统时，如发现系统运行故障，需及时报信息系统管理中心进行处理，不得私自拆装机器设备及删除、修改系统软件或应用软件。

第九条 本制度由信息系统管理中心负责制定，其解释权、修订权归信息系统管理中心所有。

第十条 本制度自_____年___月___日起施行。

第 5 章

行政事业单位内部控制规范——预算与结余

第 1 节　预算与结余控制的内容

5.1.1　预算控制的内容

行政事业单位预算是根据单位的职责、任务和事业发展计划编制的年度财务收支计划。它是行政事业单位财务工作的基本依据。行政事业单位预算控制分为广义的预算控制和狭义的预算控制,本章所称预算控制为广义的预算控制,具体的控制内容如图 5-1 所示。

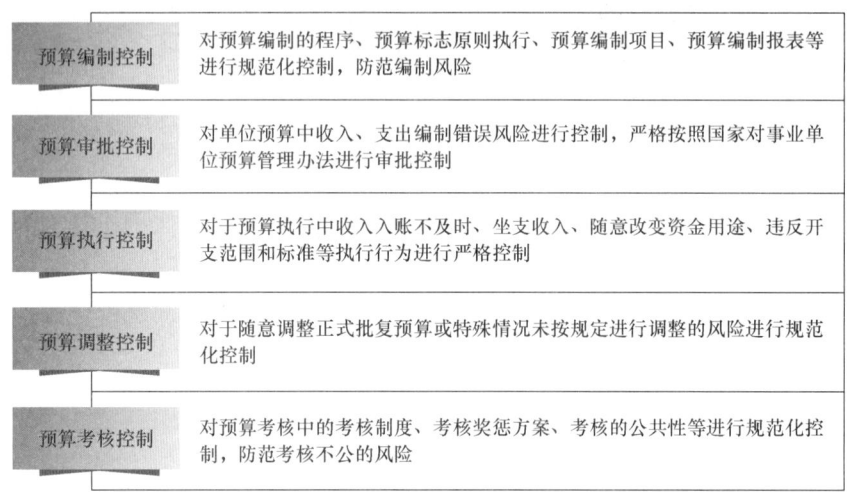

图 5-1　预算控制的内容

5.1.2　结余控制的内容

行政事业单位结余是单位各项收入与支出相抵后的余额。行政事业单位结余控制的内容包括报表列示控制、结余核算控制、结余分配控制等内容,详情如图 5-2 所示。

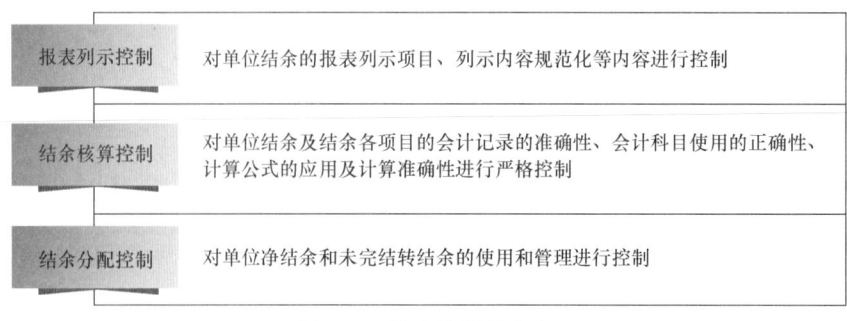

图 5-2　结余控制的内容

第 2 节　预算岗位责任与授权批准制度

5.2.1　预算业务岗位责任制度

1. 财政部门预算业务岗位责任制度

财政部门预算业务岗位责任制度
编制部门：　　　　　　　　发布日期：

第一章　总　则

第一条　为规范预算编制和管理，依据《政府会计制度——行政事业单位会计科目和报表》等法律法规，结合本单位实际，制定本制度。

第二条　单位预算业务岗位包括：预算处处长、分管预算管理的副处长、预算编制专员、预算执行分析专员、预算指标管理专员、综合管理专员、其他相关业务部门负责人等。

第二章　岗位责任划分

第三条　预算处处长岗位职责。

（一）组织统一制订部门预算编制的有关方案、表格，审核、编制、汇总并上报本级政府预算草案；

（二）负责批复部门预算，并强化预算管理，监督预算执行；

（三）组织做好预算调整和变更工作；

（四）提出预算管理制度改革的建议，规范财政收入预算管理的各项基础性工作。

第四条　分管预算管理的副处长岗位职责。

（一）编制本级预算草案；

（二）组织做好预算管理的监督工作；

（三）分析预算执行情况，组织做好年度财政预算论证和预算追加听证；

（四）负责处室预算报告的起草工作。

财政部门预算业务岗位责任制度

编制部门：	发布日期：

第五条 预算编制专员岗位职责。

（一）拟订本级收支预算建议，汇总编制财政收支预算；

（二）组织开展年度财政预算论证；

（三）根据预算追加申请情况，组织开展预算追加听证。

第六条 预算执行分析专员岗位职责。

（一）收集、整理、分析财政收支等综合性数据；

（二）定期完成预算执行分析报告工作；

（三）指导下级单位开展预算执行分析工作。

第七条 预算指标管理专员岗位职责。

（一）负责本级预算指标的审核、调整、划转、结转工作；

（二）登记汇总预算指标，按时做好指标对账工作；

（三）及时提出预算指标结余结转情况；

（四）配合审计部门做好审计工作。

第八条 综合管理专员岗位职责。

（一）登记预算处支出台账；

（二）负责管理预算各项基础性工作以及文档管理工作；

（三）负责建立、健全本处室基础信息数据库。

第九条 其他相关业务部门负责人职责。

（一）审核所分管预算单位的资金安排情况；

（二）提交预算草案审核意见，报预算管理处综合。

第三章 附 则

第十条 本制度由预算处负责解释。

第十一条 本制度自_____年_____月_____日起施行。

2. 非财政部门预算业务岗位责任制度

非财政部门预算业务岗位责任制度
编制部门：　　　　　　　　　　　发布日期：

第一章　总　则

第一条　为明确单位预算岗位的工作职责，确保办理预算工作不相容职务的相互分离、制约和监督，确保行政事业单位目标的实现，依据《政府会计制度——行政事业单位会计科目和报表》等法律法规，结合本单位实际，制定本制度。

第二条　预算的不相容岗位包括：

（一）预算编制与预算审批；

（二）预算审批与预算执行；

（三）预算执行与预算考核。

第二章　岗位责任划分

第三条　预算管理委员会负责人职责。

（一）审批单位预算管理目标和规章制度；

（二）审批单位年度预算方案和预算调整方案；

（三）审议年度预算执行结果及分析报告。

第四条　预算管理办公室负责人职责。

（一）负责拟订单位预算编制总目标及预算管理规章制度；

（二）组织和指导单位的预算编制工作，汇总、编制、平衡年度预算方案；

（三）负责审核、汇总、报批单位年度预算执行调整；

（四）负责单位预算执行结果的考核与分析工作；

（五）负责单位预算执行的监督管理工作；

（六）负责向预算管理委员会汇报有关预算管理工作。

第五条　计划财务处负责人职责。

（一）为预算编制、调整、分析和考核提供财务信息；

（二）按照有关要求进行会计核算，实施会计、审计监督。

非财政部门预算业务岗位责任制度

编制部门：	发布日期：

第六条 预算管理员职责。

（一）整理、分析、汇总各科室预算资料，协助进行预算编制；

（二）汇总各科室在预算执行中的数据和资料，撰写单位总体预算执行情况的报告；

（三）撰写单位预算分析报告，协助领导进行监督检查；

（四）协助开展预算考核。

第七条 审计人员职责。

（一）对预算编制、执行、调整进行审计监督，及时上报审计中发现的问题；

（二）进行审计分析，提供预算执行审计报告。

第八条 稽核岗位职责。

（一）负责预算指标的计算、衔接平衡的审查；

（二）对编制预算的真实性、计划性进行审核。

第九条 各科室负责人职责。

（一）负责本科室预算的编制、审批后预算的执行及控制等；

（二）提议本科室的预算调整方案，报上级审批；

（三）监督本科室职员的预算执行，对本科室预算执行进行分析。

第三章 附 则

第十条 本制度由计划财务处负责解释。

第十一条 本制度自_____年_____月_____日起施行。

5.2.2　预算管理授权审批制度

预算管理授权审批制度

| 编制部门： | 发布日期： |

第一章　总　则

第一条　为对预算管理过程中的各个环节进行规范化控制，明确各部门在预算控制中的职责和权限，根据《中华人民共和国预算法》《政府会计制度——行政事业单位会计科目和报表》等法律法规，结合本单位实际，制定本制度。

第二条　本单位及所属单位预算管理各环节的授权审批管理均依照本制度执行。

第二章　预算编制授权审批

第三条　单位预算管理委员会根据本单位发展情况作出初步预测和决策，下达预算目标，提出预算编制要求。

第四条　预算管理办公室接到目标和要求，进行下达并组织预算编制的实施。

第五条　各责任部门接到预算目标和要求后，根据本部门实际情况及预算执行条件，编制预算草案，在规定时间内上报至预算管理办公室。

第六条　预算管理办公室对各责任单位上报的预算草案进行审查、汇总、调整，编制单位年度预算草案，报预算管理委员会审批。预算管理办公室有权对责任单位提出预算修正建议，并责令单位予以修正。

第七条　预算管理委员会对预算管理办公室编制的单位年度预算草案进行审核、讨论、审批。

第八条　预算管理委员会将讨论批准后的预算草案在规定时间内报主管单位审核汇总，经主管单位审核汇总后报同级财政部门审批。

第九条　财政部门进行初步审核，并下达审核意见及预算控制数。

第十条　预算管理办公室根据财政部门的审核意见及预算控制数，组织进行预算修订，各部门根据预算管理办公室的修订意见进行本部门预算的修订，经预算管理办公室汇总、调整后，把修订好的预算报预算管理委员会审批。

第十一条　预算管理委员会把修订后的预算草案上报主管部门和财政部门审核，并经同级政府或人大批准后，下达预算。

预算管理授权审批制度

编制部门：	发布日期：

第三章 预算执行授权审批

第十二条 预算标准内的资金支出审批：

（一）单位各科室在预算标准内的资金支出低于_____元，由各科室负责人进行审批；

（二）单位各科室在预算标准内的资金支出超过_____元，由本科室负责人审批后，报预算管理办公室进行审批。

第十三条 超出预算标准的资金支出审批：

（一）单位各科室超出预算标准的资金支出在_____元以下的，由申请人提出申请，报所在科室负责人审核，科室负责人审核通过后，报预算管理办公室审批；

（二）单位各科室超出预算标准的资金支出在_____元以上的，由申请人提出申请，报所在科室负责人同意后，交预算管理办公室审核，审核通过后报预算管理委员会审批。

第十四条 计划财务处负责审核预算资金的支出凭证。

第四章 预算调整授权审批

第十五条 由于政策因素或开展工作需要，导致预算需要进行追加或调整的，由申请人填写"预算调整表"，由科室负责人签字，经预算管理办公室审核分析后，报预算管理委员会审批；预算管理委员会根据预算管理办公室的审批意见进行讨论，审批预算调整方案。

第十六条 对由于上级下达的计划有较大调整，或者根据国家有关政策增加或者减少支出，对预算执行影响较大的预算调整，预算管理委员会就审批后的预算调整报请主管部门或者财政部门调整预算。

第十七条 对于其他业务收入预算调整及其他一般预算调整，经预算管理委员会审批后，报送主管部门和财政部门备案。

第十八条 单位预算经过调整后，预算管理办公室应定期或不定期对预算调整后的执行情况进行综合分析，及时向预算管理委员会报告预算调整后对单位各项工作的开展、事业发展等各方面的影响。

第十九条 各科室未提出预算调整申请，先支出后报告而发生的费用，单位不予安排，由科室自行解决。

预算管理授权审批制度	
编制部门：	发布日期：

第五章　预算分析考核授权审批

第二十条　预算分析。

（一）年度末，由预算管理办公室对预算执行情况进行分析，向预算管理委员会提交预算分析报告；

（二）预算管理委员会对预算分析报告进行审议。

第二十一条　预算考核。

（一）预算管理办公室制定预算考核制度和考核奖惩方案，提交预算管理委员会审批；

（二）预算管理委员会负责对预算考核制度和考核奖惩方案进行审批；

（三）预算管理办公室具体负责预算考核实施工作。

第二十二条　预算考核以单位正式下达的预算方案为标准，或以主管部门审定的预算执行报告为依据，坚持公开、公平、公正的原则进行考核。

第六章　附　则

第二十三条　本制度未尽事宜，依照国家预算相关法律法规执行。

第二十四条　本制度最终解释权归预算管理委员会。

第二十五条　本制度自_____年_____月_____日起施行。

第3节 预算编制内部控制规范

5.3.1 预算编制管理制度

预算编制管理制度	
编制部门：	发布日期：

第一章 总 则

第一条 为规范单位预算管理，提高预算编制水平，确保经费使用结构更加优化、效率更高，根据《中华人民共和国预算法》《中华人民共和国预算法实施条例》等法律法规，结合本单位实际，制定本制度。

第二条 预算年度开始，在预算方案未经批准之前，为保证单位各项工作的正常开展，计划财务处根据上一年度同期的预算支出项目及金额安排各项经费开支。

第二章 编制原则

第三条 单位预算编制要始终坚持科学发展观，确保既符合国家发展与改革的方针政策，又能关注社会效益和经济效益。

第四条 为使预算内容更加准确、合理，在预算编制中应遵循以下原则：

（一）必须遵循"稳妥可靠、量入为出、统筹兼顾、保证重点"的原则；

（二）各项财务收支均应纳入预算进行管理，不得打埋伏或预算之外另留收支项目；

（三）在足额保证人员经费和单位正常运转的前提下，尽量做到优化支出结构、合理安排单位发展支出。

第三章 编制依据和程序

第五条 预算编制依据。

（一）上年度预算收支执行情况；

预算编制管理制度	
编制部门:	发布日期:

（二）单位制订的事业发展规划、年度工作计划和重点工作任务；

（三）单位定员、定额标准；

（四）单位各科室上报的年度经费预算草案；

（五）其他有关材料。

第六条 预算编制程序。

（一）各科室在预算年度开始前对下年度预算做好准备工作，要认真分析上年度预算执行情况，明确本年度工作重点；

（二）各科室根据上期预算执行情况及本期工作计划情况编报下年度经费预算草案，在____月之前上报至单位预算管理办公室；

（三）预算管理办公室汇总、归集、整理各部门上报的年度经费预算草案，并根据单位发展计划和任务，参考以前年度单位预算收支执行情况，编制单位年度预算草案，于____月之前报预算管理委员会审批；

（四）预算管理委员会对预算草案进行分析审议审批，在上级相关部门规定的时间内，报主管部门审核，经主管部门审核后报同级财政部门审批；

（五）财政部门对预算提出初审意见，下达预算控制数；

（六）预算管理办公室根据财政部门的审核意见及预算控制数，组织进行预算修订，修订完成后的预算报预算管理委员会审批；

（七）预算管理委员会审批通过后，交上级主管部门、财政部门审核，经同级政府和人大批准后执行。

第四章 编制内容和方法

第七条 收入预算编制。

（一）收入预算编制，包括对一般预算拨款收入、预算外资金收入、财政补助收入、上级补助收入、事业收入、经营收入、附属单位上缴收入等内容，按规定进行编制；

（二）一般预算拨款收入应结合单位计划和行政任务，参照上年度预算执行情况和预算年度变化数据编制，财政补助收入和上级补助收入根据财政部门和上级部门核定的金额和

预算编制管理制度

编制部门：	发布日期：

补助标准编制,事业收入可根据具体的收入项目、收入标准进行编制,经营收入可按经营的项目及收费标准进行编制,其他收入依具体情况进行编制。

第八条 支出预算编制。

(一)支出预算编制,包括对基本支出、项目支出、上缴上级支出、事业单位经营支出、对附属单位补助支出等内容按规定进行编制。

(二)国家有规定标准的支出,按国家规定的标准测算编制;有政策规定的支出,按政策规定进行编制;无标准且政策未有相关规定的支出,按工作计划和上年度实际情况进行测算编制。

第五章 编制要求

第九条 各科室按要求编制预算草案和预算编制说明,使用 A4 纸纵向排列打印,科室负责人签字并加盖公章。

第十条 预算项目已有定额标准的,严格按定额标准测算;暂无标准的,可以根据需要编制,但必须在预算编制说明书中详细说明编制依据和理由。

第十一条 单位预算草案表中只列示共性项目,各科室可根据本单位工作实际需要添列项目,并在预算编制说明书中说明编制依据和理由。

第十二条 各科室在编制预算草案时只考虑预算年度内的资金实际收入或支出金额,而不考虑其业务的实际归属期间。

第十三条 预算编制实行问责制,在编制预算时出现无正当理由的漏项、错项而影响今后正常工作的,追究预算编制人员的责任。

第六章 附 则

第十四条 本制度由预算管理办公室负责解释。

第十五条 本制度自_____年_____月_____日起执行。

5.3.2 年度预算方案制订规则

年度预算方案制订规则

编制部门：	发布日期：

第一章 总　则

第一条　对年度预算进行规范化管理，提高单位年度预算的科学性和准确性，依据国家相关法律法规，结合本单位实际，制定本规则。

第二条　本规则适用于单位年度预算方案的编制工作。

第二章　编制准备工作要求

第三条　成立预算管理委员会，主要负责单位年度预算的部署工作。

第四条　年度预算之前召开年度预算动员大会，向相关人员讲解年度预算编制的实施，科学、准确编制年度预算的重要性等问题。

第五条　预算实施前，预算管理委员会应与各科室及时沟通，以确保编制人员科学认识预算编制工作目标和要求，把握好预算项目、规模和经费额度。

第三章　预算编制要求

第六条　预算编制实行全口径预算，单位各项收支都纳入预算管理、统筹安排，努力提高财政资金的使用效益。

第七条　优先保证人员经费等刚性支出，保证业务正常运转的经常性公用支出；然后依据单位的财力情况，分清轻、重、缓、急的要求，分年度逐年安排预算，尽量确保预算编制做到合情、合理、合规。

第八条　预算编制的政策、标准要公平。

（一）对基本支出要通过建立规范的定员定额体系，实现预算分配的公平合理；

（二）对项目支出，应结合单位的工作职责、工作任务和性质，采取择优排序，逐步实行项目库建设，增强预算编制的前瞻性、计划性；

（三）严格执行预算追加调整程序，强化预算约束，减少预算分配中的主观随意性。

第九条　以零为基点编制预算，不再考虑以前年度的预算和收支水平。

年度预算方案制订规则

编制部门：	发布日期：

第十条 预算编制尽量科学测算每一项收支指标，力求每项收支数据真实准确，且量力而出，收支平衡，不得编制赤字预算；应略有结余，以备突发事件等之用。

第十一条 编制坚持稳妥、收支平衡的原则，力争做到内容编细、项目编全、数据编实、理由编好、支出编足。

第十二条 单位的预算严格按照"二上二下"的编制程序进行。

第十三条 各科室须在＿＿＿＿月之前把科室预算及预算编制说明上交预算管理办公室；预算管理办公室在＿＿＿＿月之前把审核后的预算草案交年度预算管理委员会审核。

第十四条 各科室在年度预算编制过程中应与计划财务处保持联系，及时协调相关问题，确保预算编制工作顺利进行。

第十五条 年度预算编制实行问责制，在编制预算时出现无正当理由的漏项、错项而影响今后正常工作的，要追究预算负责人的责任。

第四章 附 则

第十六条 本规则与原有制度不一致的，依照本规则执行。

第十七条 本规则由预算管理委员会批准后执行。

第十八条 本规则自发布之日起施行。

第4节　预算执行内部控制规范

5.4.1　预算执行责任制度

预算执行责任制度
编制部门：　　　　　　　　　　　发布日期：

第一章　总　则

第一条　为进一步加强单位预算执行控制，明确预算执行中各科室的责任，提高单位资金使用效益和管理水平，依据《财政部关于进一步做好预算执行工作的指导意见》和上级主管部门要求，结合本单位实际情况，制定本制度。

第二条　本制度适用于单位预算执行责任追究管理。

第二章　执行机构责任

第三条　预算管理委员会主要责任。
（一）预算管理委员会中单位负责人直接对预算执行结果负责；
（二）预算管理委员会负责具体落实单位负责人关于预算执行工作的重大决策；
（三）预算管理委员会负责单位预算执行的指导、协调和监督工作。

第四条　预算管理办公室主要责任。
（一）负责组织召开每月预算执行推进工作例会；
（二）负责制订预算执行工作推进计划；
（三）负责宣讲财政政策、法规，协调预算执行工作中遇到的问题；
（四）负责每月向预算管理委员会汇报预算执行情况，提交报表和说明；
（五）负责组织实施预算执行的考核工作。

第五条　单位各科室主要责任。
（一）严格按预算数落实本科室的预算收入和预算支出；
（二）提出本科室预算调整申请，按规定程序进行报批；

预算执行责任制度

编制部门:	发布日期:

（三）对本科室预算执行中的问题进行总结、分析；

（四）对本科室预算执行结果承担责任。

第六条 计划财务处主要责任。

（一）负责控制、监督单位预算的执行情况；

（二）定期向预算管理办公室报告预算执行情况；

（三）协助编制预算调整方案。

第七条 审计部门主要责任。

（一）负责对预算执行的审计工作，对审计中发现的问题及时上报；

（二）提供预算执行审计报告，并进行相应的分析。

第八条 预算执行过程中，对不履行或违反相关规定的责任人实行责任追究，视情节严重程度给予组织处理和纪律处分，对构成犯罪的，要移送司法机关处理。

第九条 预算执行过程中，因监管不力造成收入/经费流失、或造成重大损失的，由责任人承担直接责任，监管人员承担间接责任。

第十条 其他违反预算执行相关规定的行为，单位依法追究相关责任人的责任。

第三章 附 则

第十一条 本制度未尽事宜，依照国家相关规定执行。

第十二条 本制度由预算管理办公室负责解释。

第十三条 本制度自_____年_____月_____日起施行。

5.4.2 重大预算项目管理办法

重大预算项目管理办法

编制部门：　　　　　　　　发布日期：

第一章 总 则

第一条 为规范单位重大预算项目管理，强化单位重大项目预算的分配和监督，提高资金使用效益，促进相关工作任务的完成和事业发展，根据《中华人民共和国预算法》《政府会计制度——行政事业单位会计科目和报表》等相关法律法规，结合本单位实际，制定本办法。

第二条 本办法适用于单位重大专项项目的预算管理。

第二章 重大预算项目申报

第三条 重大预算项目申报条件。

（一）符合国家、省、单位有关方针政策和财政资金支持的方向、范围；

（二）属于本单位行政工作和事业发展需要安排的项目；

（三）有明确的项目目标、组织实施计划和科学合理的项目预算，并经过充分的研究和论证。

第四条 重大预算项目主管部门应提交项目申报文本、支出预算报表等资料，报单位预算管理委员会审批；审批通过后，由预算管理委员会报上级主管部门审核，报同级财政部门审批；经审批后的重大预算管理项目归入项目库管理。

第五条 实施政府采购的重大预算项目，编制时要按照《政府采购集中采购目录及限额标准》的要求，明确具体采购项目、需求数量、需求时间，并在项目申报书中予以明确。

第三章 重大预算项目经费使用

第六条 经批准的重大预算项目经费由计划财务处统一开立项目经费卡，实行经费卡管理；项目经费必须专款专用，不得用于与项目无关的支出。

第七条 项目经费报销由项目负责人审批，项目负责人报销由单位负责人审批，计划财务处根据财务规章制度审核报销；报销凭证必须符合国家财经法规、财务制度和单位规章制度的规定。

重大预算项目管理办法

编制部门：	发布日期：

第八条　项目经费的使用范围包括购置材料、必须使用的设备、资料、印刷、小型会议及调研、鉴定及验收费用以及申报立项时经批准列入预算范围的项目，不得列支业务招待费、通信费、网络信息费、劳务费等与项目无关的内容。

第四章　重大预算项目检查与评估

第九条　预算管理委员会、计划财务处、审计处等要对项目的实施过程和完成结果进行监督、检查；对违反有关法律、法规和财务规章制度的，依法进行处理。

第十条　项目实施科室应接受并配合审计部门根据国家规定对项目预算的完整性、合理性及执行情况所进行的审计。

第十一条　预算项目完成后，实施科室要及时组织项目的验收和总结，并将项目完成情况报送业务主管科室。

第十二条　预算管理委员会、业务主管科室、计划财务处共同负责预算项目绩效考评，并将其作为以后预算项目审批依据之一。

第五章　附　则

第十三条　本办法中若有与国家法律法规不符之处，参照国家法律法规实施。

第十四条　本办法由预算管理委员会负责解释。

第十五条　本办法自公布之日起施行。

5.4.3 预算执行情况考核制度

预算执行情况考核制度	
编制部门：	发布日期：

第一章 总 则

第一条 为了客观评定单位预算执行情况，加强预算执行规范化管理，提高预算执行水平，根据国家相关法律法规，结合单位实际，制定本制度。

第二条 本单位及所属单位预算执行情况的考核均依照本制度执行。

第三条 考核原则。

(一) 考核工作坚持科学发展、注重实绩、客观公正、综合考评的原则；

(二) 以评价预算收支完成情况为重点的原则；

(三) 定期考核与不定期考核相结合的原则。

第四条 考核组织：

(一) 预算管理委员会负责组织考核实施，指导和监督考核工作；

(二) 预算管理办公室负责具体的考核工作，对各责任部门各阶段预算执行情况进行考核；

(三) 计划财务处负责提供、整理、汇总预算执行相关财务信息。

第二章 预算执行情况考核实施

第五条 预算执行情况考核包括：收入预算执行情况、支出预算执行情况。

(一) 收入预算考核，包括收入预算的合法性、收入预算是否到位等内容；

(二) 支出预算考核，包括支出预算的合法性、支出预算的真实性、支出预算的科学性、支出预算的合理性、支出预算的进度、支出预算是否严格按支出标准执行、重大支出项目是否按本单位《重大预算项目支出管理办法》执行、预算资金使用效益等内容。

第六条 预算执行情况考核类别。

(一) 定期考核：定期考核主要采取审阅《预算执行报告》，查看、汇总、分析各种预算及各种财务报表等方式进行；

预算执行情况考核制度	
编制部门：	发布日期：

（二）不定期考核：不定期考核主要通过抽查各种预算支出表单、各种凭证，检查项目预算支出的进度等方式进行。

第七条 预算执行情况考核程序。

（一）预算执行部门在规定时间上报《预算执行报告》到预算管理办公室，《预算执行报告》须经本部门负责人签字盖章；

（二）计划财务处整理、汇总各部门预算执行财务信息，并报预算管理办公室；

（三）预算管理办公室根据《预算执行报告》及计划财务处财务信息，对预算执行部门进行考核；

（四）预算管理办公室汇总、整理预算执行部门上报的《预算执行报告》并进行分析，编写《预算执行报告及分析》，连同预算考核结果一起报预算管理委员会审批；

（五）依据预算管理委员会审批的结果，进行预算执行考核奖惩。

第八条 预算执行情况考核实行百分制，其考核结果的计算公式为：

$$考核得分 = \sum 考核项目得分 \times 项目权重。$$

第三章 考核纪律

第九条 凡在考核中滥用职权、徇私舞弊、收受贿赂者，视情节严重程度依法给予行政或纪律处分。

第十条 凡在考核中弄虚作假、贿赂考核人者，视情节严重程度依法给予行政或纪律处分。

第十一条 凡故意扰乱考核秩序、影响考核工作者，视情节严重程度依法给予行政或纪律处分。

第四章 附 则

第十二条 本制度未尽事宜，依照国家相关规定执行。

第十三条 本制度最终解释权归预算管理委员会所有。

第十四条 本制度自_____年_____月_____日起施行。

第5节 预算调整分析内部控制规范

5.5.1 预算调整管理办法

预算调整管理办法
编制部门：　　　　　　　　　发布日期：

第一章　总　则

第一条　为规范单位预算调整管理，增强预算控制的科学性和合理性，根据《中华人民共和国预算法》《政府会计制度——行政事业单位会计科目和报表》等法律法规，结合本单位预算实际情况，制定本办法。

第二条　预算调整原则。

(一) 预算调整事项应符合国家有关行政事业单位的发展规划、单位年度重点工作任务等；

(二) 预算调整必须使单位资金利用效益更高，使经济效益更优；

(三) 预算调整必须要说明调整事项和详细的调整原因。

第二章　预算调整程序

第三条　在预算执行过程中，国家对财政补助收入和从财政专户核拨的预算外资金收入一般不予调整。

第四条　单位在预算执行过程中，当由于下列原因之一导致预算基础不成立，或预算执行结果产生重大差异时，可向原预算审批机构申请预算调整：

(一) 市场环境变动；

(二) 国家法律政策等发生重大变化；

(三) 不可抗力的重大自然灾害；

(四) 公共紧急事件；

(五) 其他客观因素。

第五条　单位预算调整应严格按照以下程序和规范进行操作。

预算调整管理办法

编制部门：	发布日期：

（一）预算执行中，发现预算偏差，需进行具体的分析，如属于主观原因不得进行调整，如属于客观原因则应向预算管理委员会申请预算调整；

（二）各科室申请预算调整应填写"行政事业单位预算外收支预算调整计划申报表"，由科室负责人签字后，报预算管理办公室审核分析；

（三）预算管理办公室对预算追加或调整进行分析、核实后予以签字批准，并报预算管理委员会审批；

（四）预算管理委员会根据预算管理办公室的审核意见进行讨论，审批预算调整。

第六条 对于因为上级下达的计划有较大调整，或者根据国家有关政策增加或者减少支出，对预算执行影响较大的预算调整，预算管理委员会须将审批后的预算调整报请主管部门或者财政部门审批。

第七条 对于其他业务收入预算调整及其他一般预算调整，经预算管理委员会审批后，报送主管部门和财政部门备案。

第三章 预算调整要求

第八条 预算调整方案制订应符合下列要求，否则预算管理办公室应予以否决。

（一）预算调整事项符合客观实际；

（二）预算调整重点放在预算执行中出现的重要或非正常关键差异方面；

（三）预算调整方案的制订应客观、合理。

第九条 年度预算经调整后，预算调整科室应对调整后的预算执行情况进行综合分析，及时向预算管理委员会报告预算调整后对本科室业务活动开展、职工切身利益等方面的影响。

第四章 附 则

第十条 本办法与原有制度不一致的，依照本办法执行。

第十一条 本办法最终解释权归预算管理委员会所有。

第十二条 本办法自颁布之日起施行。

5.5.2　预算执行分析制度

<table>
<tr><td colspan="2" align="center">预算执行分析制度</td></tr>
<tr><td>编制部门：</td><td>发布日期：</td></tr>
</table>

第一章　总　则

第一条　为客观分析预算执行情况，为编制下期预算积累经验，提高单位预算管理的科学性、系统性和权威性，依据国家相关法律法规，结合本单位实际，制定本制度。

第二条　预算执行分析是指在全面预算管理过程中，对全面预算执行情况包括预算目标的完成情况、业务预算执行情况、预算控制情况等的分析及评价。预算执行分析是执行预算管理和进行预算过程控制的重要手段。

第三条　预算执行分析责任机构。

（一）预算管理委员会为预算执行分析决策和监督机构，主要负责预算执行分析的审议，并按规定报送有关部门。

（二）预算管理办公室是预算执行分析的管理机构，主要负责预算责任科室及计划财务处的预算执行分析的组织管理工作。

（三）各预算责任科室为预算执行分析的执行机构，主要负责本科室的预算执行分析。

（四）计划财务处是预算执行分析的分析机构，主要负责对单位总体预算执行情况进行分析。

第二章　预算执行分析要求

第四条　预算执行分析的依据。

（一）国家有关的方针、政策、法律、法规、预算制度和财务制度等。

（二）经批准的单位预算、各项费用收支标准、人员编制和定额指标等。

（三）经批准的单位事业发展计划、工作重点等。

（四）单位的预算资料、各种报表、相关财务数据等会计核算资料。

（五）其他相关数据和资料。

第五条　预算执行分析的内容。

（一）预算收支完成情况及原因，即分析预算收支及其具体收支项目总的完成情况、完

预算执行分析制度

编制部门：	发布日期：

成进度等，是否符合预算收支的一般规律。

（二）在预算执行过程中，贯彻国家方针、政策、重大经济措施及其对预算收支的影响。

（三）单位发展计划主要经济指标完成情况对预算执行的影响。

（四）项目专项资金的使用效果情况和资金使用效益。

（五）预算调整、政府采购及其他一些预算执行中的实施情况。

第六条 预算执行分析方式与方法。

（一）根据预算执行分析的目的和要求不同，可选择的预算执行分析方式有定期分析、专题分析、典型调查等。

（二）可选取的预算执行分析方法主要有比较分析法、因素分析法、模型分析法、趋势分析法等。

第七条 为了保证预算执行分析的有效进行，必须遵循科学的分析程序，并指定专人负责预算执行分析工作。预算执行分析应按以下程序进行。

（一）确定预算执行分析的目的和预算执行分析的范围。

（二）全面收集、整理、核对各种数据及有关依据。

（三）抓住主要矛盾，进行全面分析。

（四）作出分析结论，提出意见或建议，撰写分析报告。

第三章 预算执行分析报告

第八条 单位预算执行分析报告分为定期分析报告和临时分析报告。

（一）定期分析报告须由各预算责任科室提交至预算管理办公室，预算管理办公室按规定时间提交给预算管理委员会，预算管理委员会在规定时间内提交给有关部门审议和评估。

（二）临时分析报告是在出现重大预算执行问题时编制，按规定程序进行提交。

第九条 在预算执行过程中，各预算责任部门要随时检查、追踪本科室预算执行情况、收集资料、汇总有关预算执行信息，为撰写预算执行分析报告做准备。

第十条 预算执行分析报告内容。

（一）差异性分析：对预算执行结果与审批的预算进行比较，找出执行差异及原因。

预算执行分析制度	
编制部门：	发布日期：

（二）规范性分析：预算执行是否符合国家、地方相关法律、法规和本单位制度规定；预算执行是否按国家规定的支出标准、定额等执行。

（三）时间性分析：对各项预算目标的进度控制是否合理。

（四）支出结构和效益分析：主要分析支出结构是否科学合理，并对支出效益进行分析。

（五）完成下期预算的主要措施：列示完成下期预算的主要措施。

第十一条　预算执行分析报告撰写要求。

（一）编报材料要准确无误：要对编报材料逐一审核，注意数据的准确性及前后口径的一致性。

（二）情况要具体：要对预算执行中的问题反映充分，原因详述清晰。

（三）关键要抓准：要抓住主要问题进行深入分析，找出主要矛盾，作为总结重点。

（四）文字要精练：报告内容应清晰，阐述简明扼要。

第十二条　对于预算分析报告的审议和评估通过定期召开的预算执行分析会议进行。

第四章　附　则

第十三条　本制度由预算管理委员会负责最终解释。

第十四条　本制度的配套办法由计划财务处会同有关科室另行制定。

第十五条　本制度自_____年_____月_____日施行。

5.5.3　预算执行内部审计制度

预算执行内部审计制度	
编制部门：	发布日期：

第一章　总　则

第一条　为规范内部审计工作行为，确保内部审计实施的工作效果，依据国家相关法律法规，结合本单位实际，制定本制度。

第二条　单位预算执行内部审计采取全面审计和抽样审计相结合的方式进行。

第三条　内部审计机构负责单位预算执行的内部审计工作，并向单位领导或上级主管部门报告审计结果；计划财务处、预算执行部门要全力配合预算执行审计工作的开展。

第二章　预算执行内部审计依据和内容

第四条　预算执行审计依据。

（一）有关预算执行及内部审计的法律、法规。

（二）单位有关预算的规章制度和内部审计制度。

（三）经主管部门批准的单位预算。

第五条　收入预算执行审计内容。

（一）纳入预算的各项收入是否及时、足额实现。

（二）收入是否如实入账，有无截流、转移、坐支、挪用，有无私设"小金库"。

（三）预算外资金收入和其他收入来源是否合规，有无乱收费、乱摊派。

（四）预算外收入项目和罚没的票据管理、使用是否符合规定。

（五）预算外收入是否严格执行"收支两条线"规定，应上缴财政专户的收入是否及时、足额上缴。

（六）其他收入是否依法计缴各项税款。

第六条　支出预算执行审计内容。

（一）预算资金拨付审计。预算主管机构是否按照批准的年度预算、用款计划和工作进度，及时、足额拨付款项，有无滞留、挤占、挪用等问题；是否存在无预算、无用款计划、超预算、超计划拨款等问题；是否存在越级办理预算拨款的行为。

预算执行内部审计制度

编制部门:	发布日期:

（二）基本支出预算执行审计。审计预算执行部门是否按照批准的年度预算，严格控制各项基本支出；人员经费、公用经费是否存在相互挤占、挪用或改变支出用途，有无违反规定发放奖金、津贴、补贴和实物问题。

（三）项目支出预算执行审计。预算执行部门是否按照批复的支出预算组织实施项目；项目资金是否专款专用，是否存在挤占、挪用、转移和损失浪费现象；项目支出有无用于基本支出；是否以合法、真实有效的原始凭证列支；项目的变更、调整或终止，是否严格按照规定的程序报批；项目管理是否建立绩效考评、追踪问效制度，资金的使用是否达到预期效益。

（四）经费支出的使用效益审计。经费的使用是否达到了预期的目的，预算执行部门是否履行了其法定职责，向社会提供了有效的服务；经费的使用是否合理节约，是否存在损失浪费的问题。

第七条 政府采购预算执行审计。审计政府采购预算的资金管理、组织方式、运作程序、合同签订与履行、监督检查等是否符合国家相关规定。

第八条 预算调整审计。预算执行中办理预算调整的程序是否符合规定，资金来源是否合法，是否存在未经批准擅自调整预算、改变预算用途的问题。

第三章 预算执行内部审计程序

第九条 单位审计部门和审计人员依据年度内审工作计划、本单位领导或上级审计部门交办的任务，组成内部审计工作小组，拟订审计工作方案，经主管领导批准后实施。

第十条 预算执行内部审计组织实施。

（一）下发审计通知书。在实施审计前＿＿＿个工作日，向预算执行部门送达审计通知书。审计通知书应写明审计的范围、内容、方式、要求、时间等。

（二）检查。通过审查会计账簿、会计凭证、会计报表，查阅与审计事项有关的文件、资料，检查存款、实物，向有关人员询问等方式，取得证明材料。

（三）调查取证。向有关人员调查时，审计人员一般应有两人在场；根据工作需要，对作为证明材料的原始资料，审计人员可复印、复制，并要求有关部门签证。

（四）分析评价。审计人员对各项资料和证据在进行综合评价的基础上，提出处理意见

预算执行内部审计制度

编制部门：	发布日期：

和改进工作的建议。

第十一条 审计完成，审计小组对预算执行审计中发现的问题及各种证明材料进行综合分析后，撰写审计报告；审计报告需征求被审计部门的意见，被审计部门自收到审计报告后＿＿＿＿个工作日内，提出书面意见；无特殊情况，＿＿＿＿个工作日内未提出书面意见的，视为无意见；若有意见，审计小组对被审计部门提出的意见进一步核实，根据核实情况对审计报告作必要修改。

第十二条 审计报告经本单位主管领导审定后，报上级审计部门备案。

第十三条 预算管理委员会根据审计报告，对预算执行过程中违反相关规定的责任人员，给予处理。

第四章 审计纪律

第十四条 对于拒绝、阻碍审计小组进行审计，提供虚假数据、合同、发票等，违反预算审计管理规定的，依照有关规定追究责任，情节严重构成犯罪的，交由司法机关依法追究刑事责任。

第十五条 审计机构和审计人员进行预算审计时，应当严格执行审计程序，做到客观公正、廉洁奉公、保守秘密。对滥用职权、徇私舞弊、玩忽职守的，依照有关规定追究责任；构成犯罪的，交由司法机关依法追究刑事责任。

第五章 附 则

第十六条 本制度未尽事宜，依照国家相关规定执行。

第十七条 本制度由内部审计机构负责最终解释。

第十八条 本制度自＿＿＿＿年＿＿＿＿月＿＿＿＿日起施行。

5.5.4　预算执行考核奖惩制度

预算执行考核奖惩制度	
编制部门：	发布日期：

第一章　总　则

第一条　为激励预算执行中的先进部门和个人，鞭策落后，切实将预算执行工作落到实处，依据国家相关法律法规，结合本单位实际，制定本制度。

第二条　考核奖惩对象为预算执行的相关部门和责任人员。

第二章　预算执行部门奖惩

第三条　奖惩依据：单位依据对各执行部门的预算执行绩效考评结果，实施预算执行奖惩。

第四条　预算执行绩效考核结果分为优良、合格、较差三个等级，其奖惩规定如下。

（一）绩效优良的被考评部门，给予表彰，并在下一年度安排预算时给予优先考虑。

（二）绩效合格的被考评部门，无奖无惩。

（三）绩效较差的被考评部门，除按要求详细说明原因外，还将暂缓或停止安排下年度相关预算项目。

第五条　被考评部门发生以下行为，考评结果直接评为较差。

（一）不积极配合预算执行绩效考评工作。

（二）在考核中弄虚作假、贿赂考核人的。

（三）其他违反考评纪律的行为。

第三章　预算责任人奖惩

第六条　奖惩依据：单位依据预算责任人对预算的执行效率，以及预算责任人的日常工作表现，对预算责任人予以奖惩。

第七条　预算执行效率奖惩。

（一）各项预算目标达到95%及以上，预算责任人年度绩效考核总分加10分。

（二）各项预算目标达到80%及以上，95%以下，预算责任人年度绩效考核总分加5分。

（三）各项预算目标达到65%及以上，80%以下，预算责任人年度绩效考核总分不变。

预算执行考核奖惩制度

编制部门：	发布日期：

（四）各项预算目标完成低于65%，预算责任人年度绩效考核总分减5分，并需按要求向预算管理办公室详细说明原因。

第八条 预算责任人在日常工作表现中发生以下行为，其年度绩效考核结果，直接认定为不合格。

（一）违反法律法规及其他有关规定，未将各项资金（含有价证券）及其形成的资产列入符合规定的单位账簿的。

（二）在预算执行过程中，以签订虚假合同等形式，将项目资金转移到其他账户或外单位，逃避财政监督的行为。

（三）在年底预算执行率较低时，为了防止预算被收回、不顾资金安全和使用效益的集中性支付行为的。

（四）其他违反法律法规及员工规范的行为。

第九条 单位对预算执行效率高的责任人，给予表彰；连续三年受到表彰的预算责任人，晋升一级。

第四章 附 则

第十条 本制度未尽事宜，由预算管理委员会与计划财务处共同补充制定。

第十一条 本制度由预算管理委员会负责最终解释。

第十二条 本制度自_____年_____月_____日起施行。

第6节 结余管理内部控制规范

5.6.1 净结余管理控制制度

净结余管理控制制度
编制部门：　　　　　　　　发布日期：

第一章 总 则

第一条 为加强单位净结余的使用和管理，优化财政资源配置，提高财政性资金的使用效益，依据国家相关法律法规，结合本单位实际，制定本制度。

第二条 单位净结余包括资金净结余和指标净结余。

（一）资金净结余是单位存储在财政专户以前年度形成的有关资金结余。

（二）指标净结余是财政已下达单位的预算执行完毕后的指标结余。

第二章 净结余的确认

第三条 预算年度结束后，计划财务处负责与财政部门对资金净结余和指标净结余进行核对。

第四条 计划财务处对净结余资金形成的原因进行分析说明，并与核对无误后的净结余情况一同报送财政部门。

第五条 单位主管负责人与财政部门沟通、确认净结余情况，未经财政部门确认审批的净结余不得支出。

第三章 净结余的管理

第六条 计划财务处对单位净结余应逐一分析审核确认。按规定应由财政收回的结余应如实上缴财政，确保单位形成的净结余真实、合规、合法。

第七条 净结余作为单位下一年度预算的首要来源，预算和其他财政财务规定，按节约原则，合理使用。其中净结余资金安排使用程序如下：

净结余管理控制制度

编制部门：	发布日期：

（一）在下一年度预算编制阶段，将净结余资金转结下年度安排使用计划，随预算草案一并报送财政部门；

（二）单位依据财政部门净预算资金安排使用建议，组织安排使用预算中的净结余资金。

第八条 在年度预算执行中，部门需动用净结余资金安排有关项目支出时，应提前向财政部门提出申请，报送有关项目预算计划；经财政部审核后，依据审核意见执行。

第九条 单位净结余属财政性资金，不得违反规定用于对外投资和出借。

第十条 实行国库集中支付后单位形成的净结余，统一反映为指标净结余，不再提取事业基金、职工福利基金、修购基金等。

第四章 净结余使用的监督检查

第十一条 单位内部审计人员对净结余资金的管理和使用情况进行定期不定期的监督检查，对各科室申报净结余情况不真实、不准确，出现漏报、隐瞒结余情况，造成较大损失的，按照有关规定予以惩处。

第十二条 单位各科室人员在净结余管理中违反本法的，计划财务处将责成其予以纠正，性质严重的，将依法追究其责任。

第五章 附 则

第十三条 本制度未尽事宜，依照国家相关规定执行。

第十四条 本制度由计划财务处负责最终解释。

第十五条 本制度自_____年_____月_____日起施行。

5.6.2 未完结转项目结余控制制度

未完结转项目结余控制制度	
编制部门：	发布日期：

第一条 为对未完结转项目进行有效控制，确保未完结转项目结余按规定程序进行管理，依据国家相关法律法规，结合本单位实际，制定本制度。

第二条 未完结转项目结余包括未完结转项目资金结余、未完结转项目指标结余。

（一）未完结转项目资金结余是单位存储在财政专户的未完项目资金结余。

（二）未完结转项目指标结余是财政已下达单位的预算执行未完毕的指标结余。

第三条 计划财务处是未完结转项目结余资金的归口管理部门，全面负责结余资金的统计、清理、汇总和处理，并负责结余管理工作。

第四条 项目执行部门是项目结余资金的直接责任人，对项目结余资金的真实性、合理性负责。

第五条 计划财务处对年度未完应结转下年的项目支出预算结余，要逐一核实确认；对按规定应由财政收回的未完项目支出预算结余，应如实上缴财政；有效确保每年单位未完结转项目结余真实、合规、合法。

第六条 预算年度结束后，计划财务处将冻结所有未完成的单位内项目，项目执行部门需要继续使用的，必须在年末向计划财务处报告项目结余原因，并提出重新启动的申请，经计划财务处审核并报主管领导同意后，方可启动。

第七条 单位未完结转项目结余属财政性资金，应当进行专项使用，未经主管许可，任何人员不得将其挪作他用。

第八条 本制度未尽事宜，依照国家相关规定执行。

第九条 本制度由计划财务处负责最终解释。

第十条 本制度自颁布之日起施行。

第 6 章

行政事业单位内部控制规范——收入

行政事业单位内部控制
精细化管理全案
（第2版）

第1节 收入控制的内容与目的

6.1.1 收入控制的内容

收入是行政事业单位为开展和完成业务活动需要，依法取得的非偿还性资金。行政事业单位收入控制的内容如图6-1所示。

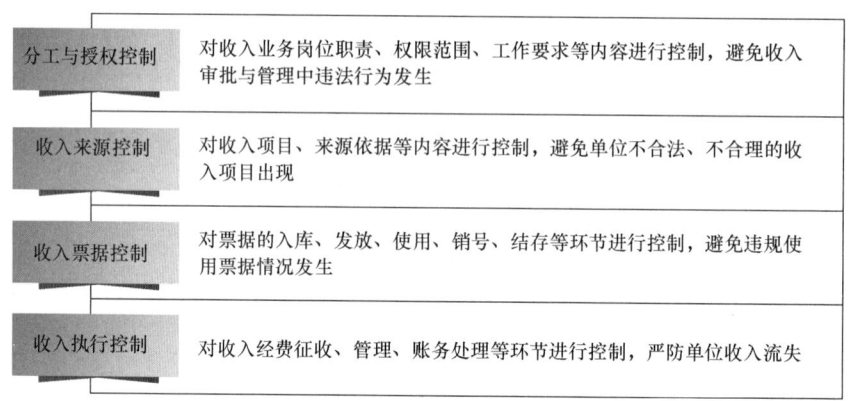

图6-1 行政事业单位收入控制的内容

6.1.2 收入控制的目的

收入控制是行政事业单位内部控制规范的一项重要内容。行政事业单位进行收入控制的目的主要有三点，详情如图6-2所示。

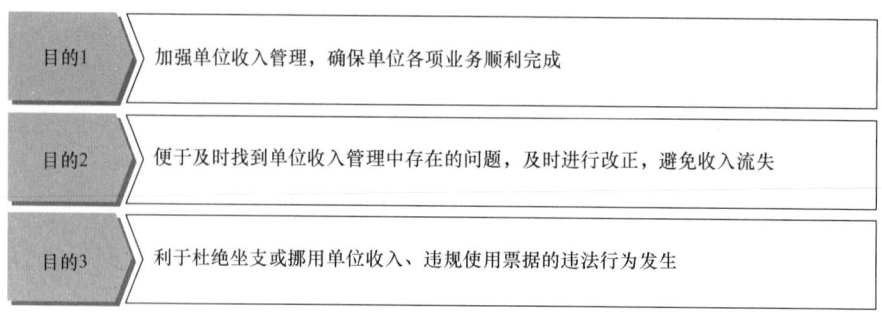

图6-2 行政事业单位收入控制的目的

第2节 收入业务岗位责任与授权审批

6.2.1 收入业务岗位责任制度

收入业务岗位责任制度

编制部门：	发布日期：

第一章 总 则

第一条 为明确收入业务岗位的职责、权限，确保办理收入业务的不相容岗位相互分离、制约、监督，依据国家相关法律法规，结合本单位实际，制定本制度。

第二条 收入业务的不相容岗位至少包括以下三个方面。

（一）收入预算的编制和批准。

（二）票据的使用与保管。

（三）收入征收与减免审批。

第二章 收入业务岗位责任

第三条 单位负责人职责。

（一）负责单位各项收入管理制度的审批；

（二）组织开展单位财务收入研究，对各项收入的真实性、必要性、合法性负责；

（三）组织单位收入的监督工作，对违纪行为进行纠正和处理。

第四条 计划财务处负责人职责。

（一）负责编制本单位收入预算；

（二）组织做好单位收入的征收与管理工作；

（三）承担收入来源控制、收入预算执行、收入票据管理等项目的监督工作；

（四）督促并帮助履行收入业务岗位责任制度。

第五条 会计人员职责。

（一）督促单位出纳人员做好非税收入财政专户、银行账户的对账工作，发现问题及时

收入业务岗位责任制度

编制部门：	发布日期：

汇报；

（二）做好各项收入的录入及记账工作，月终核对分类明细账和总账，确保账账相符；

（三）负责单位收入情况的反馈，并做好本单位及下属单位财务状况分析。

第六条 出纳人员职责。

（一）保管好收入的相关票据、现金，及时登记现金、银行存款、非税收入财政专户日记账，做到日清日结；

（二）负责非税收入专用票据的领用、保管和上交核销工作；

（三）及时解缴非税收入财政专户；

（四）建立非税收入台账，规范非税收入管理；

（五）做好与总账的核对工作，做到账账相符。

第七条 报账员职责（基层单位设置此岗位）。

（一）统一领取非税收入专用票据；

（二）解缴非税收入财政专户；

（三）负责核对现金、银行存款、非税收入财政专户；

（四）负责单位与财务部门收入相关资料、信息的传递交换工作。

第八条 执收人员职责：负责职责范围内的非税收入收缴工作。

第九条 审计人员职责。

（一）做好单位收入的现金或银行账户的审计工作；

（二）负责单位非税收入征收与解缴的审计工作。

第三章 附 则

第十条 本制度由计划财务处负责解释。

第十一条 本制度自＿＿＿＿年＿＿＿＿月＿＿＿＿日起施行。

6.2.2　收入业务授权审批制度

收入业务授权审批制度	
编制部门：	发布日期：

第一章　总　则

第一条　为明确审批人职责范围和权限，规范经办部门和人员的职责范围和工作要求，避免未经授权的部门或人员办理收入业务，依据国家相关法律法规，结合本单位实际，制定本制度。

第二条　单位收入包括预算收入、非税收入、其他收入等。

（一）预算收入包括：经费拨款、办案经费补助、基建拨款等。该项资金由本级财政列入单位部门预算，按相关规定拨入。

（二）非税收入是单位依法利用政府权力、政府信誉、国家资源、国有资产或提供特定公共服务、准公共服务取得并用于满足社会公共需要或准公共需要的财政资金。

（三）其他收入是指单位通过市场取得的不体现政府职能的经营、服务性收入及其他不属于预算收入、非税收入的部分。

本制度所称收入业务授权审批，指非税收入的授权审批。

第二章　授权审批管理

第三条　非税收入征收授权审批。

（一）行政事业性收费：执收人员根据缴费义务人提出的申请及收费项目和收费标准，填写行政事业行收费（基金）明细表；收费人员向缴费义务人开具非税收入一般缴款书，并将行政事业性收费（基金）明细表"交款人联"和非税收入一般缴款书2~5联交缴款义务人；缴款义务人将款项缴入非税收入汇缴结算户。

（二）经常性收费（含政府性基金、国有资产、资源收益等）：执收人员向缴费义务人开具非税收入管理局统一监制的收费通知或决定；收费人员对收费项目和收费标准进行审核并开具非税收入一般缴款书，并将审核后的收费通知或决定和非税收入一般缴款书2~5联交交款义务人；缴款义务人将款项缴入非税收入汇缴结算户；交款义务人如对收费通知、决定持有异议，可以依法申请行政复议或提起行政诉讼，但复议或诉讼期间，不停止执行。

收入业务授权审批制度

编制部门：	发布日期：

（三）罚没（罚金）收入：执收人员对违法人员送达行政处罚决定书；收费人员根据法律文书向违法人员开具非税收入一般缴款书，并将法律文书和非税收入一般缴款书2~5联交交款义务人，缴款义务人将款项缴入非税收入汇缴结算户；如违法人员对行政处罚不服，可依法申请行政复议或提起诉讼，但复议和诉讼期间不停止执行。

（四）代结算收入（暂扣款、预收款、保证金、诉讼费等）：执收人员向缴款义务人开具收费通知；收费人员对代结算收入项目和标准进行审核并开具非税收入一般缴款书，将收费通知和非税收入一般缴款书2~5联交缴款义务人；缴款义务人将款项缴入非税收入汇缴结算户。

（五）执收人员按照主管部门审定后的收费项目和标准进行征收，任何人员不得越权征收。

第四条　非税收入减免授权审批。

（一）执收人员必须依法律规定征收非税收入，不得多征、少征或者擅自减征、免征。

（二）法律规定可以减征、免征非税收入的，或缴费义务人因特殊情况需要减征、免征非税收入的，应按以下程序办理。

1. 缴款义务人提出申请，申请书应载明减免理由及相关法律法规规定，并附特殊情况的有关证明材料。

2. 单位主管人员填制行政事业性收费（基金）减免审批表，并签署是否同意减征、免征的意见。

3. 单位审批同意后，分别报非税收管理局以及同级财政部门审批后，方可减免缴费义务人应缴纳的非税收入。

第五条　非税收入结算授权审批。

（一）行政事业性收费（基金）进行分户分类核算，在月末按收费（基金）款项划入国库和财政专户，并按月向财政国库部门报送收费（基金）进度表。

（二）单位依法收取的待结算收入，符合返还条件的，由缴费义务人提出返还申请，征收主管人员签署意见，并经财政部门审核确认后，通过非税收入汇缴结算户直接返还缴款义务人。

收入业务授权审批制度

编制部门：	发布日期：

（三）依照法律规定确认为误征、多征的非税收入，由缴款义务人提出申请后，经财政部门确认后，非税收管理局开具《非税收入退款通知书》，通过非税收入汇缴结算户及时、足额、准确地退还给缴款义务人；已划解国库或财政专户的，则由国库或财政专户直接退付。

第六条 非税收入票据授权审批。

（一）单位征收非税收入的票据由出纳人员（报账员）从非税收入管理局统一领购。

（二）单位非税收入票据丢失，应及时登报声明作废，并查明原因，事发后_____日内向非税收入管理局提交书面报告。

（三）对已作废的非税收入票据和保管五年以上的票据存根的销毁，需经单位负责人同意后，向非税收入管理局提出销毁票据的申请，非税收入管理局审核同意后予以组织销毁。

（四）单位非税收入票据销毁，需由单位内部财务机构、内审机构成立3~5人的销毁监督小组，待票据销毁后，由小组全体人员签字，并以小组名义出具监销情况报告，经财务处负责人和单位负责人签字后，报送非税收入管理局保存备查。

第七条 收入业务授权审批管理中，审批人应在授权范围内进行审批，不得超越审批权限；经办人应按职权范围和工作要求进行业务办理，严禁未经授权办理业务；违反规定者，将依法追究其责任。

第三章 附 则

第八条 本制度未尽事宜，依照国家相关规定执行。

第九条 本制度由财务处负责解释。

第十条 本制度自_____年_____月_____日起施行。

第3节 征收与票据管理内部控制规范

6.3.1 非税收入征收责任制度

非税收入征收责任制度	
编制部门：	发布日期：

第一章 总 则

第一条 为规范单位非税收入执收行为和征收管理，确保财政收入依法征收、应收尽收，依据国家相关法律法规，结合本单位实际，制定本制度。

第二条 本单位非税收入执收工作由单位负责人总负责，相关领导和执收人员具体负责的工作责任制。

第二章 非税收入征收责任

第三条 单位主管负责人应及时、完整、准确地向同级财政部门及非税收入管理机构编报全口径的本单位非税收入年度执行预算。

单位主管负责人虚报、少报、漏报本单位非税收入年度执行预算，致使非税收入年度执行预算明显脱离实际的乱作为行为；非政策性因素导致单位未完成非税收入年度执收预算且明显低于上一年度实际完成数的不作为行为；由单位主管负责人承担主要责任。

第四条 执收人员应按照有关规定向缴费义务人足额执收非税收入款项。

执收人员擅自提高非税收入执收标准、扩大执收范围或擅自缓征、减征、免征非税收入的乱作为行为；无视法律、法规、规章等规定，应收不收、应罚不罚，导致非税收入流失的不作为行为，由执收人员承担直接责任，其部门负责人和监管人员承担间接责任。

第五条 单位出纳人员应做好非税收入台账与票据管理工作，定期与财政部门进行核对，接受票据年检，并定期向同级财政部门报告非税收入执收情况。

违反财政票据管理规定，转让、出借、代开非税收入票据，私自印制、伪造、买卖非税收入票据或使用非法票据的乱作为行为；将非税收入存放在单位过渡性账户，应缴不缴、

非税收入征收责任制度

编制部门：	发布日期：

拖延、滞压、截留、转移非税收入或在监察审计中未按要求提供真实完整资料的不作为行为，由出纳人员承担直接责任，计划财务处负责人及其他监管人员承担间接责任。

第六条　会计人员督促单位出纳人员做好非税收入财政专户的对账工作，发现问题及时进行汇报。

未按规定督促出纳人员进行对账工作或对执收工作违法违规问题不予汇报或无故延迟汇报的不作为行为，由会计人员承担直接责任，计划财务处负责人承担间接责任。

第七条　审计人员负责单位非税收入的征收审计工作，及时查处单位非税收入征收工作的违纪行为，有效避免收入流失。

未按规定开展非税收入审计工作的不作为行为或未遵守廉政勤政规定和审计工作纪律的乱作为行为，由审计人员承担直接责任，单位主管负责人承担间接责任。

第八条　单位负责人总体负责非税收入征收管理工作，确保非税收入征收工作中无重大损失或影响恶劣事件发生。

非税收入征收工作中，单位内部相关工作人员存在任何乱作为和不作为行为，单位负责人均应被问责。

第九条　为加强非税收入的监督，单位任何个人都有权举报非税收入执收过程中的乱作为和不作为，对于举报的有功人员，单位将给予＿＿＿～＿＿＿元的奖励。

第三章　附　则

第十条　本制度未尽事宜，依照国家相关规定执行。

第十一条　本制度由计划财务处负责解释。

第十二条　本制度自＿＿＿年＿＿＿月＿＿＿日起施行。

6.3.2 非税收入征收实施细则

非税收入征收实施细则	
编制部门：	发布日期：

第一章 总 则

第一条 为规范单位非税收入征收管理，有效预防非税收入执行过程中的乱作为和不作为行为，确保财政收入依法征收、应收尽收，依据相关法律法规，结合本单位实际，制定本细则。

第二条 本细则所称非税收入是单位依法利用政府权力、政府信誉、国家资源、国有资产或提供特定公共服务、准公共服务取得并用于满足社会公共需要或准公共需要的财政资金。具体范围包括：

（一）行政事业性收费；

（二）政府性基金；

（三）国有资源有偿使用收入；

（四）国有资产有偿使用收入；

（五）国有资本经营收益；

（六）彩票公益金；

（七）罚没收入；

（八）专项收入等。

第二章 非税收入征收管理

第三条 非税收入的征收依据。

（一）行政事业性收费依据法律、法规，以及国务院、财政部和地方财政部门的相关规定征收。

（二）政府性基金依据法律、法规以及国务院或财政部的有关规定征收。

（三）罚没收入依据《中华人民共和国行政处罚法》和其他有关法律规定征收。

（四）其他非税收入依据国家相关规定收取。

第四条 执收人员应严格按照规定的范围和标准征收非税收入，不得多征、少征，或

非税收入征收实施细则

编制部门：	发布日期：

者擅自缓征、减征、免征；法律规定可以缓征、减征、免征非税收入的，以及缴款义务人确因特殊情况需要缓缴、减缴、免缴非税收入的，需由缴款义务人提出书面申请，经主管单位审核并签署意见后，按照签署意见执行。

第五条 执收人员向缴款义务人收取非税收入时，应出具相关财政票据。未按规定出具财政票据的，缴款义务人有权拒绝缴款。

第六条 执收人员严格执行收缴分离制度，按照规定缴款方式和期限足额上缴；不得隐匿、转移、截留、坐支、占用、挪用、私分或变相私分非税收入款项；不得当场收取非税收入现款；国家另有规定的除外。

第七条 违反规定征收非税收入的，将给予执收人员及其直接负责人行政处分，构成犯罪的，将依法追究刑事责任。

第八条 单位应建立非税收入征收台账。台账应至少包含非税收入的项目、征缴方式、月度、季度、年度征缴入库情况信息等内容，以确保非税收入安全。

第九条 定期开展非税收入预算执行情况分析，及时找出非税收入征收管理中存在的问题，确保全年收入的足额完成。

第三章 附 则

第十条 本细则与原有制度不一致的，依照本细则执行。

第十一条 本细则由计划财务处负责解释。

第十二条 本细则自公布之日起施行。

6.3.3 非税收入票据管理制度

非税收入票据管理制度	
编制部门：	发布日期：

第一章 总 则

第一条 为规范单位非税收入票据的使用和管理，防止乱收乱罚行为发生，依据国家相关法律法规，结合本单位实际，制定本制度。

第二条 本制度所称非税收入票据是单位依据法律法规，征收或收取非税收入时，向缴费义务人开具的收（缴）款凭证。

第二章 非税收入票据领用、保管、使用

第三条 非税收入票据的领购。

（一）单位出纳人员（或报账员）负责非税收入票据的领购。

（二）在非税收入票据启用前，先检查票据有无缺联、缺号、重号等情况，一经发现及时向非税收入管理局报告。

（三）单位按上级有关规定从上级主管部门领取的专用票据，需经同级非税收入管理局登记备案后方能使用。

第四条 计划财务处建立票据台账，全面、如实登记、反映所有票据的入库、发放、使用、作废、结存情况，并定期向非税收入管理局报告。

第五条 执收人员开具非税收入票据时，应做到内容完整，字迹工整，印章齐全；非税收入票据填写错误的，需另行填开；因填写错误而作废的非税收入票据，应加盖作废戳记或注明"作废"字样，并完整保存其各联，不得私自销毁。

第六条 单位非税收入票据丢失，应及时登报声明作废，并查明原因，事发后＿＿＿＿日内向非税收入管理局提交书面报告。

第七条 严格执行国家财政票据管理的相关规定，禁止转让、出借、代开、伪造专用票据等违规行为发生。

第八条 票据台账上所反映的票据结存数必须与库存票据的实际票种及数量一致；票据定期盘点须有出纳人员（或报账员）以外的人员参加，确保未使用票据的安全。

非税收入票据管理制度

编制部门：	发布日期：

第三章 非税收入票据的销毁

第九条 对已作废的非税收入票据和保管五年以上的票据存根，可组织销毁；销毁前需认真清理销毁的票据，确保票据开出金额与财务入账金额完全一致，并经单位负责人同意后，向非税收入管理局提出销毁票据的申请，非税收入管理局审核同意后予以销毁。

第十条 单位非税收入票据销毁，需由计划财务处、审计处等部门成立3~5人的销毁监督小组，待票据销毁后，由小组全体人员签字，并以小组名义出具监销情况报告，经计划财务处负责人和单位负责人签字后，报送非税收入管理局保存备查。

第四章 责任追究

第十一条 非税收入执收人员及其他相关工作人员发生下列行为之一的，将按国家相关规定予以处罚。

（一）转让、出借、代开非税收入票据，或者不按规定开具非税收入票据的；

（二）因保管不善造成非税收入票据损毁、灭失的；

（三）伪造、擅自销毁非税收入票据的；

（四）其他违反非税收入票据管理规定的。

第十二条 被处罚人对处理决定不服的，可在收到处理结果_____日内申请复议或提起诉讼。

第五章 附 则

第十三条 本制度未尽事宜，依照国家相关规定执行。

第十四条 本制度由计划财务处负责制定。

第十五条 本制度自_____年_____月_____日起施行。

第4节 收入管理内部控制流程

6.4.1 征收减免审批流程

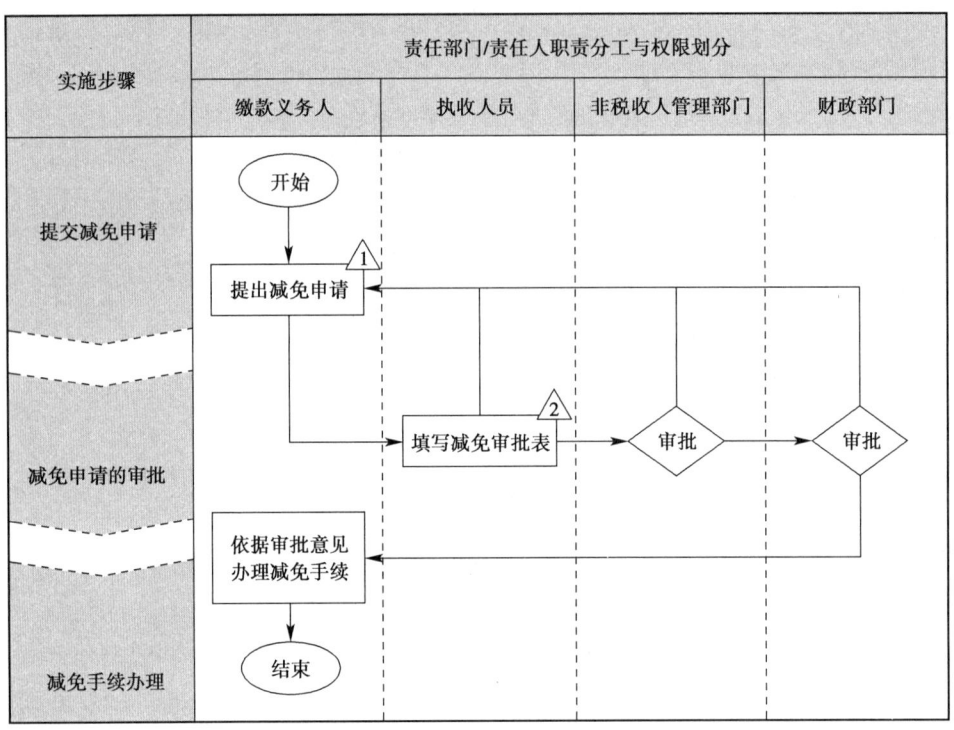

关键节点说明：

关键节点	相关说明
关键节点1	缴款义务人提交减免申请书，符合法律规定的减免应载明减免理由及相关法律政策规定；因特殊情况需要减免的，应提交特殊情况的有关证明材料
关键节点2	执收人员依据缴款义务人员提交的减免申请书，依照规定格式填写减免审批表，并签署是否同意减征、免征、缓征的意见

6.4.2 票据台账管理流程

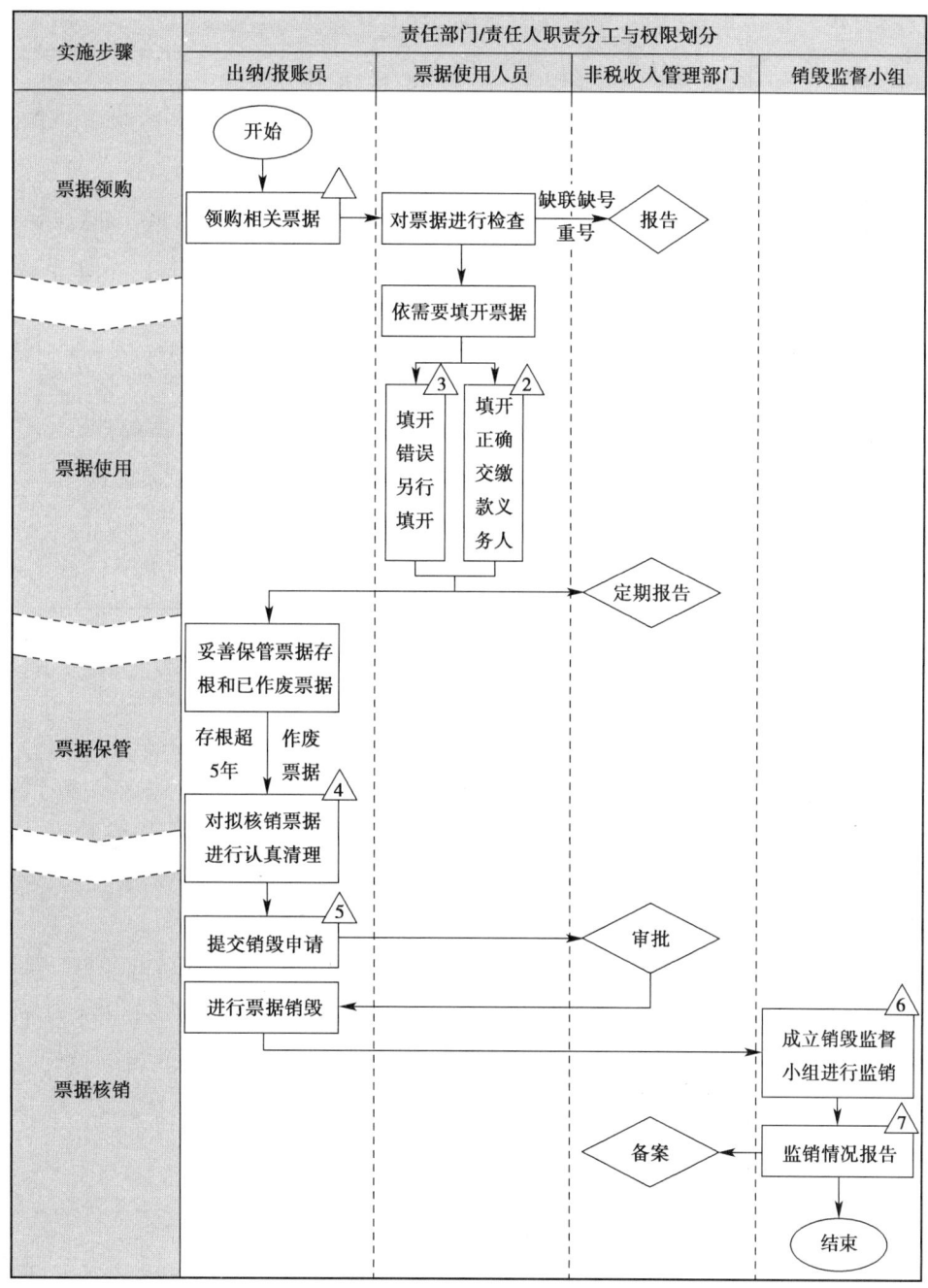

关键节点说明：

关键节点	相关说明
关键节点1	1. 出纳人员（报账员）从非税收入管理局领取票据 2. 单位按上级有关规定从上级主管部门领取的专用票据，需经同级非税收入管理局登记备案后方能使用
关键节点2	执收人员开具非税收入票据时，应做到内容完整，字迹工整，印章齐全
关键节点3	因填写错误而作废的非税收入票据，应加盖作废戳记或注明"作废"字样，并完整保存其各联，不得私自销毁
关键节点4	票据销毁前进行认真清理，确保票据开出金额与财务入账金额完全一致
关键节点5	票据销毁申请需单位负责人同意后，方能向非税收入管理局提交
关键节点6	销毁监督小组由3~5名来自计划财务处、审计处的工作人员组成
关键节点7	监销情况报告应以小组名义出具，经计划财务处负责人和单位负责人签字后，报送非税收入管理局保存备查

第 7 章

行政事业单位内部控制规范——支出

行政事业单位内部控制精细化管理全案（第2版）

第 1 节 基本支出内部控制规范

7.1.1 基本支出内部控制的内容与目的

1. 基本支出内部控制的内容

行政事业单位基本支出是指保障单位正常运转和职能履行所发生的支出。基本支出内部控制的内容主要包含 4 点，详情如图 7-1 所示。

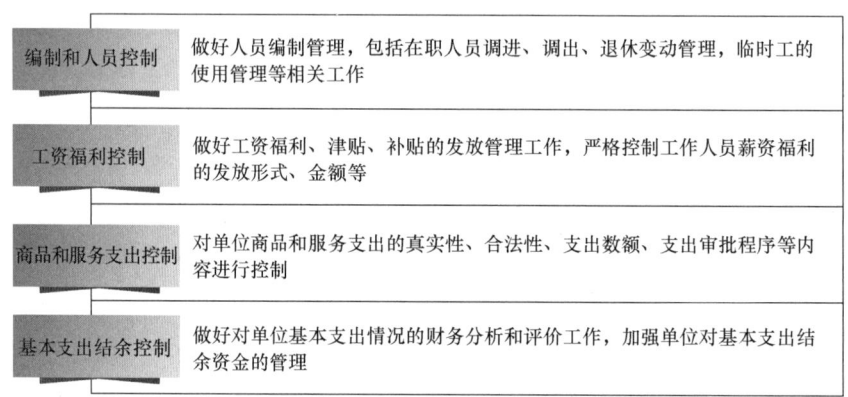

图 7-1 基本支出内部控制的内容

2. 基本支出内部控制的目的

行政事业单位基本支出包括：在职人员的工资福利性支出，离退休人员、退职人员等个人和家庭的补助支出，单位运转所必需的商品和服务支出等，其进行内部控制的目的如图 7-2 所示。

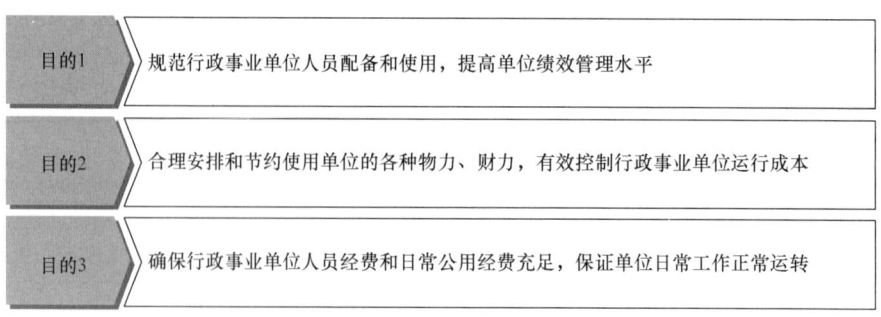

图 7-2 基本支出内部控制的目的

7.1.2 基本支出岗位责任制度

<table>
<tr><td colspan="2" align="center">基本支出岗位责任制度</td></tr>
<tr><td>编制部门：</td><td>发布日期：</td></tr>
</table>

第一章 总 则

第一条 为规范单位基本支出管理，明确相关部门和岗位的职责权限，确保办理基本支出业务的不相容岗位相互分离、制约和监督，依据国家相关法律法规，结合本单位实际，制定本制度。

第二条 本制度所指基本支出，是指保障单位运转和职能履行所必需的、基本的、经常性的支出。具体包括：

（一）在职人员的工资福利性支出；

（二）对离退休人员、退职人员等个人和家庭补助支出；

（三）单位运转所必需的商品和服务支出。

第三条 基本支出业务的不相容岗位包括：

（一）人员管理与人员支出管理；

（二）人员工资福利、津贴与补贴的审批与发放；

（三）基本支出预算的执行与监督；

（四）商品和服务支出内部定额的制定与执行；

（五）商品和服务支出的审核、批准与办理。

第二章 岗位职权划分

第四条 单位主管领导职责。

（一）负责单位基本支出相关管理制度和文件的审批。

（二）参与内部定额修改方案的集体审批等。

（三）负责审阅向上级单位或财政部门提供的分析报告。

第五条 计划财务处负责人职责。

（一）负责单位基本支出预算的编制，并监督预算的执行。

（二）依据国家有关法律法规，研究制定本单位基本支出管理的规章制度。

（三）组织做好单位基本支出结余资金的管理。

基本支出岗位责任制度

编制部门：	发布日期：

（四）组织做好单位基本支出财务分析与评价，提高资金使用效益。

第六条 财会人员职责。

（一）对基本支出的原始凭证的真实性、合法性、合理性进行审核。

（二）依据审批文件发放本单位工作人员的工资福利、津贴、补贴等。

（三）定期与离退休管理人员核对离退休人员、退职人员个人和家庭补助发放情况。

第七条 人事处负责人职责。

（一）严格按照主管部门下达的人员编制标准配备在职人员。

（二）组织做好在职人员的调进、调出、退休等变动以及临时工使用工作。

（三）对长期不在岗人员及时作出相应处理，并如实编报人员经费支出。

（四）组织做好单位在职人员的考核管理工作。

第八条 基本支出部门负责人职责。

（一）协助编制本部门基本支出预算。

（二）严格执行本部门基本支出预算和国家各项支出管理规定。

第三章 附 则

第九条 本制度由计划财务处负责解释。

第十条 本制度自_____年_____月_____日起施行。

7.1.3　个人和家庭补助支出管理制度

<table>
<tr><td colspan="2" align="center">个人和家庭补助支出管理制度</td></tr>
<tr><td>编制部门：</td><td>发布日期：</td></tr>
</table>

第一条　为进一步关心单位离退休人员、退职人员个人和家庭的生活，规范离退休人员、退职人员个人和家庭补助支出管理，依据国家相关法律法规，结合本单位实际，制定本制度。

第二条　单位为离退休人员、退职人员个人和家庭发放的补助，反映政府对离退休人员、退职人员及其家庭的无偿形补助支出，具体包括如下5项。

（一）离休费：反映单位离休人员的离休费，具体为离休金、离休人员护理费、离休人员其他补贴、离休人员其他费用。

（二）退休费：反映单位退休人员的退休费等，具体为退休金、退休人员护理费、退休人员其他补贴、退休人员其他费用。

（三）退职费：反映单位退职人员的生活补贴，一次性支付给退职职工的退职补助。

（四）医疗费：反映单位未参加基本医疗保险离退休人员、退职人员医疗费，具体为离休人员医疗费、退休人员医疗费，以及在医疗保险基金开支范围外，按规定应由单位负担的医疗补助。

（五）其他：反映上述科目未包括的补助支出，具体包括退职人员及随行家属路费，及其他为离退休人员、退职人员个人及家庭的补助支出。

第三条　离退休人员、退职人员个人和家庭发放补助，由人事处提供发放名册并加盖公章，计划财务处审核后按规定发放。

第四条　离退休人员、退职人员个人和家庭的补助标准，严格按国家和地区相关规定执行，发放人员不得擅自增加或减少补助项目。

第五条　发放人员应定期与人事处核定补助发放情况进行，以确保离退休人员、退职人员个人和家庭补助及时、准确发放。

第六条　本制度由计划财务处负责解释。

第七条　本制度自＿＿＿＿年＿＿＿＿月＿＿＿＿日起施行。

7.1.4 基本支出财务分析评价制度

基本支出财务分析评价制度	
编制部门：	发布日期：

第一章 总 则

第一条 为对单位基本支出进行有效分析评价，以合理安排和节约使用单位的人力、物力、财力，提高资金的使用效益，依据国家相关法律法规，结合本单位实际，制定本制度。

第二条 本单位及所属单位基本支出财务分析评价的各项工作均依本制度执行。

第二章 基本支出财务分析评价

第三条 基本支出财务分析评价指标选取，依据国家及地方主管部门相关规定执行。

第四条 基本支出财务分析评价的基本要求。

（一）从单位实际情况出发，实事求是，对基本支出情况进行分析总结。

（二）分析评价所依据的资料应全面、真实、可靠。这些资料主要包括：

1. 国家有关的方针、政策、法律、法规；

2. 主管单位批准的定额指标、单位基本支出预算；

3. 基本支出的预决算资料、相关报表、总账及明细账等；

4. 其他有关数据和资料。

第五条 基本支出分析评价。

（一）基本支出预算执行情况。

（二）基本支出与以前年度的比较分析。

（三）基本支出的标准和范围是否符合规定。

（四）基本支出构成是否合理，支出重点是否得到了保证。

（五）基本支出工作中存在的问题及改进意见和建议。

第六条 基本支出财务分析评价的程序。

（一）确定基本支出财务分析的目的和范围。

（二）全面收集、整理、核对各类数据及有关依据。

（三）对基本支出进行全面的财务分析评价。

基本支出财务分析评价制度

编制部门：	发布日期：

（四）作为分析结论，提出意见或建议，撰写分析报告。

第三章　财务分析报告管理

第七条　分析报告的要求。

（一）引用材料正确。

（二）分析评价内容客观、公正。

（三）问题的解决建议应科学、有效。

（四）文字表达清晰、扼要。

（五）以数字为依据，做到有理有据。

第八条　单位内部提供分析报告，应经过计划财务处负责人和监察人员审阅；向上级单位或财政部门提供的分析报告，应经单位负责人审阅。

第九条　基本支出财务分析相关资料作为内部资料，要做好保密工作，提供对象和份数要经计划财务处负责人同意。

第四章　附　　则

第十条　本制度未尽事宜，依照国家相关规定执行。

第十一条　本制度由计划财务处负责解释。

第十二条　本制度自＿＿＿＿年＿＿＿＿月＿＿＿＿日起施行。

第 2 节 项目支出内部控制规范

7.2.1 项目支出内部控制的内容与目的

1. 项目支出内部控制的内容

项目支出是行政事业单位为完成其特定的行政工作任务或事业发展目标,在基本的预算支出外,由财政预算专款安排的支出。项目支出内部控制的内容如图 7-3 所示。

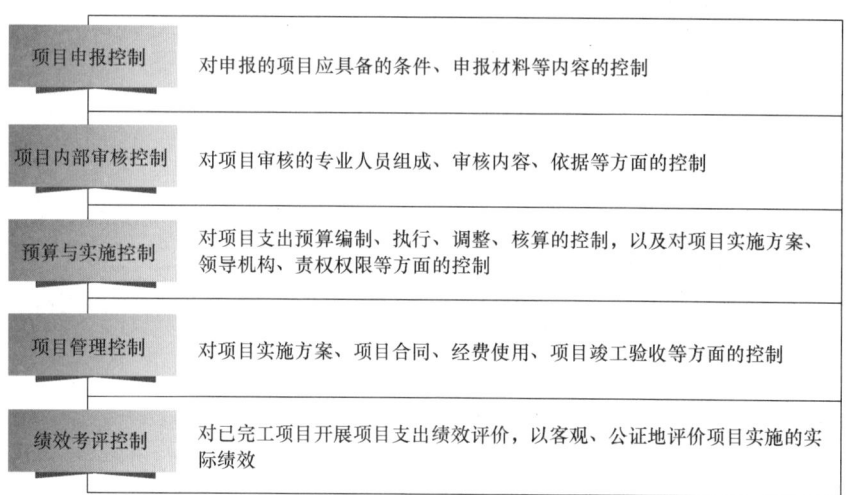

图 7-3 项目支出内部控制的内容

2. 项目支出内部控制的目的

行政事业单位对项目支出进行内部控制的目的主要包含以下几个方面,详情如图 7-4 所示。

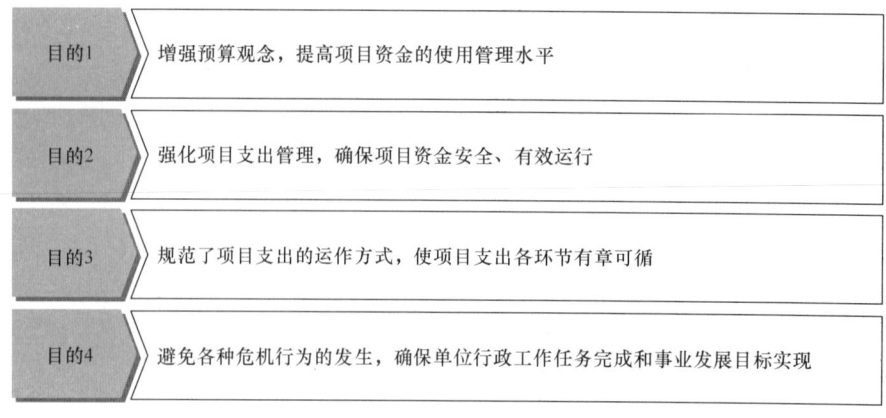

图 7-4 项目支出内部控制的目的

7.2.2 项目申报管理制度

项目申报管理制度
编制部门：　　　　　　　　　　发布日期：

第一章　总　则

第一条　为加强单位项目申报工作的管理，使项目申报工作能正常、有序开展，并取得最佳的申报效果，依据国家相关法律法规，结合本单位实际，制定本制度。

第二条　本单位及所属单位项目申报管理各项工作均依本制度执行。

第二章　项目申报职责范围

第三条　项目申报部门职责。

（一）根据实际工作需要提出新项目建议。

（二）备齐申报项目的所需相关资料。

第四条　项目归口管理部门职责。

（一）对申报项目进行审核和排序。

（二）选择符合单位申报要求的项目报计划财务处。

第五条　计划财务处职责。

（一）建立和管理单位项目库。

（二）审核评估归口管理部门所报项目，并通过筛选上报单位主管领导。

第六条　单位主管领导职责。

（一）参与重大项目的集体决策。

（二）负责单位申报项目的确定，以及申报材料的最终审核。

第三章　项目申报管理规范

第七条　申报项目应具备的条件。

（一）符合国家、地方有关方针政策。

（二）符合本机政府确定的财政资金支持的方向和供给范围。

（三）符合单位发展规划和单项事业规划。

（四）在单位职能范围内，属于单位履行行政职能和促进事业发展急需安排的项目。

项目申报管理制度

编制部门：	发布日期：

（五）有明确的项目目标、组织实施计划和科学合理的项目预算，并经过充分的研究和论证。

第八条　项目申报程序。

（一）单位内部各职责部门向项目归口管理部门进行申报，不得越级申报。

（二）归口管理部门对职责部门所报项目进行审核和排序，选择符合要求的项目报计划财务处审核。

（三）计划财务处对归口管理部门所报项目进行审核评估，将符合规定的项目纳入单位项目库；并将项目按轻重缓急进行排序，筛选最适当项目报单位主管领导审核。

（四）单位主管领导审核确定申报项目，并组织计划财务处编制项目支出预算，统一向上级主管部门报送。

第九条　项目申报要求。

（一）项目应一项一报，相同类型的项目可以归类合并申报，不同类型的项目必须分别申报。

（二）项目申报材料内容必须真实、客观、完整，并附有翔实的可行性论证报告和项目实施方案。

（三）项目申报书和项目可行性报告用 Word 办公软件编制；项目支出预算明细表用 Excel 办公软件编制；具体格式依相关规定执行。

（四）项目原则上应提前一年申报，每年_____月_____日前应完成下一年度的项目申报工作。

第四章　附　　则

第十条　本制度未尽事宜，依照国家相关规定执行。

第十一条　本制度的最终解释权归计划财务处。

第十二条　本制度自_____年_____月_____日起执行。

7.2.3　项目内部审核管理规定

<table>
<tr><td colspan="2" align="center">项目内部审核管理规定</td></tr>
<tr><td>编制部门：</td><td>发布日期：</td></tr>
</table>

第一条　为加强单位项目审核管理，提高项目申报质量，以保证单位工作任务完成和事业发展，依据国家相关法律法规，结合本单位实际，制定本规定。

第二条　本规定适用于单位项目申报的内部审核管理。

第三条　项目归口管理部门审核。

（一）申报部门所申报项目是否归本部门管理。

（二）所申报项目是否组织过相关论证。

（三）项目申报书是否符合规定的填报要求，相关材料是否齐全。

（四）项目的申报内容是否真实完整。

（五）项目的规模及开支标准是否符合规定。

第四条　计划财务处审核。

（一）申报项目是否符合项目申报条件。

（二）项目预算是否准确，配套资金是否能够落实。

（三）其他财政部门规定的审核内容。

第五条　计划财务处对申报项目进行审核后，对符合条件的项目，排序纳入项目库；并组织相关人员，对项目进行集中评审、筛选，择优上报。

第六条　对以下项目，可组织专家或委托中介机构进行专项评审。

（一）预算数额较大的。

（二）专业技术复杂的。

（三）其他需要进行评审的。

第七条　所有的评审项目，均应如实填写《项目评审报告》。

第八条　本规定由计划财务处负责解释。

第九条　本规定自颁布之日起执行。

7.2.4 项目支出预算管理制度

项目支出预算管理制度	
编制部门：	发布日期：

第一章 总 则

第一条 为规范项目预算管理，提高预算资金的使用效益，确保单位各项工作的顺利完成，依据国家相关法律法规，结合本单位实际，制定本制度。

第二条 项目支出预算是单位支出预算的组成部分，是单位为完成特定工作任务和发展计划，在基本支出之外编制的年度项目支出计划。

第二章 项目支出预算编制与审批

第三条 项目支出预算编制。

（一）计划财务处在业务部门的协助下，严格按照管理职能和发展目标，依据预算编制原则，提出项目支出预算建议。

（二）单位领导小组对项目支出预算建议进行集体研究审定，审定通过后按规定提交主管部门，由主管部门下达项目预算控制数。

（三）计划财务处根据财政部门下达的项目预算控制数，编制单位项目预算草案，并在规定时间内上报主管部门，由主管部门作出项目预算批复。

（四）单位收到批复后，按主管部门下达的项目支出预算，编制项目具体的实施方案，并组织项目实施。

第四条 项目支出预算申报前，应进行内部审核和重点复核，以确保预算申报材料的完整性、有效性，项目目标、工作内容描述的准确性，项目预算的合理性等。

第五条 项目支出预算编制中，上级主管单位已研究确定项目、经常性专项业务费项目、跨年度支出项目在项目预算中优先排序。

第六条 项目支出预算中，只能编制项目当年经费；跨年度项目只能按当年需要完成的内容编制预算，由以后年度安排实施的项目内容不得在本年编制经费预算。

第七条 延续项目列入预算后，项目的名称、编码、使用方向等在以后年度申报预算时不得变动，项目预算按照立项时核定的预算逐年安排，项目到期后自行终止。

项目支出预算管理制度

编制部门：	发布日期：

第三章　项目支出预算执行与调整

第八条　单位收到财政部门项目支出预算批复后，应按照财政部门下达的项目支出预算，编制具体的实施方案，并组织项目实施。

第九条　项目支出归口管理部门和项目单位不得自行调整预算，如因项目变更、终止等原因，确需调整项目预算的，必须按照主管部门规定程序报批。

第十条　发生项目支出时，应首先由计划财务处进行审核，审核通过后再按规定程序办理款项支付手续。项目经费支付中存在以下情况的，计划财务处有权拒绝。

（一）审批手续不全。

（二）支出与项目无关。

（三）支出事项不符合项目支出预算。

（四）原始凭证不真实、不合法。

（五）擅自扩大支出范围、提高开支标准。

第十一条　项目预算执行过程中，计划财务处要对项目实施情况和预算执行情况进行检查，对存在的问题进行及时整改，以保证项目按照预算全面完成。

第四章　项目支出预算考核控制

第十二条　预算年度终了，由计划财务处牵头，相关业务部门和纪检监察部门共同参加，对已完成的项目开展项目支出绩效评价工作，客观公正地评价项目实施的实际绩效。

第十三条　考核结果经单位主管领导审阅后，应报送财政部门，以作为财政部门加强项目管理、以后年度立项审批，以及安排以后年度项目支出预算的重要依据。

第五章　附　则

第十四条　本制度由计划财务处负责解释。

第十五条　本制度自_____年_____月_____日起施行。

7.2.5　预算项目实施管理制度

<table>
<tr><td colspan="2" align="center">预算项目实施管理制度</td></tr>
<tr><td>编制部门：</td><td>发布日期：</td></tr>
</table>

第一章　总　则

第一条　为规范预算项目实施管理，提高项目支出资金的使用效益，确保预算目标的达成，依据国家相关法律法规，结合本单位实际，制定本制度。

第二条　预算项目实施中的各环节工作均依本制度执行。

第二章　预算项目实施与资金管理

第三条　预算项目实施按照"谁管理、谁实施、谁签字、谁负责"的原则，将项目实施的权限和责任落到实施部门和具体责任人；对于重大项目，应成立重大项目推进工作小组，由单位负责人任小组组长，项目实施负责人对项目实施负责。

第四条　预算项目实施应符合国家财政政策和单位相关制度。按规定应实行政府采购的项目，应纳入政府采购预算，并按照《中华人民共和国政府采购法》《中华人民共和国采购法实施条例》的规定执行；属于国库集中支付的项目，应列入国库集中支付计划。

第五条　预算项目的工作内容需要委托外单位实施的，应择优选择受托单位，并通过合同、协议明确工作目标、内容、工作量及费用金额等。

第六条　预算项目的开支内容必须以预算为准，预算明细中没有的内容不得列支，费用支出金额不得超过开支范围。

第七条　对于重大项目，单位业务部门和计划财务处应定期向项目实施领导机构报告项目进展情况及经费使用情况，并按要求编报项目年度决算。

第八条　计划财务处应不定期组织有关部门、专家按照项目实施方案对项目实施情况进行抽查。项目结束后，单位要及时总结。

第九条　项目因故无法按计划完成的，单位应立即中止项目实施、冻结资金支付，并提出项目已执行情况、中止原因、处理建议等的文件，上报主管部门；对于逾期＿＿＿＿年仍未能完成的项目，按无法完成项目处理。

第十条　预算项目实施过程中形成的年度结余资金按照财政部门有关规定处理。

预算项目实施管理制度

编制部门：	发布日期：

第十一条　预算项目实施过程中形成的资产应妥善保管，并按国有资产管理的要求，严格按交付、使用等管理程序执行。

第三章　预算项目验收管理

第十二条　在年度终了和预算项目完成后，相关部门应及时整理项目资料，对项目的实施和管理情况进行（阶段）总结。项目已完成的，应一并提出验收申请。

第十三条　预算项目验收以批准的项目预算、可行性研究报告、实施方案、项目评审资料、财务资料、实施记录、管理记录等资料为依据。其中_____万元以下的预算项目，由单位自行组织验收；_____万元以上的预算项目，由主管单位聘请专家、中介机构进行验收。

第十四条　预算项目验收的内容，依据国家相关规定执行。

第十五条　预算项目验收报告要实行专门登记，并由计划财务处按照一项一档的原则，将其与项目文本、评审材料、招投标文件、经济合同、款项支付进度登记表、项目决算等资料，进行共同保存和管理。

第四章　附　则

第十六条　本制度未尽事宜，依照国家相关规定执行。

第十七条　本制度由计划财务处负责解释。

第十八条　本制度自_____年_____月_____日起施行。

第 3 节　政府专项支出内部控制规范

7.3.1　专项支出内部控制的内容与目的

1. 专项支出内部控制的内容

政府专项支出是单位部门预算安排的基本支出、项目支出以外的，受政府委托或授权，为履行特定领域公共事务管理职能而发生的具有专项用途的支出。行政事业单位专项支出内部控制内容主要有以下几点，详情如图 7-5 所示。

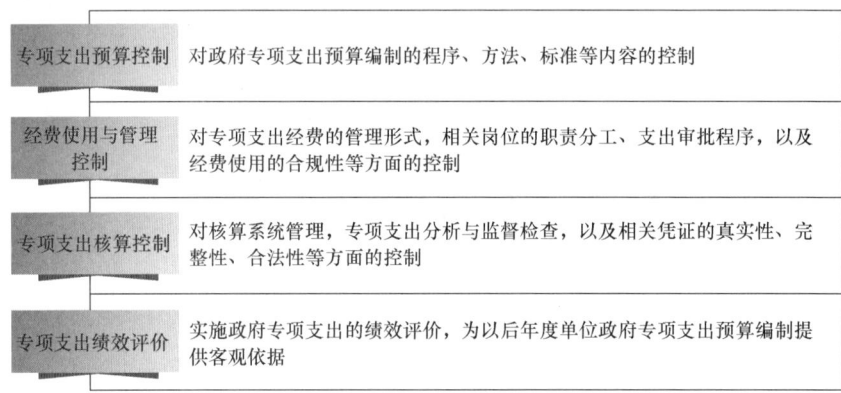

图 7-5　专项支出内部控制的内容

2. 专项支出内部控制的目的

行政事业单位进行政府专项支出内部控制的目的如图 7-6 所示。

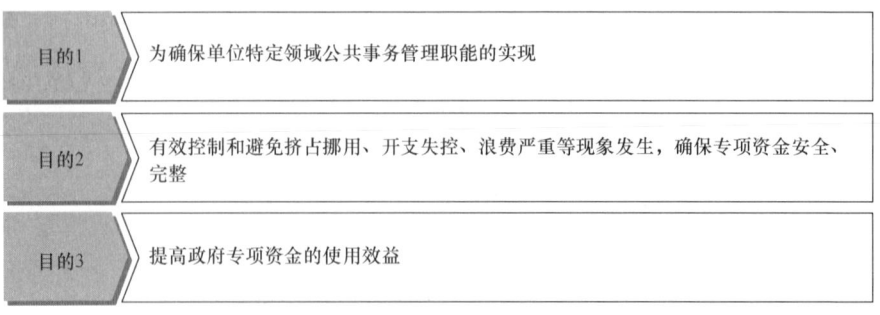

图 7-6　专项支出内部控制的目的

7.3.2 专项支出岗位责任制度

专项支出岗位责任制度

编制部门：　　　　　　　　　　　发布日期：

第一章　总　则

第一条　为明确内部相关部门和岗位的职责、权限，确保办理专项支出业务的不相容岗位相互分离、制约和监督，依据国家相关法律法规，结合本单位实际，制定本制度。

第二条　专项支出业务的不相容岗位应至少包括以下3项。

（一）专项经费计划的编制与审批。

（二）项目的立项审查与项目的审计、验收。

（三）项目实施跟踪与补助款项支出。

第二章　岗位职责划分

第三条　单位领导小组职责。

（一）专项支出相关制度的审批。

（二）单位编制的专项支出预算的集体审查。

（三）单位专项支出分析报告的审阅。

（四）分析本单位专项支出管理中存在的问题，并组织有效整改。

第四条　计划财务处负责人职责。

（一）依据国家相关法律法规，研究制定单位专项支出相关制度。

（二）组织编制本单位专项支出预算，并报主管部门审批。

（三）参与专项支出项目的验收工作。

（四）协助财政部门开展专项支出绩效评价工作。

第五条　预算管理员职责。

（一）整理、分析、汇总相关资料，协助编制专项支出预算。

（二）承担专项支出用款计划上报，补款计划申请工作。

（三）在权限范围内，按规定程序和标准拨发专项支出经费。

（四）审核专项支出的相关发票、结算凭证，确保资金安全。

（五）定期开展专项支出分析，并提交分析报告。

专项支出岗位责任制度

编制部门:	发布日期:

第六条 财务管理员职责。

(一)协助完成专项支出预算的编制。

(二)承担项目实施追踪管理工作。

(三)专项支出的单独核算,以及业务台账处理。

第七条 审计人员职责。

(一)实施专项支出审计工作,及时上报审计中发现的问题。

(二)做好审计分析,并提交审计报告。

第八条 专项支出业务部门负责人职责。

(一)负责向主管部门提交立项申请。

(二)按照规定开展专项工作,科学、合理地使用专项资金。

(三)组织编制专项支出用款计划。

(四)配合计划财务处、审计处,以及上级主管部门完成专项支出的监督、审计和绩效评价工作。

第三章 附 则

第九条 本制度由计划财务处负责解释。

第十条 本制度自_____年_____月_____日起施行。

7.3.3 专项支出授权审批制度

专项支出授权审批制度

编制部门：　　　　　　　　　发布日期：

第一章　总　则

第一条　为规范专项支出授权批准方式、权限、程序、责任等内容，确保专项支出业务办理合法、规范，依据国家相关法律法规，结合本单位实际，制定本制度。

第二条　本制度所称专项支出，是指单位部门预算安排的基本支出、项目支出以外的受政府委托或授权，为履行特定领域公共事务管理职能而发生的具有专项用途的支出。

第三条　本制度适用于专项支出的授权审批管理。

第二章　授权批准权限和程序

第四条　预算编制授权批准权限和程序。

（一）单位相关业务部门根据工作计划，于＿＿＿＿月底前编制出本部门专项支出预算，经部门负责人审核同意后报计划财务处。

（二）计划财务处对专项支出预算进行初审，提出专项支出预算建议草案，报单位主管领导集体审查。

（三）单位主管领导集体审查后，按规定程序报同级财政部门审核；最终经同级行政部门批准后方能执行。

第五条　预算调整授权批准权限和程序。

（一）专项支出年度预算，在实施过程中原则上不作调整。确因情况变化需要调整的，应由业务部门提交申请及相关材料，由单位主管领导签字，报财政部门审查后，报本级政府主要领导签批；涉及重大调整的，须由本级政府常务会议研究决定。

（二）在年初预算以外，专项资金一般不予追加，确因需要追加专项资金的，须由财政部门提出审核意见，报政府主管领导批准。

第六条　专项资金使用授权批准权限和程序。

（一）业务部门根据专项支出需要填写专项资金使用计划表，在＿＿＿＿日内报送计划财务处。

专项支出授权审批制度

编制部门:	发布日期:

（二）计划财务处审核、汇总预算实施计划表，编制本单位专项资金使用计划表，经单位主管领导审批后，报财政部门审核，经本级政府主管领导审批后，由财政部门按计划办理具体资金划拨手续。

（三）单位各业务部门按规定使用专项资金。其中，专项支出金额_____元以下的，须由本部门负责人签字，交计划财务处审核并办理付款；支出金额_____至_____元的，须由本部门负责人和计划财务处负责人签字后办理付款；支出金额超过_____万元的，须由本部门负责人和计划财务处负责人签字，经单位负责人同意，办理付款。

第七条 专项资金的使用应严格执行国家有关财务规定，并按照规定的用途使用专项资金，严禁挤占、挪用政府专项资金情况发生。

第三章 授权审批控制

第八条 专项资金授权审批人应根据成本费用授权批准制度的规定，在授权范围内进行审批，不得超越审批权限。

第九条 对超过审批权限进行审批操作的，应追究责任人的责任，构成犯罪的，应移交司法机关处理。

第十条 授权批准部门和人员应在规定的期限内完成授权审批事项，故意拖延的审批人员，应按规定给予行政处分。

第十一条 专项支出业务部门或经办人，按照审批人批准意见办理专项支出业务，坚决杜绝阳奉阴违和故意拖延行为。

第四章 附 则

第十二条 本制度未尽事宜，依照国家相关规定执行。

第十三条 本制度由计划财务负责解释。

第十四条 本制度自_____年_____月_____日起施行。

7.3.4 专项支出分析管理制度

专项支出分析管理制度

编制部门：	发布日期：

第一章 总 则

第一条 为对政府专项支出进行科学分析、合理评价，提高专项资金的使用效益，依据国家相关法律法规，结合本单位实际，制定本制度。

第二条 本单位及所属单位专项支出的分析管理均依照本制度执行。

第二章 专项支出分析管理

第三条 单位依据"总量核定、重点突出"的原则，对专项支出进行总量分析，对重点项目进行重点分析，并将分析结果及时上报主管部门和领导。

第四条 专项支出分析工作的组织。

（一）计划财务处是专项支出分析的主管部门，具体负责单位专项支出分析评价工作。

（二）相关业务部门负责开展部门内部项目的分析与评价工作。

（三）单位主管领导负责对专项支出分析工作的监督以及分析报告的审阅。

第五条 专项支出分析的基本要求。

（一）符合相关法律、法规、规章和规范性文件。

（二）分析所依据的资料、数据应真实、可靠，确保分析结果真实。

（三）将经济性、效率性、有效性有机结合，对分析专项支出进行综合分析。

第六条 专项支出分析的内容。

（一）专项支出预算执行情况。

（二）专项支出与以前年度的比较分析。

（三）专项支出的标准和范围是否符合规定。

（四）专项支出构成是否合理，支出重点是否得到了保证。

（五）专项支出工作中存在的问题及改进意见和建议等。

第七条 专项支出分析工作程序。

专项支出分析管理制度

编制部门:	发布日期:

（一）全面汇总、核对、分析专项支出相关数据。

（二）对专项支出进行综合分析和评价。

（三）得出分析结论，撰写分析报告。

（四）专项支出业务部门根据专项支出分析结果，进行专项支出管理的改进。

第八条 计划财务处根据分析结果编制分析报告，并提交单位领导和主管部门审核。专项支出分析报告的编制应符合以下要求。

（一）引用材料正确。

（二）分析客观、公正。

（三）解决建议科学、有效。

（四）文字表达清晰、扼要。

第九条 分析结果应用。

（一）对无正当理由、没有达到预期目标或绩效差的业务部门，对其部门及责任人进行通报批评，并在下年度专项支出预算安排时从紧或不予安排。

（二）对违反财经纪律、弄虚作假、骗取、截留、挪用、挤占项目资金的业务部门，视情节依法减拨、停拨或追回专项资金，并依法取消其享受该专项支出资格。

第三章 附 则

第十条 本制度未尽事宜，依照相关法律规定为准。

第十一条 本制度由计划财务处负责解释。

第十二条 本制度自＿＿＿＿年＿＿＿＿月＿＿＿＿日起施行。

第 4 节 其他支出内部控制规范

7.4.1 其他支出内部控制的内容和目的

1. 其他支出内部控制的内容

其他支出是单位除基本支出、项目支出、政府专项支出等以外的各项支出。行政事业单位其他支出内部控制的内容主要包含以下方面，详情如图 7-7 所示。

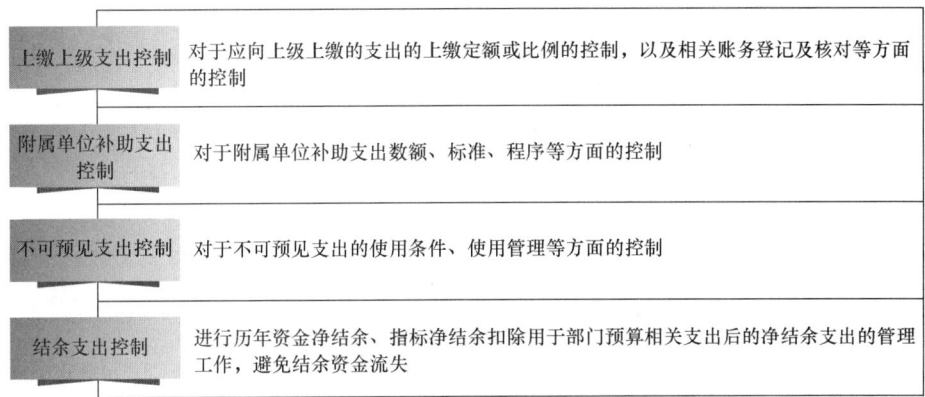

图 7-7 其他支出内部控制的内容

2. 其他支出内部控制的目的

行政事业单位其他支出包括上缴上级支出、对所属单位补助支出、不可预见支出和净结余支出等。其进行内部控制的目的主要包含以下方面，如图 7-8 所示。

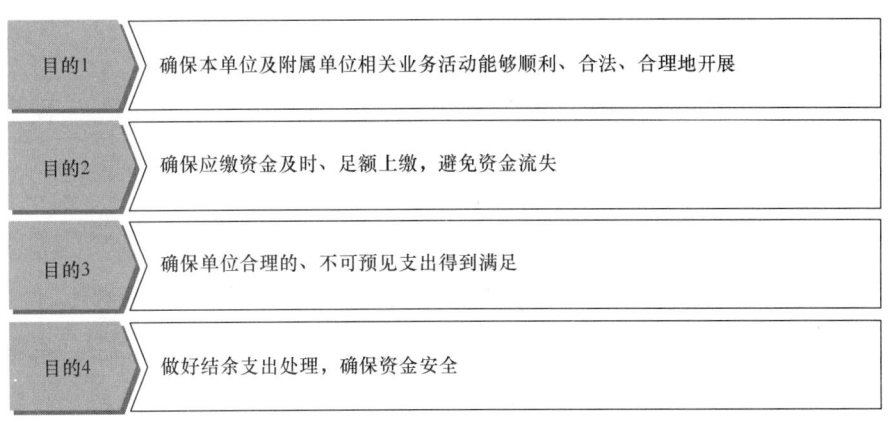

图 7-8 其他支出内部控制的目的

7.4.2 其他支出关键风险控制制度

其他支出关键风险控制制度	
编制部门：	发布日期：

第一章 总 则

第一条 为防范单位支出风险，确保支出资金安全，提高支出资金的使用效益，依据国家相关法律法规，结合本单位实际，制定本制度。

第二条 本制度所称其他支出是指单位除基本支出、项目支出和政府专项支出等以外的各项支出，包括上缴上级支出、对所属单位补助支出、不可预见费和净结余支出等。

第三条 其他支出的相关业务部门为风险控制的第一道防线；计划财务处为风险控制的第二道防线；内部审计处及单位主管领导为风险控制的第三道防线；主管单位及财政部门为风险控制的第四道防线。

第二章 其他支出风险控制的关键环节

第四条 加强支出管理部门及岗位的职责分工、权限范围、审批程序等方面的控制。

第五条 加强相关事项和业务活动的合理性、合法性、有效性的控制。

第六条 加强审计监督环节的控制。

第三章 其他支出风险控制的内容

第七条 上缴上级支出风险控制内容。

（一）上缴上级支出的金额或比例是否达到标准。

（二）上缴上级支出的金额与台账是否一致。

（三）核算处理是否准确。

第八条 对附属单位的补助支出风险控制内容。

（一）是否与部门预算安排相符。

（二）用其他资金安排的是否有文件依据。

（三）核算处理是否准确。

第九条 不可预见支出风险控制内容。

（一）不可预见支出的动用是否符合条件。

其他支出关键风险控制制度

编制部门：	发布日期：

（二）不可预见支出动用的程序是否合理。

（三）不可预见支出金额是否符合标准。

（四）核算处理是否准确。

第十条　结余支出风险控制内容。

（一）确认的结余金额是否全面。

（二）结余支出的处理是否合规。

（三）结余资金的使用是否合理。

（四）核算处理是否准确。

第四章　风险管理解决方案

第十一条　为有效控制其他支出风险，单位针对上缴上级支出、对所属单位补助支出、不可预见支出、净结余支出所涉及的管理与业务，制定风险解决的内控方案。

第十二条　单位制定合理、有效的内控措施，应包含以下5个方面。

（一）建立岗位责任制度：明确其他支出所涉及各个岗位的职责与权限。

（二）建立授权审批制度：对其他支出各个岗位明确规定授权的对象、条件、范围、额度等，任何部门和人员不得超越授权作出决定。

（三）建立预算管理制度：对其他支出预算编制、执行、调整、分析、考核等相关内容作出明确规定。

（四）建立支出分析制度：明确其他支出分析的指标、内容、要求等。

（五）建立审计检查制度：明确规定审计检查的对象、内容、方式等。

第五章　附　则

第十三条　本制度由计划财务处负责解释。

第十四条　本制度自＿＿＿＿年＿＿＿＿月＿＿＿＿日起施行。

第 8 章

事业单位内部控制规范——债务

行政事业单位内部控制精细化管理全案（第 2 版）

第 1 节 债务控制的内容与目的

8.1.1 债务控制的内容

根据国家规定,可以举借债务的事业单位应当建立健全债务内部管理制度,明确债务管理岗位的职责权限,加强单位债务的控制。具体的控制内容包括:举借和偿还控制、债务核算控制、对账和检查控制、筹资控制等,具体说明如图 8-1 所示。

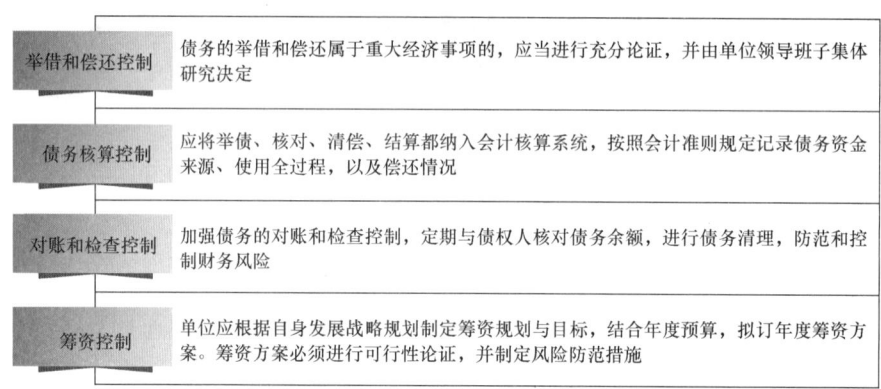

图 8-1 债务控制的内容

8.1.2 债务控制的目的

债务是指由过去的交易或事项形成的,由单位或个人承担预期导致经济利益流出单位或个人的现时义务,包括各种借款、应付款项及预收款项等。各事业单位债务控制的具体目的如图 8-2 所示。

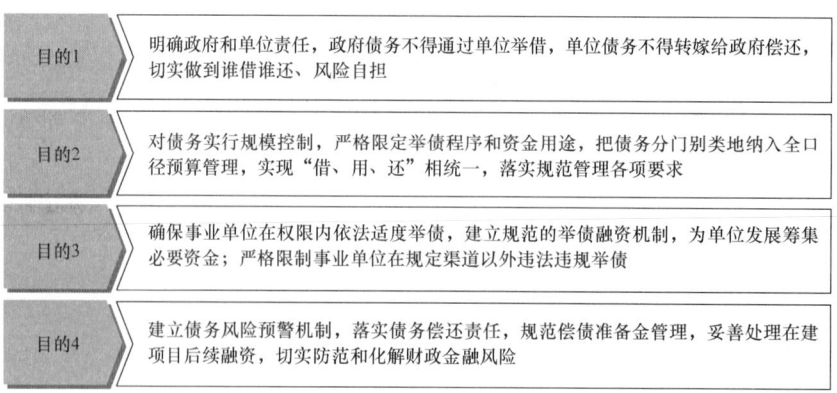

图 8-2 债务控制的目的

第 2 节　债务举借控制规范

8.2.1　债务管理岗位职责权限

债务管理岗位职责权限	
编制部门：	发布日期：

第一条　单位领导班子在债务管理方面的职责权限。

（一）对单位债务的总体把控，监督债务资金的使用、偿还、清理等事项。

（二）对单位举债进行审批，对偿债能力和风险隐患大的举债申请应坚决制止。

（三）定期对债务资金的使用进行监控，超债务资金使用范畴的应坚决抵制。

（四）定期检查债务清理台账，防范和控制财务风险。

第二条　财务部门负责人在债务管理方面的职责权限。

（一）对举借债务的申请进行审核和备案。

（二）参与债务举借论证，对偿债能力和风险隐患进行评估。

（三）对债务举借计划进行审核，配合单位主管领导对债务资金的使用、偿还、清理工作进行监督和检查。

（四）定期对债务资金偿还情况进行检查，确保按时偿还，且金额计算准确无误。

第三条　举债部门负责人在债务管理方面的职责权限。

（一）提出举债申请，对举债项目负责。

（二）编制举债计划，确保举债计划内容的真实、有效性。

（三）与债权人签订债务合同，对债务合同的内容进行审核，确保内容无误。

（四）确保债务资金的使用、偿还及清理过程无误，无违规操作。

（五）负责核算债务资金偿还金额，按期提交偿还金额和利息。

8.2.2 债务举借决策论证与审批制度

债务举借决策论证与审批制度	
编制部门：	发布日期：

第一章 总 则

第一条 为建立单位举借债务的科学论证和决策审核制度，防止盲目举借债务造成财务风险的发生，根据有关法律、法规，结合单位实际情况，特制定本制度。

第二条 本制度适用于单位举借债务论证、决策及审批事项。

第三条 将债务举借纳入财政部门归口管理，全面掌控债务举借情况，制定债务举借决策方案、组织债务举借论证和还款计划，控制债务规模。

第二章 债务举借论证

第四条 偿债能力评估。

若单位举债规模超过了偿债能力，就会引发严重的财务风险。单位应选用反映偿债能力的主要指标，对单位偿债能力进行综合评估。

（一）负债率。即单位债务余额占单位生产总值的比重。该指标反映单位经济总规模对债务的承载能力，其警戒线可按规定设定为20%。在该范围内表明债务负担目前尚在可控范围之内。

（二）债务率。即单位债务余额占当期收入的比重。这个指标反映单位通过运用收入满足偿债需求的能力，这个指标越高，还债压力越大，债务风险越高。

（三）借新还旧偿债率。指单位当年举借新债偿还债务本息额占当年还本付息额的比重。这个指标可以结合偿债率进一步反映单位的偿债压力与债务风险。

第五条 风险隐患评估。

除了测算单位的偿债能力外，还应注意是否存在比较大的财务风险隐患，如单位主营业务出现问题，自身缺乏还贷来源，就很可能发生偿付危机，进而引发财务风险。

第六条 举债偿债对策。

在评估完各类风险后，应制定各类举借偿债的对策制度，其内容应包括如下几个方面。

债务举借决策论证与审批制度

编制部门：	发布日期：

（一）健全债务管理制度。尽快制定出债务管理办法，改变多头举债、规模失控、调控不力的局面。应实行财政部门债务统一规范管理，建立健全债务信息披露制度，杜绝无序举债行为，处理好加大投入与合理确定举债规模、确保偿债能力之间的关系，确保债务资金合理、合规使用。

（二）妥善处理存量债务。应建立偿债准备制度，逐步安排相应的资金或资产予以偿付，避免债务风险累积。应高度重视存量债务的转化风险。

（三）建立健全债务监控体系。一是建立健全债务监控和风险预警机制，加强债务资金使用监管。二是制定债务责任追究办法，将债务责任与部门绩效考核相挂钩，对违规举债、过度举债等行为进行问责和追究。三是建立债务清理台账，加强债务资金使用的跟踪检查，严格控制债务资金的用途和流向，确保债务资金安全。

第三章 债务举借决策

第七条 债务举借原则。

（一）谁举借谁负责。在单位领导统一部署下，债务资金使用部门对债务清偿负总责，按照单位领导和财务部门的要求组织实施。

（二）坚持公开透明。建立债务清理偿还公示制度，坚持程序公开、过程公开和结果公开，在一定范围内公示各项债务情况，接受主管领导监督。

第八条 制定债务清偿方案。

（一）确定债务清偿方式。单位应根据实际偿还能力确定偿还方式，偿还方式一般包括期满偿还、分期偿还、偿还基金。

（二）制订债务偿还计划。内容应包括各期应偿还的本金和利息金额，以及涉及的各职能部门，避免因未按期偿还造成的单位损失。

债务举借决策论证与审批制度

（三）对债务偿还过程控制。加强对债务偿还过程控制，有利于债务偿还问题的及时纠正与债务偿还的按期进行，规避单位债务风险。

（四）债务清理及化解。全面摸清债务底数基础上锁定债务，结合实际情况，确定债务余额清理的先后顺序，逐步化解。

债务举借决策论证与审批制度

编制部门:	发布日期:

第九条 债务资金使用监控。

财务部门应对债务资金的使用过程进行监控,建立健全单位债务管理责任制,将债务管理工作纳入经济责任审计范围,其审计结果作为相关人员的考核依据。

第四章 债务举借审批

第十条 债务举借审批程序。

各单位举借债务,须报财务部门审核,并经单位负责人审批后方可实施。

第十一条 将债务风险预警机制纳入举借审查事项内。

债务风险指标按年度考核,若其中任一个指标达到或超出警戒线,财务部负责人应及时向单位负责人报告。单位应将债务风险预警机制纳入举借审批事项内,作为重要的审查事项。

第五章 附 则

第十二条 本制度由财务部门负责制定、修改和解释。

第十三条 本制度自_____年____月____日起施行。

8.2.3 可举债单位债务举借管理流程

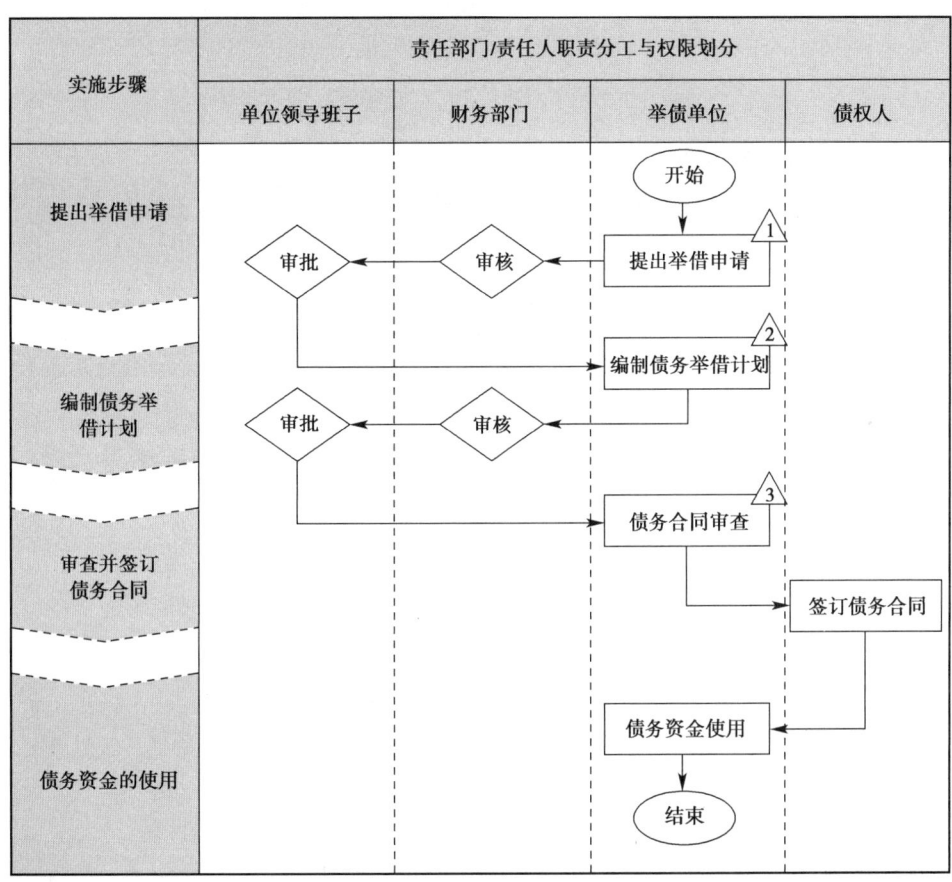

关键节点说明：

关键节点	相关说明
关键节点1	需举借债务的单位，应向财务部门提出申请，经审核后报单位领导班子批准，各部门举借债务后应同时提交财政部门进行备案
关键节点2	在债务举借计划中，应对偿债能力和风险隐患进行评估，制定详细的举债偿债对策，确保单位的举债行为无风险，达到预期的举债效果
关键节点3	经批准的债务举借计划，举债部门在签订有关债务合同前，应对债务合同进行审查，在确保合同条款无误的情况下，签订债务合同

第 3 节　债务使用控制规范

8.3.1　债务资金使用控制制度

债务资金使用控制制度	
编制部门：	发布日期：

第一条　为了加强对单位债务资金的内部控制，保证资金的安全，提高债务资金的使用效益，依据《政府会计制度—行政事业单位会计科目和报表》的规定，制定本制度。

第二条　本制度适用于对单位债务资金的使用控制工作。

第三条　单位的债务分为流动负债和非流动负债。

第四条　流动负债包括短期借款、应缴税费、应缴财政专户款、应付职工薪酬、应付票据、预收账款、其他应付款等。

第五条　非流动负债包括长期借款、长期应付款等。

第六条　单位发生的短期借款和长期借款，需经单位领导层批准，并按时还本付息，如发生因债权人特殊原因确实无法支付的应付款项，应书面记录清理过程，计入其他收入。

第七条　单位流动负债的应计利息支出，一般计入经营支出。

第八条　单位长期负债的应计利息支出，筹建期间的，计入事业支出；经营期间的，计入经营支出。其中，与购建固定资产或者无形资产有关的，在资产尚未交付使用或者虽已交付使用但尚未办理竣工决算以前，计入购建资产的价值。

第九条　应付职工薪酬是指单位为获得职工提供的服务而给予各种形式的报酬以及其他相关支出。

（一）职工工资、奖金、津贴和补贴。

（二）职工福利费，主要用于职工的医药费、职工因公负伤赴外地就医路费、职工生活困难补助，以及国家规定开支的其他职工福利支出。

（三）医疗保险费、养老保险费、失业保险费、工伤保险费和生育保险费等社会保险费。

（四）住房公积金。

债务资金使用控制制度	
编制部门：	发布日期：

（五）工会经费和职工教育经费。

债务会计核算管理制度

（六）非货币性福利。

（七）其他与获得职工提供的服务相关的支出。

第十条　应付票据用来核算单位对外发生债务时所开出、承兑的商业汇票，包括银行承兑汇票和商业承兑汇票。各单位应设置"应付票据备查簿"，详细登记每一应付票据的种类、号数、签发日期、到期日、票面金额、收款人姓名或单位名称以及付款日期和金额等详细资料。应付票据到期付清时，应在备查簿内逐笔注销。

第十一条　预收账款是单位按照合同规定向购货单位或接受劳务单位预收的款项。单位预收的账款应按购买单位设置明细账。

第十二条　债务资金不得用于经常性支出和竞争性项目建设。

债务资金应当专款专用，举债机构应当将开户情况报主管部门及财政部门，接受主管部门和财政部门的监督。

第十三条　本制度由财务部门负责制定、修改和解释。

第十四条　本制度自＿＿＿＿年＿＿月＿＿日起施行。

8.3.2 债务偿还管理控制流程

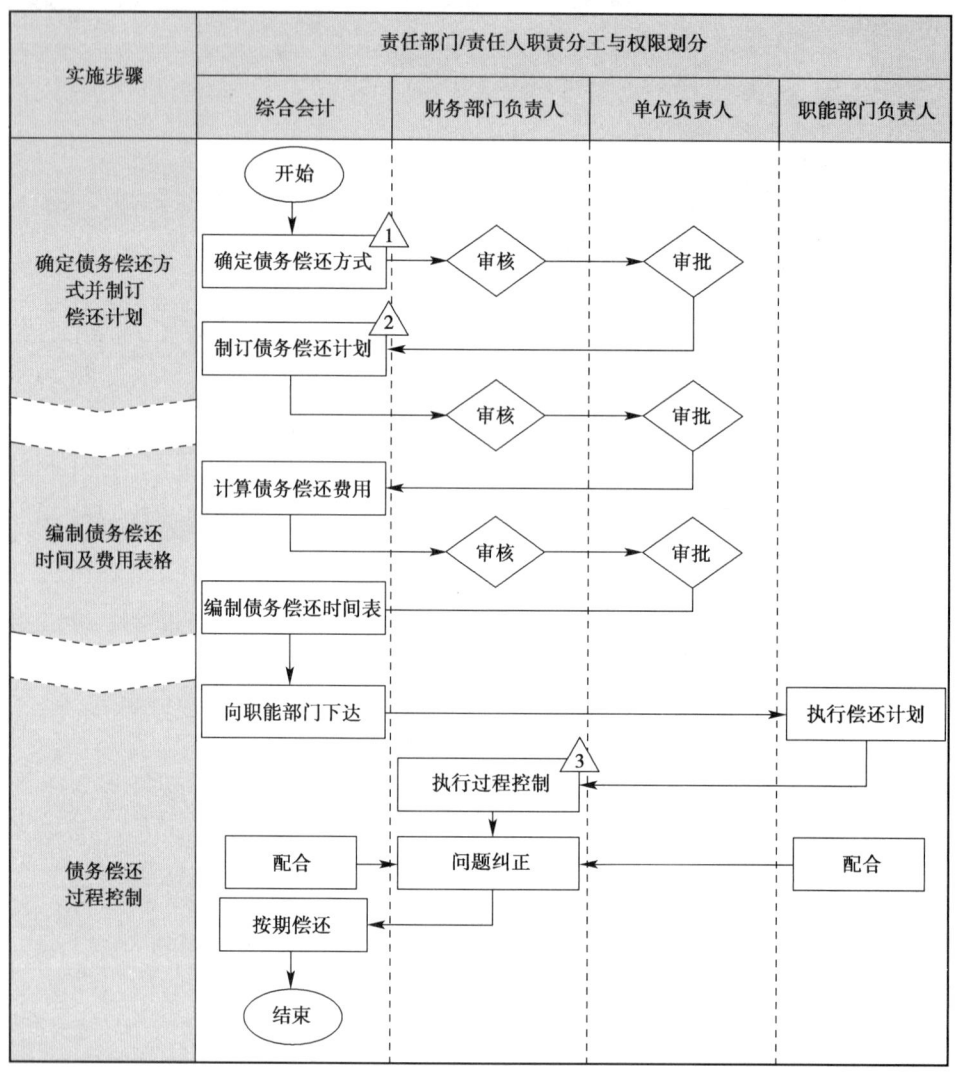

关键节点说明:

关键节点	相关说明
关键节点1	各单位应根据实际偿还能力确定偿还方式,偿还方式一般包括期满偿还、分期偿还、偿还基金
关键节点2	制订的债务偿还计划,应包括各期应偿还的本金和利息金额,以及涉及的各职能部门,避免因未按期偿还造成的单位损失
关键节点3	加强对债务偿还过程控制,有利于债务偿还问题的及时纠正与债务偿还的按期进行,规避单位债务风险

8.3.3 债务检查与清理管理制度

债务检查与清理管理制度	
编制部门：	发布日期：

第一章 总 则

第一条 为进一步加强债务管理，规范债务检查与清理程序，不断增强单位内部控制，根据《行政事业单位内部控制规范》及单位相关规范，特制定本制度。

第二条 本制度适用于单位债务的检查、清理等事项。

第二章 债务检查

第三条 债务检查项目。

单位债务主要包括应付账款、其他应付款、预收账款、长期应付款等项目。根据对债务实际的检查情况，可延伸检查至其他项目。

第四条 债务检查程序。

（一）获取截止＿＿＿＿年＿＿月＿＿日所有债务清单明细，核对明细金额是否与总账、报表相符。

（二）对于期末存在的应付账款、其他应付款、预收账款、长期应付款明细，逐笔追查至债务形成的相关原始凭证，如供应商发票、验收报告或入库单、采购或服务协议等，确定应付款金额及相应债权人的准确性及真实性。包括检查凭证金额是否与发票、合同协议或其他资料是否相符；债权人名称是否前后一致等。

（三）对于应付账款，结合预付账款等往来项目的明细余额，调查有无同时挂账的项目，对于同时挂账应进行调整。

（四）对于其他应付账款，应结合其他应收款等往来项目的明细余额，调查有无同时挂账的项目，对于同时挂账的应进行调整。

（五）对于收账款，应结合应收账款等往来项目的明细余额，调查有无同时挂账的项目，对于同时挂账的应进行调整。

（六）检查应付账款、其他应付款、预收账款等长期挂账的原因，注意是否可能无须支付。

债务检查与清理管理制度	
编制部门：	发布日期：

（七）对于已偿付的款项，追查至银行对账单、银行付款单据和其他原始凭证，检查是否存在错列的情况。

（八）逐项检查预计负债项目形成的原始凭证，了解预计负债的形成原因，检查预列负债依据是否充足及金额是否准确。

（九）对于存在约定利息事项的长期应付款，检查各项长期应付款本息的计算是否准确。

（十）结合固定资产、存货采购等项目，检查是否存在未入账的债务。

第五条　债务检查处理。

通过上述检查程序，应对期末债务进行如下处理。

（一）对于真实存在、确实需要支付的债务，获取相关原始凭证作为依据，并编制明细清册。

（二）对于债务的形成缺少相关依据支撑的，于报告中单独列出并进行说明。

（三）对于账务处理错误，比如债权人名称错记、金额有误的，按审定的单位及金额进行调整。

第六条　检查成果处理。

根据检查结果，形成债务检查专项报告。对于审定的期末债务，以表格的形式逐项列出，包括债权人单位名称、债权性质、应付金额、形成时间、形成成果。对于债权关系不明确或不真实、依据不充分的，单独标注列明。

第三章　债务清理

第七条　债务清理范围。

债务清理范围是指截至＿＿＿＿年＿＿月＿＿日尚未清偿完毕的债务。

第八条　债务清理工作分工。

由单位领导班子统一领导、债务清理工作小组组织协调、部门单位各负其责。

（一）各债务部门承担本单位债务数据的填报、对账、上报、数据备份及资料备查等工作。

债务检查与清理管理制度

编制部门：	发布日期：

（二）各主管部门承担部门本级债务清理核实工作，并对债务部门上报的存量债务清理结果进行审核，在此基础上，汇总本部门存量债务清理核实结果，报工作小组审核。

（三）债务清理工作小组要指导、督促各债务部门做好债权债务对账工作，审查债务数据的完整性、真实性、准确性，并对存在争议的债务数据进行重点检查。

第九条　填报政府性债务。

（一）单位基本情况。包括自身收入、资产负债以及财政补助等情况。

（二）政府性债务情况。包括政府性债务余额、举债来源、资金用途、偿债来源、偿债计划及逾期情况等。

（三）项目情况。包括使用政府性债务资金的项目性质、开工及竣工时间、项目计划总投资、已到位资金及后续资金缺口、项目收益及运营成本、形成的资产等。

第十条　债权债务对账。

债务部门应将清理后的债务数据与债权人或相关单位逐笔核对确认。债权债务对账结果需经双方签章确认，涉及担保的担保人也要签章确认。

第十一条　结果确认。

各部门、各单位负责人对本部门、本单位债务清理结果签字负责。

第四章　附　则

第十二条　本制度由财务部门负责制定、修改和解释。

第十三条　本制度自＿＿＿＿年＿＿月＿＿日起施行。

第 9 章

行政事业单位内部控制规范——政府采购

第 1 节 政府采购控制的内容与目的

9.1.1 政府采购控制的内容

政府采购是行政事业单位使用财政性资金和与之配套的单位自筹资金，采购集中采购目录以内的或者采购限额标准以上的货物、工程和服务的行为。行政事业单位在实施政府采购过程中应加强对以下内容的控制，详情如图 9-1 所示。

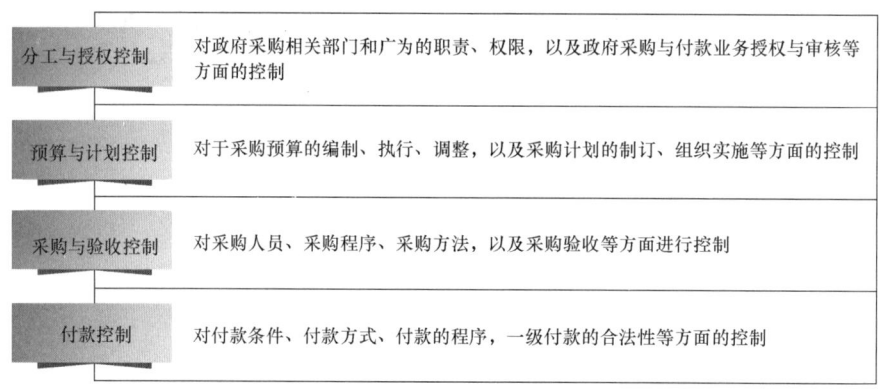

图 9-1 政府采购控制的内容

9.1.2 政府采购控制的目的

政府采购控制是行政事业单位内部控制的一项重要内容。政府进行采购内部控制的目的主要有以下四点，详情如图 9-2 所示。

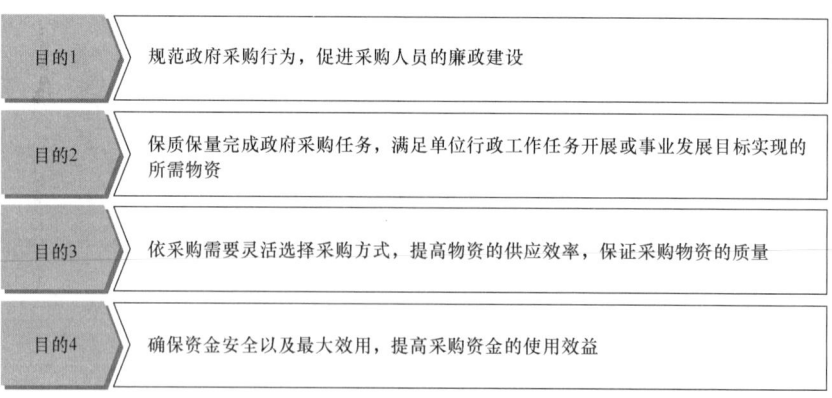

图 9-2 政府采购控制的目的

第 2 节　政府采购岗位责任与授权批准制度

9.2.1　政府集中采购之岗位责任制度

政府集中采购之岗位责任制度
编制部门：　　　　　　　　　发布日期：

第一章　总　则

第一条　为明确政府采购部门和岗位的职责、权限，确保政府集中采购业务的不相容部门岗位相分离、制约和监督，依据《中华人民共和国政府采购法》等法律法规，结合本单位实际，制定本制度。

第二条　本制度适用于政府集中采购岗位责任划分。部门集中采购与自行采购岗位责任划分不适用本制度。

第二章　岗位责任划分

第三条　采购中心负责人职责。
（一）负责采购中心相关采购管理制度的审批。
（二）负责组织实施政府集中采购目录中采购项目的采购活动，并督促合同履约。
（三）协调相关部门共同规避采购风险，提高采购效率和质量，提高财政性资金使用效益。
（四）审定项目采购方案、招标等采购文件、评标及定标办法，审核供应商资质。
（五）签发中标通知书、采购合同、资金支付申请书、履约保证金退还申请单等中心有关采购业务文件。

第四条　采购中心综合管理部负责人职责。
（一）组织制定本部门年度采购工作目标。
（二）组织编制采购中心部门预算，经主管部门审批后执行。
（三）对采购过程中的采购计划、委托协议签订、采购公告信息发布、采购合同签署发

政府集中采购之岗位责任制度

编制部门：	发布日期：

票管理、资金结算等事项提出具体处理意见。

（四）负责采购项目技术参数的初步审核工作。

（五）负责预算额度在____万元以上的采购项目归档文件的审核。

（六）负责采购中心贯彻执行上级部门关于招标采购有关技术性文件的解读。

第五条　采购中心综合部资金结算人员职责。

（一）办理政府采购项目的资金结算手续及采购业务的统计、分析、报送与评估工作。

（二）定期编报采购项目一览表、投标和履约保证金及标书收入明细表。

（三）负责政府采购转账通知书和发货票的登记和催办。

第六条　采购中心采购部负责人职责。

（一）负责与采购相关制度、文件、方案的编制，并监督其执行。

（二）组织部门工作人员做好供应商资格审查、谈判、招投会、评审会相关工作。

（三）负责与中标单位的合同签订与复审工作。

（四）负责非招标性采购的谈判、合同签订等工作。

（五）负责检查、监督供应商的履约情况。

第七条　采购中心采购招标人员职责。

（一）负责采购项目的审核、确认、前期论证、调研等相关工作。

（二）按照采购项目的技术复杂程度和采购预算规模，提出拟聘请专家的领域、职称、人数意见，经部门负责人同意后履行相关程序。

（三）负责主持采购项目开标会、评审会，对采购项目进行评审和和定标；撰写评标报告，填发中标（成交）通知书。

（四）负责商品信息库和供应商库的建立、更新、分类、管理、维护和应用工作。

（五）负责招标采购数据信息的收集记录统计分析整理工作，并报综合部。

（六）协调配合对采购项目质疑和投诉情况的调查处理和回访工作。

第八条　采购中心合同审核人员职责。

（一）根据中标、成交结果对采购合同实质性内容进行审核。

（二）根据有关法律法规对合同合法性进行审核。

第九条　采购中心履约验收人员职责。

政府集中采购之岗位责任制度

编制部门：	发布日期：

（一）按采购合同约定与采购人共同组织对供应商履约情况进行验收，保证采购项目质量、数量、规格、技术参数等指标符合合同规定，满足采购人要求。

（二）大型或复杂采购项目应邀请国家认可的验收机构或相关专家参加验收。

（三）负责填制政府采购验收报告单，确保验收报告单内容真实、准确、完整。

（四）定期编报待检待验采购项目一览表和验收项目运行表。

（五）协调配合对采购项目质疑和投诉情况的调查处理工作。

第十条 采购中心监审人员职责。

（一）负责政府采购业务进行全程监督。

（二）对采购过程中发现的问题进行反馈、通报，并提出工作建议。

第十一条 同级财政部门负责人职责。

（一）确定政府采购范围，统一编制政府采购预算。

（二）做好政府采购预算计划执行管理工作。

第十二条 采购部门人员职责。

（一）组织编制本单位采购预算草案和采购计划。

（二）参与检验采购物资的质量，以及合格供应商的选择评审。

第三章 附 则

第十三条 本制度由政府采购中心负责解释。

第十四条 本制度自_____年_____月_____日起施行。

9.2.2　部门集中采购之岗位责任制度

部门集中采购之岗位责任制度	
编制部门：	发布日期：

第一章　总　则

第一条　为明确采购岗位职责、权限，确保部门集中采购计划顺利完成，依据《中华人民共和国政府采购法》等法律法规，结合本单位实际，制定本制度。

第二条　部门集中采购权限范围内的项目，按本制度规定的岗位权限组织实施。

第二章　岗位职责划分

第三条　采购领导小组职责。

（一）负责审议本部门采购规章制度。

（二）组织审议采购工作组提出的采购方式、招标或采购原则等。

（三）组织审议部门集中采购工作的重大或争议事项。

第四条　采购工作组职责。

（一）提出项目采购方式的具体建议。

（二）提出入围供应商资格条件、评标方法、评标标准和废标条款的建议。

（三）提出组建评标委员会、谈判小组、询价小组的建议。

（四）编制招标、谈判、询价的文件。

（五）在授权范围内，签订委托代理协议及采购合同。

（六）定期向采购领导小组汇报采购结果，并对部门集中采购重大或争议事项提出处理建议。

第五条　评标委员职责（实行招标方式采购的，设立评标委员会）。

（一）依据相关文件规定，实施具体的评标工作，并提交评标报告或相关建议。

（二）负责推荐中标候选人或经授权确定的中标供应商。

第六条　谈判小组职责（实施竞争性谈判采购或单一来源采购的，设立谈判小组）。

（一）参加采购谈判工作。

（二）负责推荐成交供应商，提交谈判结果。

第七条　询价小组职责（采用询价方式采购的，设立询价小组）。

部门集中采购之岗位责任制度

编制部门：	发布日期：

（一）参加采购询价工作。

（二）负责推荐成交商，提交谈判结果。

第八条　计划财务处负责人职责。

（一）指导本部门工作人员审核、汇总上报年度采购预算及采购计划。

（二）负责向上级主管部门报送政府采购重大事项和统计报告等工作。

（三）组织做好部门集中采购财务监督与审计工作。

第九条　监察审计人员职责。

（一）负责对参与部门集中采购活动的部门、人员、采购实施情况等进行监督。

（二）负责对采购项目专家抽取、开标、评标等工作实施监督。

（三）负责对部门集中政府采购过程中的违法、违纪、违规行为提出处理建议。

第十条　信息中心负责人职责。

（一）提出产品技术要求和供应商资格建议，参与制定信息化项目招标、谈判、询价的文件。

（二）负责签订信息化项目采购合同。

（三）负责单位信息化采购项目的测试和验收工作。

第十一条　政策法规处负责人职责。

（一）参与编制招标文件、谈判文件和询价文件。

（二）负责对采购工作的全过程提供法律专业意见，对采购文件、采购合同等文书进行审查。

第十二条　采购项目使用部门负责人职责。

（一）参与编制采购文件。

（二）参与采购项目的验收，并办理固定资产入账登记手续。

第三章　附　则

第十三条　本制度由政府采购中心负责解释。

第十四条　本制度自＿＿＿＿年＿＿＿＿月＿＿＿＿日起施行。

9.2.3 自行采购之岗位责任制度

自行采购之岗位责任制度	
编制部门：	发布日期：

第一章 总 则

第一条 为明确单位采购业务相关部门和岗位的职责权限，确保办理采购业务的不相容岗位相互分离、制约和监督，依据《中华人民共和国政府采购法》等相关法律法规，结合本单位实际，制定本制度。

第二条 单位自行采购权限范围内的项目，按本制度规定的岗位权限组织实施。

第二章 岗位职责划分

第三条 单位负责人职责。

（一）审批单位采购规章制度和工作流程。

（二）审批采购预算、采购计划。

（三）审批采购订单和重要采购合同。

（四）审议批准合格供应商名单。

第四条 单位办公室负责人职责。

（一）组织制定本单位采购规章制度和工作流程。

（二）组织进行合格供应商的选择和评审工作。

（三）负责与中标、成交供应商签订采购合同。

（四）指导工作人员做好采购物资的验收工作，并出具验收证明。

（五）委托专业检测机构对重大采购项目进行验收。

（六）组织办理验收不合格采购物资的更换处理工作。

（七）采购物资验收合格后，提交提出采购付款申请。

第五条 采购人员职责。

（一）起草采购合同和编制采购订单。

（二）向供应商发放中标、成交通知书。

（三）实施采购，办理退货事宜。

自行采购之岗位责任制度

编制部门：	发布日期：

第六条　计划财务处负责人职责。

（一）审核采购合同及付款申请。

（二）参与供应商的评审工作。

（三）参与商定对供应商的付款条件。

第七条　出纳员职责。

（一）负责核对请购手续、采购订单或采购合同、验收证明、入库凭证、采购发票等文件和凭证。

（二）文件和凭证核对相符，按规定程序和方式支付货款。

第八条　记账员职责。

（一）核对原始单据，发现问题及时向部门主管领导汇报。

（二）负责原始单据的入账工作。

第九条　法制处负责人职责。

（一）负责对采购工作的全过程提供法律专业意见。

（二）审查采购人员编写的采购文件、采购合同等文书。

第十条　请购部门负责人职责。

（一）编制本部门采购预算和采购计划。

（二）推荐提供本部门所需物资的合格供应商。

（三）参与本部门所请购专用物资的验收工作。

第三章　附　则

第十一条　本制度由政府采购中心负责解释。

第十二条　本制度自_____年_____月_____日起施行。

9.2.4 政府采购授权审批制度

<table>
<tr><td colspan="2" align="center">政府采购授权审批制度</td></tr>
<tr><td>编制部门：</td><td>发布日期：</td></tr>
</table>

第一章 总 则

第一条 为明确审批人对采购与付款业务的授权批准方式、权限、程序、责任和相关控制措施，规定经办人办理采购与付款业务的职权范围和工作要求，依据《中华人民共和国政府采购法》等相关法律法规，结合本单位实际，制定本制度。

第二条 采购业务中审批人应当在授权范围内进行审批，不得超越审批权限。

第二章 政府集中采购授权审批

第三条 请购。

（一）计划财务处编制下一年度部门预算时，将该财政年度政府采购项目及资金预算在政府采购预算表中单列，经主管部门审核，财政部门批复后执行。

（二）计划财务处在收到财政部门下达部门预算起____个工作日内，编制政府集中采购实施计划，报送财政部门备案，并将政府集中采购实施计划抄送采购机构实施。

第四条 采购。

（一）单位与集中采购机构在集中采购开始前应签订委托代理协议，明确委托的事项、双方的权利与义务；集中采购机构在协议约定权利范围内开展采购活动。

（二）委托事项范围外的相关工作，由本单位相关部门负责。

第五条 付款：采购项目验收合格后，由集中采购机构编制政府集中采购用款申请，经采购监督管理部门审核后，由国库集中支付中心直接支付给供应商。

第三章 部门集中采购授权审批

第六条 采购。

（一）计划财务处根据主管部门要求，编制本单位部门集中采购实施计划报主管部门，主管部门审核汇总后，制定具体操作方案。

（二）单位主管领导在中标、成交通知书发出_____日内，与中标、成交供应商签订采

政府采购授权审批制度

编制部门：	发布日期：

购合同，主管部门组织采购合同履行及验收工作。

第七条 付款：采购项目验收合格后，由主管部门提出资金支付申请，经采购监督管理部门审核后，由国库集中支付中心直接支付给供应商。

第四章 自行采购授权审批

第八条 采购。

（一）采购计划范围内金额在_____万元以下的采购合同，由单位办公室负责人与中标、成交供应商签订。

（二）采购计划范围内金额在_____万元以上的采购合同，由单位主管领导与中标、成交供应商签订。

（三）在签订采购合同之日起_____个工作日内，将合同副本报财政部门备案。

第九条 验收。

（一）单位办公室依据事先规定的标准和要求，对履约情况进行验收，重大采购项目应委托国家专业检测机构办理验收事务。

（二）自行采购物资发生重大质量问题，由单位办公室召开问题解决会议，邀请相关部门和专家参加，制定问题解决方案后，经单位主管负责人审批后进行处理。

第十条 付款：采购项目验收合格后，由付款经办人持采购验收单、付款通知单及相关证明材料，到计划财务处办理款项支付手续；计划财务处对材料进行认真核对后，通过单位在财政集中支付中心的单位基本账户，向供应商支付货款。

第五章 附 则

第十一条 本制度未尽事宜，依照国家相关规定执行。

第十二条 本制度由单位办公室负责解释。

第十三条 本制度自_____年_____月_____日起施行。

第3节 政府采购预算与计划内部控制规范

9.3.1 政府采购预算管理办法

政府采购预算管理办法	
编制部门：	发布日期：

第一章 总 则

第一条 为加强采购预算管理，规范政府采购预算的编制、审核、执行，从源头预防和治理腐败，依据《中华人民共和国政府采购法》及相关法律法规，结合本单位实际，制定本办法。

第二条 单位使用财政性资金，采购依法确定的集中采购目录以内或者采购限额标准以上的货物、工程和服务，适用于本办法。

第二章 政府采购预算的编制与审核

第三条 采购预算应根据政府集中采购目录和限额标准，按部门预算编制格式和口径编制。

第四条 政府采购预算编制至少应包含以下5项主要内容。

（一）采购项目。

（二）预计实施政府采购项目的时间。

（三）采购货物、服务及工程的具体名称。

（四）采购的数量金额。

（五）采购项目的资金来源。

第五条 计划财务处应严格按照财政部门编制年度预算的要求及核定的年度收支预算确定采购预算，不得编制无资金来源的采购预算；同时，要遵循国家和同级政府有关部门规定的货物、工程和服务配备规定或标准确定采购规模、规格型号等，不得超规定和标准编制采购预算。

政府采购预算管理办法

编制部门：	发布日期：

第六条 政府采购应按隶属关系报送上级预算管理单位，经上级单位初审、汇总后，报财政部门审核，经同级人民政府、同级人大审批后下达执行。

第三章 政府采购预算的执行

第七条 计划财务处根据主管部门批复的年度政府采购预算，按季度编制单位政府采购执行计划，经财政部门审核后执行。

第八条 计划财务处应在本季度最后一月____日前，向财政部门报送单位下一季度已确定要购置且采购资金已经落实的采购项目；按规定应办理报批手续的采购项目，应办理报批手续，并将批件报送采购部门。

第九条 政府采购季度执行计划报送财政部门后需要追加采购计划的，应由计划财务处按规定程序报送追加政府采购预算，经财政部门批准后，交采购代理机构办理采购工作。

第十条 政府采购季度执行计划报送后，如遇特殊情况需对采购项目进行调整的，应由计划财务处编制政府采购执行计划调整报告，详细说明调整原因和调整项目，报送财政部门审批。

第十一条 单位政府采购预算原则上应在当年执行完毕，年度未执行的及未执行完的政府采购预算，财政拨款（补助）资金、纳入国库管理资金指标由财政收回。确需结转下年度使用的，需报经财政部门批准。

第四章 监督管理

第十二条 单位指派专人负责与财政部门、采购代理机构及有关部门的协调与衔接，认真做好本单位政府采购工作。

第十三条 建立和完善单位内部管理制度，保证按规定编制政府采购预算，并严格执行。

第十四条 单位主管领导、计划财务处、审计监察室等部门应做好监督检查工作，对违反本办法的直接责任主管人员和其他直接责任人，按违反财经纪律的相关规定进行处理。

第五章 附　则

第十五条 本办法未尽事宜，依照国家相关规定执行。

第十六条 本办法由计划财务处负责解释。

第十七条 本办法自公布之日起施行。

9.3.2　政府采购计划编制报审办法

政府采购计划编制报审办法	
编制部门：	发布日期：

第一条　目的。

为确保政府采购预算的有效执行，合理安排采购计划，保证采购计划符合政府集中采购目录及限额标准等相关法律法规，保证采购所需资金的及时到位，特制定本办法。

第二条　政府采购计划的界定。

政府采购计划是指单位依据政府采购预算，按采购目录或采购品目汇编的反映本单位需求情况及实施要求的计划。政府采购计划是本单位政府采购预算的具体实施方案。

第三条　政府采购计划编报范围。

本单位凡是按照《政府采购法》《招标投标法》及政府采购有关规定，使用各种资金采购纳入政府集中采购目录、本单位部门集中采购目录以及达到单位分散采购限额标准（单项或批量采购××万元以上的货物和服务项目、××万元以上的工程项目）的货物、工程、服务项目，都应当纳入政府采购计划的编报范围。

第四条　政府采购计划编制的依据。

政府采购承办部门应按照本年度财政部门批复的政府采购预算按月编制政府采购计划，作为年度内政府采购预算的具体执行文件。在本年度预算未下达之前已申请的采购项目应根据上述第三条要求补编补报相关的政府采购计划。

第五条　政府采购计划的主要内容。

政府采购计划的内容主要包括但不限于以下条目：采购项目、资金来源、采购数量及技术规格、采购组织方式（集中采购或分散采购）、采购方式（公开招标、邀请招标、竞争性谈判、询价采购、单一来源采购）、资金支付方式（国库直接支付、采购单位支付）以及其他需在计划书中载明的事项。

第六条　政府采购计划的分类。

根据本年度政府集中采购目录分类要求，本单位将政府采购年度计划表和政府采购季度计划表分为"政府集中采购计划表""部门集中采购计划表""分散采购计划表"及"协议采购计划表"四大类。其中，年度政府采购计划书的样表如下表所示。

政府采购计划编制报审办法

编制部门：	发布日期：

年度政府采购计划书

下达单位：　　　　　　　　　　　　　　　　　　　年　月　日

项目名称	预算类型		预算控制数	采购方式			资金支付方式			采购代理机构		采购计划编号	第一联 采购单位	第二联 政府采购管理机构	第三联 采购代理机构
	年初预算	追加预算		公开招标	协议供货	其他方式	国库集中支付	国库政府采购专户支付	自行支付	集中采购机构	集中采购机构或有资质的采购代理机构				

政府采购管理机构（公章）：　　　　负责人：　　　　经办人：

第七条　政府采购计划的报审时间要求。

单位应按年度及季度计划表填报的时间开展采购活动，政府采购项目于每年10月底前截止申报，当年未申报"政府采购申请表"的项目采购指标将被收回。

（一）年度政府采购计划书于本年度3月15日前报送财政部门相关业务科室。

（二）季度政府采购计划表须于每季度最后一个月的20日前报送下一季度的季度采购计划（第一季度采购计划报送时间为本年度3月15日前）。财政部门相关业务科室一般会在当月30日前完成计划审批工作，并根据季度采购计划批复办理指标调整。

第八条　政府采购计划的报审程序。

（一）本单位在收到财政部门相关业务科室政府采购计划批复且在财政业务系统申报采购后，方可报送书面的"政府采购申请表"，采购申请报送时间以系统报送时间为准。报送申请表时，须将采购计划表及办公设备的购置批复（复印件）附后。

政府采购计划编制报审办法
编制部门：　　　　　　　　　　　发布日期：

　　（二）政府采购限额标准以上的项目，本单位报送政府采购申请表时，必须严格按照政府采购计划填报，并附上申报采购项目对应的采购计划表（复印件）。否则，不能开展该项目的政府采购工作。

　　（三）本单位签订的政府采购项目的采购合同副本，须于签订之日起＿＿个工作日内，报上级政府采购监督管理部门备案。

　　第九条　本办法由计划财务处负责编制与解释，本办法自＿＿＿＿年＿＿月＿＿日起施行。

9.3.3　政府采购预算追加调整办法

政府采购预算追加调整办法
编制部门：　　　　　　　　　　　发布日期：

第一条　为规范单位采购预算的追加调整，提高采购工作质量和效率，依据《中华人民共和国政府采购法》等相关法律法规，结合本单位实际，制定本办法。

第二条　采购预算追加调整范围。

（一）单位使用部门预算采购纳入集中采购目录以及达到分散采购限额标准的货物、工程、服务项目，且属于部门预算漏报的，应纳入政府采购预算追加范围。

（二）纳入政府采购预算范围内，遇特殊情况需进行采购调整的货物、工程、服务项目，应纳入政府采购预算调整范围。

第三条　政府采购预算追加调整程序。

（一）提交政府采购预算追加表或者调整表，如实填写追加（或调整）明细、单位资料、资金来源，并加盖单位公章后报主管部门。

（二）主管部门审核同意后，编制政府采购预算追加（调整）申报汇总表，报财政部门审批。

（三）财政部门对采购预算追加（调整）进行批复，报实施采购部门备案。

（四）采购实施部门按照采购预算追加（调整）批复，实施政府采购。

第四条　政府采购项目预算需追加或调整时，应提前_____月向主管单位申报政府采购预算追加调整；如果采购金额在_____万元以上，需公开招标的政府采购项目，应提前_____月向主管部门申报预算追加调整。

第五条　单位必须严格根据财政部门核定（批准）的各项目经费预算进行政府采购预算追加（调整）申报，不得超预算编报政府采购预算追加。

第六条　本办法未尽事宜，依照国家相关规定执行。

第七条　本办法由计划财务处负责解释。

第八条　本办法自公布之日起施行。

第4节 政府采购活动执行过程内部控制规范

9.4.1 政府采购代理机构选择管理办法

政府采购代理机构选择管理办法	
编制部门：	发布日期：

第一条 目的。

为规范本单位的政府采购行为，明确单位对政府采购代理机构选择的要求，加强本单位对政府采购代理机构事中事后的监督管理，根据《中华人民共和国政府采购法》《财政部关于做好政府采购代理机构资格认定行政许可取消后相关政策衔接工作的通知》（财库〔2014〕122号）等法律法规，特制定本办法。

第二条 适用范围。

本办法主要适用于与本单位合作的所有代理机构的选择确定工作。

第三条 政府采购代理机构的界定。

政府采购代理机构是指依财政部门的要求在中国政府采购网（www.ccgp.gov.cn）或其工商注册所在地政府采购省级分网站（相关网址可在中国政府采购网上查询）进行网上登记后，依法接受本单位的委托，从事政府采购货物、工程和服务采购代理业务的社会中介机构。

第四条 政府采购代理机构类型的选择。

对于本单位不能独立实施采购的项目，承办部门可根据采购项目的特殊性和实际需要，从政府集中采购机构和政府采购代理中介机构两类机构中选择。

（一）政府集中采购代理机构。

集中采购代理机构是经政府批准成立的非营利性机构。选择此类机构时，单位可以获得低于市场平均价格的采购价格、比较高的采购效率、优良的采购质量和采购服务等。

1. 对于已经被国家纳入集中采购目录的采购项目，单位采购承办部门必须委托集中采购代理机构来实施采购。

政府采购代理机构选择管理办法

编制部门：	发布日期：

2. 对于未纳入集中采购目录的项目，承办部门可以自行采购，也可以委托集中采购代理机构在委托的范围内代理采购。

（二）采购代理中介机构。

未纳入大宗货物集中采购范围的项目，承办部门需按照采购项目的性质和特点，委托与项目要求相适应的代理机构代理采购。

第五条　政府采购代理机构的确定方式。

本单位政府采购代理机构的确定，主要可采用下列两种方式进行。

（一）若单位委托采购的项目属于国家、省、市重点项目或采购金额巨大项目的，应当采取公开招标的方式确定中标的政府采购代理机构，并报上级主管单位审定。

（二）本单位采购承办部门从已经在中国政府采购网或其工商注册所在地政府采购省级分网站完成网上登记的政府采购代理机构名单中选择，即从"政府采购代理机构"专栏"政府采购代理机构名单"中，查找代理机构的业务范围、服务性质、工作经验等方面的信息，对备选机构按专业分组，形成货物、服务和工程类采购代理中介机构的备选库，报上级主管单位审定。

第六条　与代理机构签订委托代理协议。

无论是委托集中采购机构还是代理中介机构办理采购事宜，单位的承办部门均需要与机构业务负责人签订委托代理协议，依法确定委托代理的采购项目，约定双方的权利、义务，明确采购项目、采购数量、采购金额、采购时限和采购方式等内容。

第七条　委托代理采购的实施过程。

（一）本单位的采购承办部门通过政府采购信息管理系统填报政府采购预算执行表，根据项目要求自行选择符合条件的代理机构。

（二）预算执行表提交、流转至上级主管单位的采购办，审核该项目代理机构选择是否合规，按程序完成备案。

（三）采购代理机构确定后，单位采购承办部门凭预算执行表委托代理机构，统一进入政府指定的政府采购交易区组织政府采购代理业务。

第八条　本办法由单位计划财务处负责制定与解释，自_____年___月___日起施行。

9.4.2 政府采购验收管理制度

政府采购验收管理制度	
编制部门：	发布日期：

第一章 总 则

第一条 为了完善采购验收程序，杜绝不合格产品入库，保证采购产品的质量，依据《中华人民共和国政府采购法》等法律法规，结合本单位工作实施，制定本制度。

第二条 本单位使用财政预算内、外资金及自筹资金自行采购的，纳入政府采购范围的货物、工程和服务的验收均适用本制度。

第二章 采购验收管理

第三条 采购验收组织。

（一）一般采购项目由资产管理处成立3人以上验收小组，按照技术合同、验收标准等对货物、工程和服务等项目进行自行验收。

（二）专项采购项目则应由单位办公室、资产管理处、审计检查室、计划财务处、使用部门及有关专家等共同参加，根据采购合同、检测标准、验收标准等进行验收。

（三）重大采购项目验收可委托专业检测机构办理验收事项。

第四条 采购验收的时间要求。

（一）采购单价在_____万元以下的货物采取随时到货，随时验收的方式进行；_____万元以下的工程项目应在完工后_____日内完成验收；_____万元以下的服务项目应在_____日内完成验收。

（二）采购单价在_____万元以上的货物应在到货_____日内完成验收；_____万元以上的工程项目应在完工后_____日内完成验收；_____万元以上的服务项目应在_____日内完成验收。

第五条 采购验收程序。

（一）由验收人员对采购的货物、工程和服务进行验收。

（二）编写验收报告，由采购人员、验收负责人、单位主管负责人签名，一式三份，分别提交单位办公室、计划财务处、使用部门。

政府采购验收管理制度

编制部门：	发布日期：

第六条 采购验收结果处理。

（一）验收合格的采购项目，单位办公室相关工作人员对采购项目进行登记入库，计划财务处按合同规定予以报销或支付采购款项。

（二）验收不合格的采购项目，验收人员应在验收报告上注明不合格原因，经单位办公室核实后，要求供应商或承包商进行退货或整改；供应商或承包商对验收结论有异议的，可提出复议，并聘请国家有关专业检测机构进行检测。

（三）对于已付款但在保修期间或保质期出现质量问题的采购项目，由采购人员负责联系维修或赔偿事项，索取收入全部上缴计划财务处，并注明赔偿项目及赔偿原因。

第三章 法律责任

第七条 验收过程中发现与合同不符、擅自调换、以次充好等问题，属供应商原因造成的，应及时报资产管理处并追究其法律责任。

第八条 参与采购验收的部门和人员尚不构成犯罪的，处以罚款，有违法所得的，并处没收违法所得，属于国家机关工作人员的，依法给予行政处分；有下列情形之一，构成犯罪的，依法追究刑事责任：

（一）与供应商恶意串通的；

（二）接受供应商贿赂或者获取其他不正当利益的；

（三）在相关部门监督检查中提供虚假情况的；

（四）其他违反采购验收规定的行为。

第四章 附　则

第九条 本制度未尽事宜，依据国家相关规定执行。

第十条 本制度由单位办公室负责解释。

第十一条 本制度自＿＿＿＿年＿＿＿＿月＿＿＿＿日起施行。

9.4.3　政府采购付款管理制度

政府采购付款管理制度	
编制部门：	发布日期：

第一条　为进一步规范政府采购资金支付管理，保证财政资金安全和及时足额支付，依据《中华人民共和国政府采购法》等相关法律法规，结合本单位工作实际，制定本制度。

第二条　本制度适用于符合政府采购范围、纳入政府采购计划，并通过单位开户银行或财政集中支付中心的基本账户自行支付的政府采购。

第三条　采购付款程序。

（一）付款经办人持申请到采购合同签订部门，由采购合同签订部门依据合同原件中的付款条件，填制付款通知单明确付款进度、金额；填写完成后交单位办公室。

（二）单位办公室根据合同原件与付款通知单进行核对，并对一次性填制的付款进度、金额是否与合同相符审核签字，并加盖公章确认。

（三）付款经办人持已办理好的付款通知单及付款所需证明材料到计划财务处办理款项支付手续。

（四）最后一次结算款支付，需经主管部门办理采购验收、填制验收单，并经单位主管领导审批签字后；由付款经办人持采购验收单、付款通知单及相关证明材料办理款项结算手续。

（五）会计人员收回付款通知单，送单位办公室留存。

第四条　单位财务部门在办理付款业务时，应当对采购合同约定的付款条件、采购发票、检验报告、验收证明等相关资料的真实性、完整性和合法性进行严格审核。

第五条　采购付款原则上应通过银行支票转账或汇款方式进行结算，如特殊情况确需使用现金支付的，应经主管部门审批同意。

第六条　在采购支付管理过程中，任何部门和个人利用职权，转移、挪用、挤占政府采购资金的，必须如数追回，并依法追究相关责任人的法律责任。

第七条　本制度由计划财务处负责解释。

第八条　本制度自＿＿＿＿年＿＿＿＿月＿＿＿＿日起施行。

9.4.4 政府采购业务记录与公告细则

政府采购业务记录与公告细则	
编制部门：	发布日期：

第一条　目的。

为加强本单位政府采购业务的规范性，严格执行《中华人民共和国政府采购法》及《行政事业单位内部控制规范（试行）》的有关规定，确保单位能够及时、全面、准确地记录采购业务，提升政府采购工作的透明度，特制定本细则。

第二条　适用范围。

本细则适用于在政府采购活动开展过程中所产生的全部业务记录，包括但不限于：政府采购项目详细说明文件、政府采购预算与计划、各类批复文件、招标文件、投标文件、评标文件、合同文本、验收证明、其他招标以外的采购方式的说明文件等资料。

第三条　不能予以公告的采购业务记录及信息。

单位应根据政府采购业务记录的内容和性质，来界定这些信息的密级、公告的范围、公告的内容等。对于涉及国家机密、供应商商业秘密，以及法律、行政法规规定应予保密的政府采购信息，单位应将其排除在公告范围之外。

第四条　应予以公告的采购业务记录及信息

本单位下列7个方面的政府采购业务记录及相关信息，单位需在政府指定的媒介和渠道予以公布。

（一）本单位采购活动所依据的政府采购法律法规、规章和其他规范性文件。

（二）本单位的集中采购目录、采购限额标准和公开招标的数额标准。

（三）政府采购招标业务代理机构的备选名录。

（四）招标投标信息，包括公开招标公告、邀请招标资格预审公告、中标公告、废标原因、开标结果、采购信息更正事项、投诉处理决定公告等。

（五）本单位及上级主管单位受理政府采购投诉的联系方式及投诉处理决定，对集中采购机构的考核结果。

（六）采购代理机构、供应商不良行业记录名单。

（七）法律法规和规章规定应当公告的其他信息。

政府采购业务记录与公告细则

编制部门：	发布日期：

第五条 在需要公告的招投标业务记录及相关信息中，公开招标公告应包含下列6项内容。

（一）本单位与采购代理机构的名称、地址和联系方式。

（二）本单位招标项目的名称、用途、数量、简要技术要求或招标项目的性质。

（三）供应商资格要求。

（四）获取招标文件的时间、地点、方式及招标文件的售价等。

（五）投标文件的要求、截止时间、开标程序、开标时间及地点。

（六）本单位采购项目的主要联系人职务、姓名、电话等信息。

第六条 在需要公告的招投标业务记录及相关信息中，中标公告除包括上述第五条（一）（二）（六）外，还包含下列5项内容。

（一）招标公告的日期。

（二）定标日期，需注明招标文件编号。

（三）中标供应商的名称、地址和中标金额、合同履行日期。

（四）评标委员会成员名单。

（五）本单位采购项目的主要联系人职务、姓名、电话等信息。

第七条 在需要公告的招投标业务记录及相关信息中，采购信息更正事项除包括上述第五条（一）（六）外，还包括下列2项内容。

（一）原公告的采购项目名称及首次公告的日期。

（二）更正事项、更正的内容及更正日期。

第八条 在需要公告的招投标业务记录及相关信息中，投诉处理决定公告包括下列内容：本单位与采购代理机构的名称、采购项目名称及采购日期、投诉人名称及投诉具体事项、投诉处理机关的名称、处理决定的主要内容等。

第九条 本单位采购业务经办部门及人员需定期对政府采购业务信息进行分类统计，并在内部进行通报。同时，应当以传真、电子邮件等方式将信息提供给指定发布媒体，以确保信息的权威性、方便性、公益性。

第十条 本细则由单位采购综合办负责制定和解释工作，自＿＿＿＿年＿＿月＿＿日起施行。

9.4.5 政府采购项目安全保密管理办法

政府采购项目安全保密管理办法	
编制部门：	发布日期：

第一章 总　则

第一条　为规范本单位所有采购人员在采购项目中的行为，正确处理项目信息公开与保密的关系，确保本单位政府采购项目的保密安全，根据《中华人民共和国保守国家秘密法》、国家保密局关于"国家秘密及其密级具体范围的规定"、《行政事业单位内部控制规范（试行）》等法律规章的规定，特制定本办法。

第二条　本办法适用于政府采购涉密项目的申报、审查及保密管理工作。

第三条　本办法所说的政府采购涉密项目主要是指那些涉及国家机密、供应商商业秘密，以及法律、行政法规规定应予以保密的政府采购项目。

第二章　政府采购涉密项目的论证与审查

第四条　在实施采购项目前，单位应统一组织评审专家论证该项目是否属于涉密采购，并给出所属密级的界定。

第五条　对于绝密级、机密级、秘密级采购项目，单位应当报请同级的国家保密局进行申报、审查。

（一）申报时所需提交的材料包括但不限于：单位填写的书面申请函和政府涉密采购项目申报表及涉密采购项目清单、采购项目文件资料、单位保密组织对涉密采购项目的审查意见等相关材料。

（二）申报审查的程序。

1. 单位提出申请采购的书面申请函，填写政府涉密采购项目申报表和涉密采购项目清单。

2. 单位将上述资料提交同级的国家保密局，方便后者对申报材料进行审查，必要时需做好保密局工作人员到现场审查的准备。

3. 同级的国家保密局给出批复意见。如不符合有关规定的，单位应予以说明或按要求补充有关资料。

政府采购项目安全保密管理办法

编制部门:	发布日期:

第六条 对于政府采购业务中产生的工作秘密,单位应组织安全保密管理小组进行安全保密的审查。

第三章 政府采购涉密项目的保密措施

第七条 对于涉密的政府采购项目,单位应当与供应商或采购代理机构签订保密协议或者在采购供应合同中设定保密条款。单位还应对保密协议或保密条款的执行情况定期予以监督。

第八条 参与涉密项目的各方人员必须对所有文件资料进行妥善保管,或交还给单位或项目的采购代理机构,不得丢失,更不得向第三方提供。

第九条 在涉密项目采购实施期间,单位应掌握本方及对方工作人员资质,对参加本项目的工作人员登记造册。保证发生泄密情况后,能查找相关的工作人员和泄密原因的原始资料、线索和证据,能顺利开展调查工作。

第十条 在涉密项目的招标、评标、定标过程中,需遵守下列三条保密规定。

(一)除经授权的相关工作人员外,其他人无权查看有关标书等的任何信息,所有与招标采购工作相关的人员不得私自向非授权人员透漏招投标信息。

(二)招标过程中,所有与招标采购工作相关的人员不得引导投标单位如何中标。

(三)定标过程中,所有与招标采购工作相关的人员不得向他人透漏意向定标供应商等任何定标信息。

第十一条 针对涉密项目组人员、采购职能人员的岗位工作,单位应加强定期保密检查与考核。原则上每年不少于两次,检查中发现的问题应及时指导、指正,并落实整改措施。

第四章 附 则

第十二条 本办法由本单位采购处负责解释。

第十三条 本办法自_____年___月___日起施行。

9.4.6 政府采购备案审批监督检查办法

政府采购备案审批监督检查办法	
编制部门：	发布日期：

第一章 总 则

第一条 为顺利开展本单位政府采购的备案工作，接受上级主管机构的监督检查，确保政府采购业务合法合规，采购资金高效使用，根据《中华人民共和国政府采购法》《行政事业单位内部控制规范（试行）》等有关规定，特制定本办法。

第二条 本办法适用于本单位政府采购项目的备案、审批、监督检查工作。

第二章 政府采购项目的备案和审批管理

第三条 政府采购备案和审批管理，是指本单位上级主管机关对本单位按规定以文件形式报送备案、审批的有关政府采购文件或采购活动事项，依法予以备案或审批的管理行为。

第四条 下列事项应当报上级主管机关备案。

（一）本单位制定的本系统政府采购管理制度、实施办法、操作规程。

（二）经上级主管机关批准，采用公开招标以外采购方式的执行情况。

（三）公开招标数额标准以下、采购限额标准以上的项目实行单一来源采购情况。

（四）按规定需要备案的项目评标委员会、谈判小组、询价小组的组成情况。

（五）上级主管机关规定的其他需要备案的事项。

第五条 下列事项应当逐级上报主管机关进行审批。

（一）因特殊情况对达到公开招标数额标准的采购项目需要采用公开招标以外的采购方式的。

（二）因特殊情况需要采购非本国货物、服务或工程的。

（三）需要审批的授权采购。

（四）上级主管机关规定的其他需要审批的事项。

第三章 政府采购项目及活动的监督检查

第六条 本单位的上级主管机关是单位政府采购项目及活动的监督管理部门，有权按规定的权限对单位的政府采购活动依法履行监督检查的职责。

政府采购备案审批监督检查办法	
编制部门：	发布日期：

第七条 本单位的下列政府采购活动，均应该接受并配合上级主管机关的监督检查。

（一）本单位对政府采购有关法律、法规、制度、政策的执行情况。

（二）政府集中采购目录、本单位所属系统"部门集中采购目录"、分散采购项目和限额的执行情况。

（三）本单位对政府采购预算的执行情况。

（四）本单位政府采购组织机构、岗位责任制度落实情况。

（五）本单位政府采购制度建设情况。

（六）本单位政府采购实施计划的编制情况。

（七）本单位政府采购信息的发布情况。

（八）本单位对供应商质疑的处理情况。

（九）本单位政府采购合同的执行情况。

（十）政府采购备案或审批事项的落实情况、上级主管机关授权事项的落实情况。

（十一）上级主管机关规定的其他事项。

第八条 本单位参与政府采购项目的工作人员，应当主动接受上级主管机关、审计机关、监察机关等的监督检查，如实反映情况，并提供有关材料。

第四章 政府采购相关责任追究

第九条 本单位采购承办等相关部门或委托的采购代理机构有下列情形之一的，责令限期改正，给予警告，并处罚款，对直接负责的主管人员和其他直接责任人员，并接受行政主管部门或者有关机关的处分，并予通报。

（一）应当采用公开招标方式而擅自采用其他方式采购的。

（二）擅自提高采购标准的。

（三）委托不具备政府采购业务代理资格的机构办理采购事务的。

（四）以不合理的条件对供应商实行差别待遇或者歧视待遇的。

（五）在招标采购过程中与投标人进行协商谈判的。

（六）中标、成交通知书发出后不与中标、成交供应商签订采购合同的。

（七）拒绝有关部门依法实施监督检查的。

政府采购备案审批监督检查办法

编制部门:	发布日期:

第十条　本单位采购承办等相关部门、采购代理机构隐匿、销毁应当保存的采购文件或者伪造、变造采购文件的,由政府采购监督管理部门依法给予罚款或处分;构成犯罪的,依法追究刑事责任。

第十一条　供应商有下列情形之一的,处以采购金额5‰~10‰的罚款,并列入不良行为记录名单,在1~3年内禁止参加政府采购活动;有违法所得的,并处没收违法所得;情节严重的,由工商行政管理机关吊销营业执照;构成犯罪的,依法追究刑事责任。

（一）提供虚假材料谋取中标、成交的。

（二）采取不正当手段诋毁、排挤其他供应商的。

（三）与本单位内部人员、其他供应商或者采购代理机构恶意串通的。

（四）向本单位相关人员、采购代理机构行贿或者提供其他不正当利益的。

（五）在招标采购过程中与本单位进行协商谈判、不按照招标文件和中标供应商的投标文件订立合同,或者与本单位另订立背离合同实质性内容的协议的。

（六）拒绝有关部门监督检查或者提供虚假情况的。

第十二条　中标供应商有下列情形之一的,本单位或委托的采购代理机构不予退还其交纳的投标保证金;情节严重的,由政府采购主管机关将其列入不良行为记录名单,在1~3年内禁止参加政府采购活动,并予以通报。

（一）中标后无正当理由不与采购人或者采购代理机构签订合同的。

（二）将中标项目转让给他人,或者在投标文件中未说明,且未经采购招标机构同意,将中标项目分包给他人的。

（三）拒绝履行合同义务的。

第十三条　评审小组成员有下列情形之一的,责令改正、给予警告,可以并处1 000元以下的罚款。

（一）明知应当回避而未主动回避的。该行为影响中标结果的,中标结果无效。

（二）在知道自己为评审小组成员身份后至评标结束前的时段内,私下接触投标供应商的;该行为影响中标结果的,中标结果无效。

（三）在评标过程中擅离职守,影响评标程序正常进行的。该行为影响中标结果的,中标结果无效。

政府采购备案审批监督检查办法

编制部门：	发布日期：

（四）在评标过程中有明显不合理或者不正当倾向性的。该行为影响中标结果的，中标结果无效。

（五）未按招标文件规定的评标方法和标准进行评标的。该行为影响中标结果的，中标结果无效。

第十四条 评审小组成员或与评标活动有关的工作人员有下列行为之一的，给予警告，没收违法所得，可以并处3 000~50 000元的罚款；并取消其评审资格，不得再参加任何政府采购招标项目的评标，并在上级主管机关指定的政府采购信息发布媒体上予以公告；构成犯罪的，依法追究刑事责任。

（一）收受投标人、其他利害关系人的财物或者其他不正当利益的。

（二）泄露有关投标文件的评审和比较、中标候选人的推荐以及与评标有关的其他情况的。

第五章 附 则

第十五条 本办法由计划财务处、审计处、监察机关联合编制，由计划财务处解释。

第十六条 本办法自＿＿＿＿年＿＿月＿＿日起施行。

第5节 政府采购管理内部控制流程

9.5.1 政府采购预算业务流程

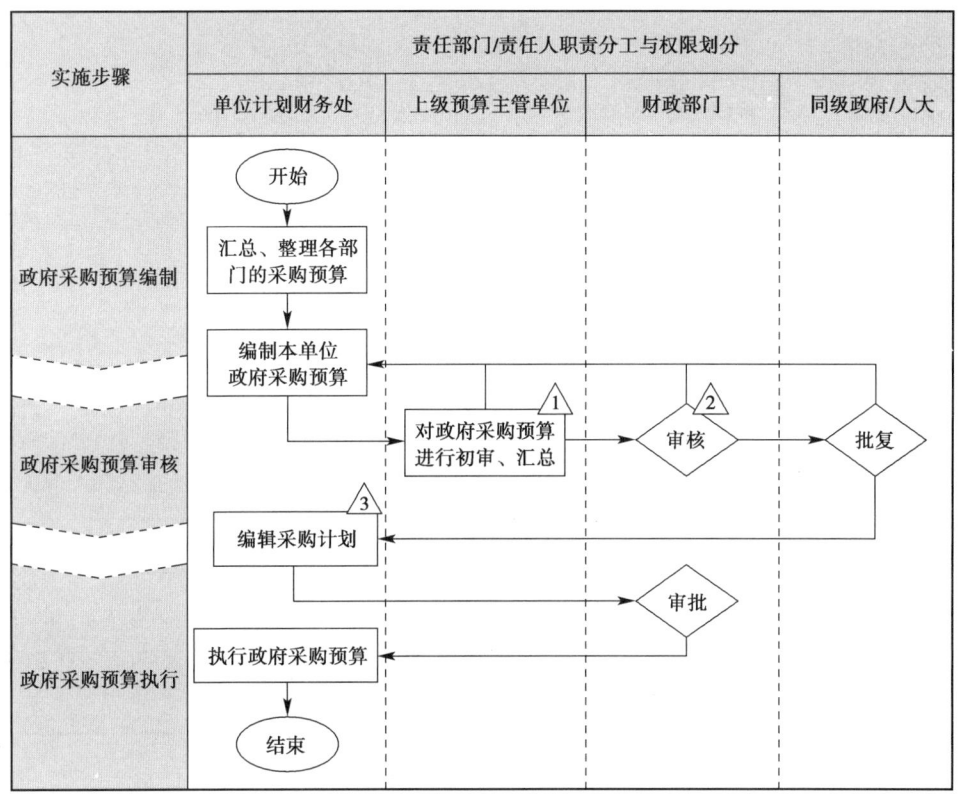

关键节点说明：

关键节点	相关说明
关键节点1	上级预算主管单位对政府采购预算进行初审，判断采购预算编制是否合理
关键节点2	政府采购预算作为部门预算的有机组成部门，也实行"二上二下"的编审程序
关键节点3	政府采购季度执行计划报送后，需要追加或调整采购计划的，单位应填写追加或调整表，并附加相关资料，经财政部门审批后，进行追加或预算调整

9.5.2　政府采购管理控制流程（单位自行采购）

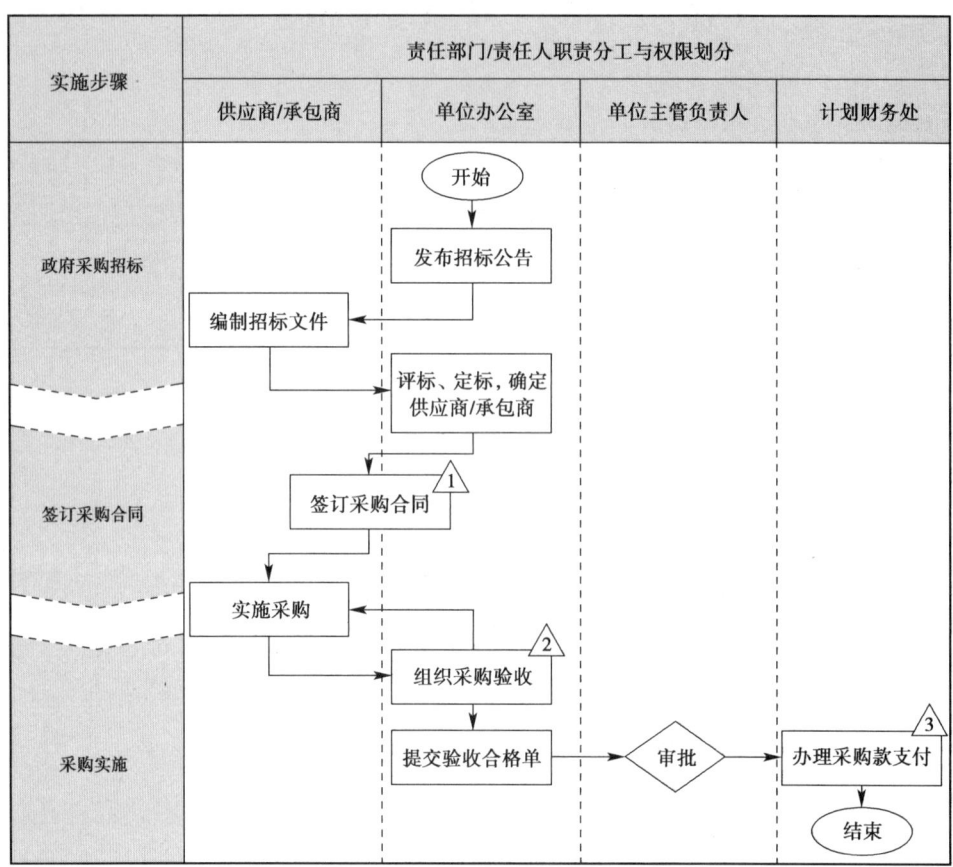

关键节点说明：

关键节点	相关说明
关键节点1	金额在_____万元以下的采购合同，由单位办公室负责人签订；金额在_____万元以上的采购合同，由单位主管领导签订；合同签订_____日内，将合同副本报财政部门备案
关键节点2	单位办公室依据事先规定的标准和要求，对履约情况进行验收，重大采购项目应当委托国家专业检测机构办理验收事务
关键节点3	付款经办人应持采购验收单、付款通知单及相关证明材料到单位计划财务处办理采购款项结算

第 10 章

行政事业单位内部控制规范——货币资金

第 1 节　货币资金控制的内容与目的

10.1.1　货币资金控制的内容

行政事业单位货币资金包含库存现金、银行存款和其他货币资金。行政事业单位在建立和实施货币资金内部控制过程，至少应强化以下内容的控制，详情如图 10-1 所示。

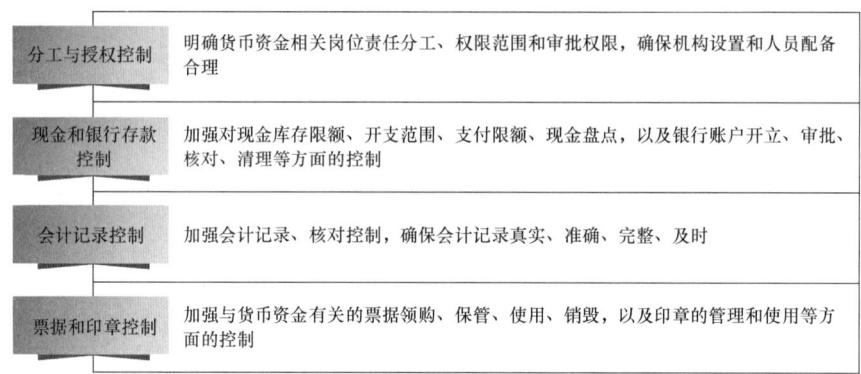

图 10-1　货币资金控制的内容

10.1.2　货币资金控制的目的

货币资金是行政事业单位流动性最强，控制风险最高的资产。行政事业单位进行货币资金控制的目的主要有以下几点，如图 10-2 所示。

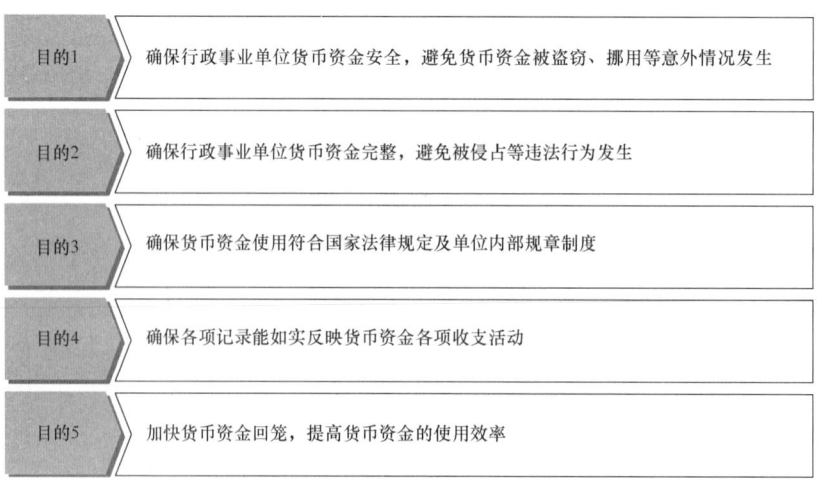

图 10-2　货币资金控制的目的

第 2 节　岗位责任与授权批准制度

10.2.1　货币资金岗位责任制度

货币资金岗位责任制度
编制部门：　　　　　　　　　发布日期：

第一章　总　则

第一条　为完善资金业务的岗位责任制，明确相关岗位的职责权限，确保办理货币资金业务的不相容岗位相分离、制约、监督，保证货币资金安全。根据国家有关法律法规，结合本单位实际，特制定本制度。

第二条　货币资金业务的不相容岗位范围应当包括：

（一）货币资金支付的审批与执行；

（二）货币资金的保管与盘点清查；

（三）货币资金的会计记录与审计监督。

第二章　岗位职责划分

第三条　单位负责人职责。

（一）审批有关货币资金管理的制度。

（二）审批大额现金、银行存款的支付申请。

第四条　计划财务处负责人职责。

（一）组织制定有关货币资金管理制度。

（二）权限范围内审批现金、银行存款的支付申请。

（三）指导、协调本部门货币资金管理工作。

第五条　出纳人员职责。

（一）填制现金日记账和银行存款日记账。

（二）妥善保管库存现金，严禁他人未经授权接触现金，确保现金安全。

（三）根据经审批复核无误的支付申请，依规定办理货币资金支付手续，对审批人超越

货币资金岗位责任制度	
编制部门：	发布日期：

授权范围审批的货币资金有权拒绝，并及时向上级授权部门报告。

（四）办理银行收、付款手续，及时与银行办理结算业务，认真核对银行收、付款凭证。

（五）认真保管空白支票，按顺序存放。

第六条 会计人员职责。

（一）编制记账凭证，填制资金总账。

（二）妥善保管财务印章，并按规定用印。

（三）定期和不定期盘点核对库存现金，确保现金账面余额与实际库存相符。

（四）定期核对银行账户，编制银行存款余额调节表，确保账面余额与对账单余额相符。

（五）妥善保管会计档案，随时提供查阅。

第七条 审核人员职责。

（一）审查原始凭证的合法性、真实性、完整性。

（二）复核货币资金支付申请的批准范围、权限、程序是否正确。

（三）复核业务办理手续是否完整、金额计算是否准确、支付方式和单位是否妥当等。

第八条 复核人员职责。

（一）复核货币资金支付申请、资金业务的合规性。

（二）掌握银行存款和库存现金余额，协助出纳人员控制库存现金限额，监督检查资金的使用和管理情况。

第九条 货币资金使用部门负责人职责。

（一）提出本部门用款申请。

（二）在授权范围内批准本部门个人用款申请。

（三）负责保管或指派工作人员保管本部门印章，并按规定用印。

第三章 附 则

第十条 本制度由计划财务处负责解释。

第十一条 本制度自＿＿＿＿年＿＿＿＿月＿＿＿＿日起施行。

10.2.2 货币资金授权审批制度

货币资金授权审批制度

编制部门：　　　　　　　　　发布日期：

第一章　总　则

第一条　为规范货币资金支付审批程序，明确审批权责，有效控制货币资金安全，依据国家相关法律法规，结合本单位实际，制定本制度。

第二条　本制度所称货币资金是指现金、银行存款和其他资金。

第三条　本单位及所属单位所涉及的各类货币资金审批业务和事项均依据本制度执行。

第二章　货币资金支付授权审批

第四条　审批权限类别。

（一）审核是指有关管理部门及职能部门主要负责人对该项开支的合理性提出初步意见。

（二）审批是相关负责人参考"审核"意见后进行批准。

（三）复核是单位相关负责人或指定人员，对已审批的支付款项从单据和数量上进行核准。

第五条　由货币资金使用部门和个人在预计使用货币资金前＿＿＿＿日内提交支付申请，详细注明款项的用途、金额、预算、支付方式等内容，并附有效的原始单据或相关证明，货币资金使用部门主要负责人进行审核，审核后提交审批。

第六条　审批人对支付申请的合法性、合规性及支付申请凭据的真实性、完整性、准确性进行审核，确保无误后，在授权范围内进行审批，不得超越审批权限。单位货币资金的支付实行分级授权审批，各级审批人的审批权限如下：

（一）货币资金支付申请在＿＿＿＿万元以下的，由部门负责人审批、签字；

（二）货币资金支付申请在＿＿＿＿万元至＿＿＿＿万元的，经使用部门负责人审核后，交计划财务处审批；

（三）货币资金支付申请超过＿＿＿＿万元以上的，经使用部门负责人审核后，交计划财务处审核，由单位主管领导实施集体决策和审批。

第七条　复核人对批准后的货币资金支付申请进行复核，复核货币资金支付申请的批准范围、权限、程序是否正确，手续及相关单证是否齐备，金额计算是否准确，支付方式、支付单位是否准确等，复核无误后交出纳人员办理支付手续。

货币资金授权审批制度

编制部门：	发布日期：

第八条　出纳人员根据复核无误的支付申请，按规定办理资金支付手续，及时登记现金和银行存款日记账。

第三章　票据和印章授权审批

第九条　票据使用与管理授权审批。

（一）出纳人员在授权范围内填开票据，确保填写准确、项目齐全、字迹清楚，全部联次一次复写、打印，内容完全一致，不得随意开具印章齐全的空白支票。

（二）对超过法定保管期限、可以销毁的票据，需经上级主管部门批准后，按规定程序进行销毁，并成立监销小组予以监销。

第十条　印章使用授权审批。

（一）会计人员负责保管财务印章，须严格按照资金支付审批权限与程序监督各项资金支出的执行，同时定期向计划财务处负责人及单位主管领导汇报资金收付情况。

（二）不得在各类空白票据上用印，如因特殊原因需盖空白印章的，须经单位负责批准后，并标注份数逐一编号，未用的应全部退回。

（三）印章的使用应在单位内部进行，不得携带印模外出用印。确因特殊原因需外出用印的，须经单位主管负责人同意后携带，并在事情办完后立即送回单位。

第四章　附　则

第十一条　本制度未尽事宜，依照国家相关规定执行。

第十二条　本制度由计划财务处负责解释。

第十三条　本制度自＿＿＿＿年＿＿＿＿月＿＿＿＿日起施行。

第 3 节 现金和银行存款管控制度

10.3.1 现金管理办法

现金管理办法

编制部门：　　　　　　　　　发布日期：

第一章　总　则

第一条　为加强对现金安全和现金使用的监督和管理，有效防范在现金管理中的舞弊、腐败等行为，确保现金安全，依据国家相关法律法规，结合本单位工作实际，特制定本办法。

第二条　本单位及所属单位现金管理必须严格依据本办法执行，并接受审计部门和财务部门的检查和监督。

第三条　本单位现金管理坚持"钱账分管"的原则，明确会计与出纳各自的职责，出纳管钱不管账（现金日记账除外），会计管账不管钱，其他人员未经授权不得经管现金。

第二章　现金支付管理

第四条　依据《现金管理暂行条例》的规定，结合本单位实际情况，确定本单位现金开支范围为＿＿＿＿元，超出现金开支范围的业务应通过银行办理转账结算。

第五条　本单位通过财政拨款、非税收入拨款、上级主管部门补助收入、事业收入、附属单位缴款等途径获得的现金收入应及时存入银行，不得直接用于支付自身的支出。如因特殊情况需坐支现金的，应当事先报经开户银行审查批准，由开户银行核定坐支范围和限额。

第六条　本单位借出现金必须符合规定的范围，执行严格的审批程序，严禁擅自挪用、借出货币资金。

第七条　以收费形式收取的预算外资金实行收费许可证制度，收费必须使用财政部门统一印制的收费票据。单位取得的货币资金收入必须及时入账，不得私设"小金库"，不得账外设账，严禁收款不入账。

第八条　建立现金日记账，并逐日逐笔进行登记，做到日清日结月份终了，必须进行账目核对，"现金日记账"的余额应与"现金"总账的余额核对相符。

现金管理办法

编制部门：	发布日期：

第三章 现金保管

第九条 本单位现金保管的责任人为出纳人员。出纳人员应由诚实可靠、工作责任心强、业务熟练的人员担任。

第十条 超过限额以外的现金应由出纳人员当日送存银行。现金不得以个人名义存入银行，一旦发现公款私存，将对责任人予以严肃处理。

第十一条 每日下班前，出纳人员对限额内的库存现金于当日核对清楚后，在保险柜内存放，不得放在办公桌内过夜。保险柜应存放于坚固实用、防潮、防水、通风较好的房间，并配备防盗门窗。

第十二条 保险柜只能由出纳人员开启使用。保险柜密码由出纳人员自己保管，并严格保密，不得向他人泄露，以防为他人所利用。出纳人员调动岗位，新出纳人员应更换并使用新密码。

第十三条 保险柜钥匙、密码丢失或发生故障时，应立即报请单位相关负责人处理，不得随意找人修理或修配钥匙。

第四章 现金盘点与监督

第十四条 出纳人员应每天清点库存现金，登记现金日记账，做到账账相符、账实相符。

第十五条 单位应建立库存现金清查制度，定期和不定期对库存现金情况进行清查盘点，重点盘点项目如下：

（一）检查账款是否相符；

（二）检查有无白条抵库；

（三）检查有无私借、挪用公款；

（四）有无账外资金等。

第十六条 在清查盘点中若发现账款不符，则应及时查明原因，并作出相应处理。若由一般工作失误造成的，可由单位相关负责人按有关规定作出处理；若属于违法行为的，则依法移交相关部门处理。

第五章 附 则

第十七条 本办法由计划财务处负责解释。

第十八条 本办法自公布之日起施行。

10.3.2　现金支付制度

现金支付制度
编制部门：　　　　　　　　　　发布日期：

第一章　总　则

第一条　为规范单位现金支付管理，规范支付行为，确保现金安全，依据国家相关法律法规，结合本单位工作实际，特制定本制度。

第二条　本制度适用于本单位及所属单位现金支付管理。

第二章　现金支付范围

第三条　现金支付款项范围。

（一）职工工资、津贴、补贴；

（二）个人劳务报酬；

（三）按规定发放的各种奖金；

（四）各种劳保、福利费用以及国家规定的对个人的其他支出；

（五）出差人员必须随身携带的差旅费；

（六）＿＿＿＿元以下的零星支出；

（七）确需现金支付的其他特殊情况。

以上所列现金支付款项范围以外的资金支付，须通过银行办理转账结算。

第四条　除第三条第（五）项外，单位支付给个人的款项中，支付现金每人一次不得超过＿＿＿＿元；超过限额部分，应根据提款人的要求在指定的银行转为储蓄存款或以支票、银行本票等形式支付；确需全额支付现金的，应经开户银行审查后予以支付。

第三章　现金支付规定

第五条　出纳人员可以从本单位库存现金限额中支付或从开户银行提取现金，不得从本单位的现金收入中直接支付（即坐支）。如因特殊情况确实需要坐支现金的，应当事先报经开户银行批准，由银行核定坐支范围和限额。

现金支付制度

编制部门：	发布日期：

第六条　出纳人员从开户银行提取现金时，应写明用途，由计划财务处负责人签字盖章，经开户银行审核后予以提取。

第七条　单位任何部门和个人均不得以任何理由私借或挪用公款。确因工作需要借用现金的，应填写借款单，经部门负责人、计划财务处负责人审批后方可支取，并在规定时间内还款。

第八条　单位工作人员办理报销业务时，经办人应详细记录每笔业务开支的实际情况，填写支出凭证，注明用途和金额。出纳人员应严格审核报销的原始凭证，审核无误后，办理报销手续。

第九条　出纳人员应在支付限额范围内办理现金支付，超过支付限额的现金支付，需由经办人向单位计划财务处提出申请，经计划财务处负责人审核，由单位主管领导集体决策同意后，办理现金支付业务。

第十条　出纳人员严格按照规定办理现金支付业务。不准以白条冲抵现金，不得擅自将单位现金借给其他单位，不得利用银行账户代其他单位和个人存入或支取现金，不得用不符合财务制度的凭证顶替库存现金，不得保留账外现金。

第十一条　出纳人员因特殊原因不能及时履行职责时，须经单位主管负责人指定专人代办有关现金业务，出纳人员不得擅自委托。

第十二条　单位备用金视同货币资金管理。出纳人员应及时办理备用金报账、清理业务，相关部门定期进行备用金检查，严禁长期占用、挪用备用金。

第十三条　单位办理现金支付业务的相关工作人员违反本制度规定，情节较轻的，由单位监察室责令改正，进行诫勉谈话；情节较重的，将依法给予相应处分；构成犯罪的，将送交司法部门进行处理。

第四章　附　则

第十四条　本制度未尽事宜，依照国家相关规定执行。

第十五条　本制度由计划财务处负责解释。

第十六条　本制度自_____年_____月_____日起施行。

10.3.3 支付结算细则

支付结算细则	
编制部门：	发布日期：

第一章 总 则

第一条 为进一步规范单位结算行为，提高单位支付结算的透明度，保障单位货币资金安全，依据国家的相关法律规范，结合本单位实际，制定本细则。

第二条 本细则所称支付结算是指本单位及所属单位，使用票据或公务卡进行货币给付及资金清算的行为。

第二章 票据结算

第三条 银行汇票结算规定。

（一）银行汇票是由出票银行签发，由其在见票时按照实际结算金额无条件支付给收款人或持票人的票据。

（二）单位各种款项结算均可使用银行汇票，银行汇票既可用于转账，填明"现金"字样的银行汇票也可用于支取现金。

第四条 商业汇票结算规定。

（一）商业汇票是由出票人签发，委托付款人在指定日期无条件支付确定的金额给付款人或持票人的票据；商业汇票分为商业承兑汇票和银行承兑汇票，商业承兑汇票由银行以外的付款人承兑，银行承兑汇票由银行承兑。

（二）商业汇票的付款期限，最长不得超过＿＿个月。

第五条 银行本票结算规定。

（一）银行本票是银行签发，承诺在见票时无条件支付确定金额给收款人或持票人的票据。

（二）单位在同一票据交换区域需要支付各种款项，均可以使用银行本票，银行本票可以用于转账，注明"现金"字样的银行本票可以用于支取现金。

（三）银行本票的提示付款期限自出票日起最长不得超过＿＿个月。

第六条 支票结算规定。

支付结算细则

编制部门:	发布日期:

（一）支票是出票人签发，委托办理支票存款业务的银行见票时无条件支付确定金额给付款人或持票人的票据。

（二）支票上印有"现金"字样的为现金支票，现金支票只能用于支取现金；支票上印有"转账"字样的为转账支票，转账支票只能用于转账；支票上未印有"现金"或"转账"字样的为普通支票，普通支票可以用于支取现金，也可以用于转账，在普通支票左上角画两条平行线的，为画线支票，画线支票只能用于转账，不得支取现金。

（三）支票的提示付款期限自出票日起_____日，另有规定的除外。

（四）出票人在付款人处的存款账户足以支付支票所列金额时，付款人应当在见票当日足额付款。

（五）存款账户结清时，必须将全部剩余空白支票交回银行注销。

第三章 公务卡结算

第七条 公务卡是由银行发放的具有消费信用、转账结算、存取现金等全部或部分功能，用于单位公务报销及职工个人消费的信用工具。具体分为单位公务卡与个人公务卡。

（一）单位公务卡：是以单位名义开立的公务管理卡，该卡不能透支、提现和消费，只能用于与个人卡之间的资金转账结算。

（二）个人公务卡：是以职工个人名义开立的贷记卡，可用于公务或个人消费。

第八条 公务卡支付结算范围主要包括。

（一）以现金方式支付的日常公用支出；

（二）_____元以下的零星购买支出；

（三）服务购买支出；

（四）其他公务性支出。

第九条 实行公务卡结算后，原则上不再办理现金借款。原现金交款业务改为银行交款，出纳人员将款项存入公务卡，直接刷卡交款。

第十条 单位日常公务性支出，原则上能刷卡的必须使用公务卡结算，不能刷卡结算的，支付金额在_____元以下的，由个人先行垫付，待交易结束后，按报销审批程序报销；支出金额较大，则应办理转账支付。

支付结算细则

编制部门：	发布日期：

第十一条　公务卡结算的报销程序。

（一）报销人报销时需持公务卡、经费卡、凭发票、POS消费凭条、购物小票或消费清单等单据，按原财务报销审批程序进行审批。计划财务处相关人员应严格审核相关票据，区分个人消费和公务消费。

（二）报销人因特殊原因无法在规定期限内办理财务报销手续的，可委托单位其他人员代理报销，但必须履行相应审批程序。

（三）出纳人员按财务管理规定，审核票据和复核审批程序的完整性与合规性，进行结算与转账报销。

（四）会计人员凭签字确认的凭条、公务卡报销审批单据及报销单据登记入账。

第十二条　特殊情况下公务卡信用额度不能满足公务支出需要时，持卡人可通过计划财务处提前向发卡行申请临时增加信用额度，增加的额度和使用期限等具体事项，按照发卡行有关规定执行。

第十三条　严禁持卡人违规使用公务卡，对恶意透支、拖欠还款等所产生的后果，由持卡人负责，单位不承担由此引发的任何责任。

第四章　附　则

第十四条　本细则与原有相关制度不一致的，依照本细则执行。

第十五条　本细则由财务处负责解释。

第十六条　本细则自公布之日起施行。

10.3.4 银行对账制度

银行对账制度
编制部门：　　　　　　　　　　　　发布日期：

第一条　为加强财政性资金管理，严格控制、规范本单位银行账户对账工作，确保货币资金安全，依据国家相关法律规定，结合本单位工作实际，制定本制度。

第二条　单位按开户银行和其他金融机构的名称以及存款种类，分别设置银行存款日记账，由出纳人员根据收付款凭证逐笔顺序登记，每日终了结出余额。

第三条　银行存款日记账与银行账户至少每月核对一次，并编制银行存款余额调节表。

第四条　单位会计人员对银行余额调节表及对账单进行审核，确保银行存款账面余额与银行对账单余额调节相符。

第五条　若银行账面余额与银行对账单余额调节不符的，应按以下办法处理：

（一）发现记账错误的，应上报财务处负责人，查明原因后进行处理、改正；

（二）因收付款结算凭证在单位与银行直接传递需要时间，所造成记账时间上先后差异的，可通过银行存款余额调节表调节相符。

第六条　单位出纳人员不得从事银行对账单获取、银行存款余额调节表的编制等工作，如确需出纳人员办理上述工作的，可指定其他人员定期进行审核、监督。

第七条　审计处指派专门人员，不定期审查单位银行存款余额与银行存款相关账目。具体的审核内容如下：

（一）银行存款业务的原始凭证、记账凭证、结算凭证是否一致；

（二）银行存款业务的手续是否齐备；

（三）银行存款业务的相关凭证与相关账目是否一致；

（四）银行存款总账与单位相关账目、银行存款余额调节表是否一致。

第八条　本制度未尽事宜，依照国家相关规定执行。

第九条　本制度由财务处负责解释。

第十条　本制度自＿＿＿＿年＿＿＿＿月＿＿＿＿日起施行。

第4节 票据及有关印章管理办法

10.4.1 票据管理办法

票据管理办法
编制部门：　　　　　　　　　　发布日期：

第一章　总　则

第一条　为加强财政票据管理，规范票据使用，使票据管理工作制度化、规范化，依据国家相关法律规定，结合本单位实际，制定本办法。

第二条　本办法所称"票据"是指单位统一向财政部门或税务机关，申领或购买的财务票据和税务发票。

第二章　票据的领购

第三条　单位所需票据须向财务、税务等主管部门申领或购买，并按规定使用，严禁使用自行印制、购买（在税务部门购买的除外）、或财务主管部门之外其他单位代开的票据。

第四条　单位指定专人负责票据的申领工作，领用票据设立领用票据登记簿，认真核对领用时间、票据名称、起讫号码，并由领用人签字。

第三章　票据的使用与保管

第五条　出纳人员严格按照票据监管机构核准的使用范围开具票据，不得超范围使用票据。未按规定使用票据的，会计人员不予入账。

第六条　出纳人员必须按照票据的序号签发支票，不得换本或跳号签发；票据填写项目齐全，字迹清楚，全部联次一次复写、打印，内容完全一致；不得随意开具印章齐全的空白票据。

第七条　发生填写错误的票据应三联同时作废，同时加盖作废戳记。

第八条　严禁虚开、涂改、挖补、撕毁票据，不得拆本使用票据；作废票据应妥善保管，与存根联一起按票据顺序号装订成册。

第九条　各类票据之间不得相互串用、混用，也不得转借、转让、代开票据，不得自

票据管理办法

编制部门：	发布日期：

行扩大专业票据的使用范围。

第十条　出纳人员必须妥善保管好票据，并设立专门的登记簿对票据的购买、领用、注销等内容进行记录，防止空白票据遗失和被盗用。

第十一条　出纳人员在岗位调动前，必须办理票据移交手续，移交不清的禁止调动。

第四章　票据遗失处理与核销

第十二条　若发生票据丢失，应及时到主管部门办理挂失，并书面报告情况，协助有关部门查明原因。由于票据保管不善、丢失或被盗所造成的经济损失，由相关责任人承担。

第十三条　单位票据的保管期限为_____年，与票据相关的领用凭证、核销凭证的保存期限不少于_____年；对超过法定保管期限的，可以组织销毁。

第十四条　票据销毁前需进行认证清理，并经单位负责人同意后，向票据主管部门提出销毁票据的申请，主管部门审核同意后方能予以销毁。

第十五条　单位销毁票据时，需由财务处、审计处等部门成立3~5人的销毁监督小组，对票据销毁进行监销。待票据销毁后，由小组全体人员签字，并以小组名义出具监销情况报告，经财务处负责人和单位负责人签字后，报送票据主管部门保存备查。

第五章　票据的监督检查

第十六条　成立专门的稽查小组，对单位内部票据使用、保管等工作进行定期、不定期检查。使用票据的单位和个人必须配合检查，如实反映情况和提供资料，不得拒绝、隐瞒。

第十七条　单位工作人员发生下列行为之一的，将按国家相关规定予以处罚。

（一）违规转让、出借、代开票据的；

（二）因保管不善造成票据损毁、灭失的；

（三）伪造、擅自销毁票据；

（四）其他违反票据管理规定的行为。

第六章　附　则

第十八条　本办法由财务处负责解释。

第十九条　本办法自公布之日起施行。

10.4.2 印章管理办法

印章管理办法	
编制部门：	发布日期：

第一章　总　则

第一条　为保障单位的合法权益，规范印章管理，减少因印章使用不当所带来的损失，依据国家的相关法律法规，结合本单位工作实际，制定本办法。

第二条　本单位及所属单位财务印章的管理均依本办法执行。

第二章　印章的印刻

第三条　印章的刻制须取得登记证书后向登记管理机关提出书面申请，经核准后，持同意刻制印章委托书到公安机关办理刻制手续后，方可刻制。相关人员严禁私自制作印章。

第四条　刻制印章的规格必须符合国家相关规定。

第三章　印章的使用

第五条　启用新印章（包括更换新印章）需经单位发文报登相关部门备案后，方可启用。新印章启用后，原有印章作废，属上级单位制发的印章，原印章应交回上级单位封存或销毁；属自行刻制的，移交单位档案室封存或销毁。

第六条　单位相关工作人员使用印章时，应填写印章使用申请，详细说明使用印章的理由、起止时间、申请人等内容。

第七条　印章使用申请经单位相关负责人审批后，连同需要用印章的文件一同交与会计人员盖章。

第八条　会计人员用印时应认真核对用印材料，明确用印内容和目的，确认符合用印手续后，方可盖印。若认为不符合规定可拒绝盖章。

第九条　会计人员不得随便委托他人代取、代用印章，如确因特殊原因需由其他工作人员代用印章，必须由指定人员在场监印。

第十条　印章的使用应在单位内部进行，不得携带印模外出用印。确因特殊原因需外出用印的，须经财务处负责人同意后方可带出，并在事情办完后立即送回单位。

印章管理办法

编制部门：	发布日期：

第十一条 会计人员不得在空白支票上用印，如因特殊原因需盖空白印章的，须经单位负责人批准，并标注份数逐一编号，未用的全部退回。

第十二条 印章使用申请由会计人员保管，每月月底汇总后交档案管理人员存档。

第四章 印章的保管

第十三条 单位财务印章必须由会计人员专人保管。未经授权的人员一律不得接触、使用印章。出纳不得管理印章。

第十四条 会计人员不得将印章转借他人，否则所造成的后果由会计人员负责。

第十五条 建立用印登记簿，使用印章须履行登记手续，以便备查。

第十六条 印章保管人员必须认真负责，遵守纪律，秉公办事。印章保管人员出现以下行为，将视情节严重程度给予行政处分，触犯刑律的移交司法部门依法处理：

（一）对印章保管不善造成印章丢失的；

（二）把关不严，用印后造成重大错误和损失等不良后果的；

（三）私自留存、使用应予销毁或上交的印章的；

（四）非法使用印章的。

第十七条 印章不慎遗失、被盗、损毁，应上报财务处，并公开声明作废后，按规定程序申请重新刻制。

第十八条 会计人员调动时，必须将保管的印章及相关文件交割，否则不允许调动。

第五章 附 则

第十九条 本办法与原有相关制度不一致的，依照本办法执行。

第二十条 本办法由财务处负责解释。

第二十一条 本办法自公布之日起施行。

第 5 节 货币资金管理流程

10.5.1 备用金管理流程

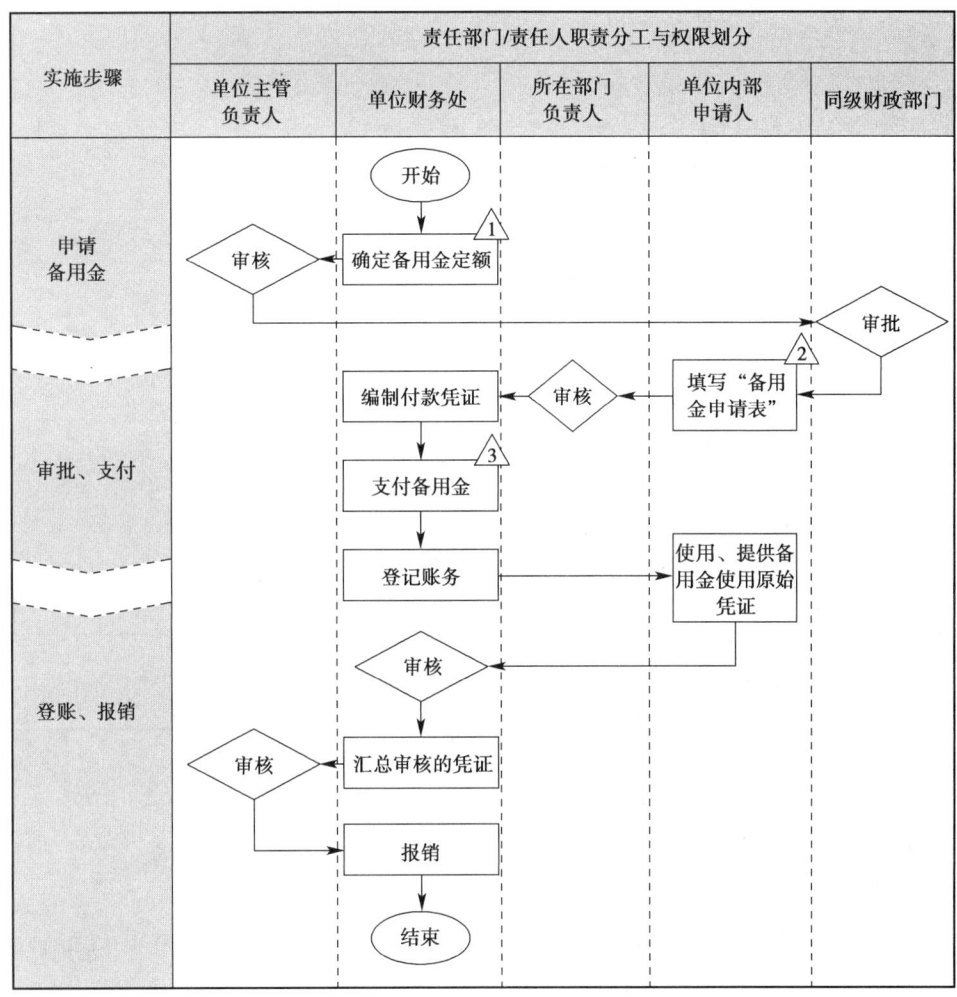

关键节点说明：

关键节点	相关说明
关键节点 1	根据单位实际情况和历年备用金使用情况，确定备用金数额报领导审核
关键节点 2	使用备用金必须填写"备用金申请表"，备用金必须按照备用金的适用范围申请
关键节点 3	备用金必须按照规定的程序和用途进行支付

10.5.2 支付业务管理流程

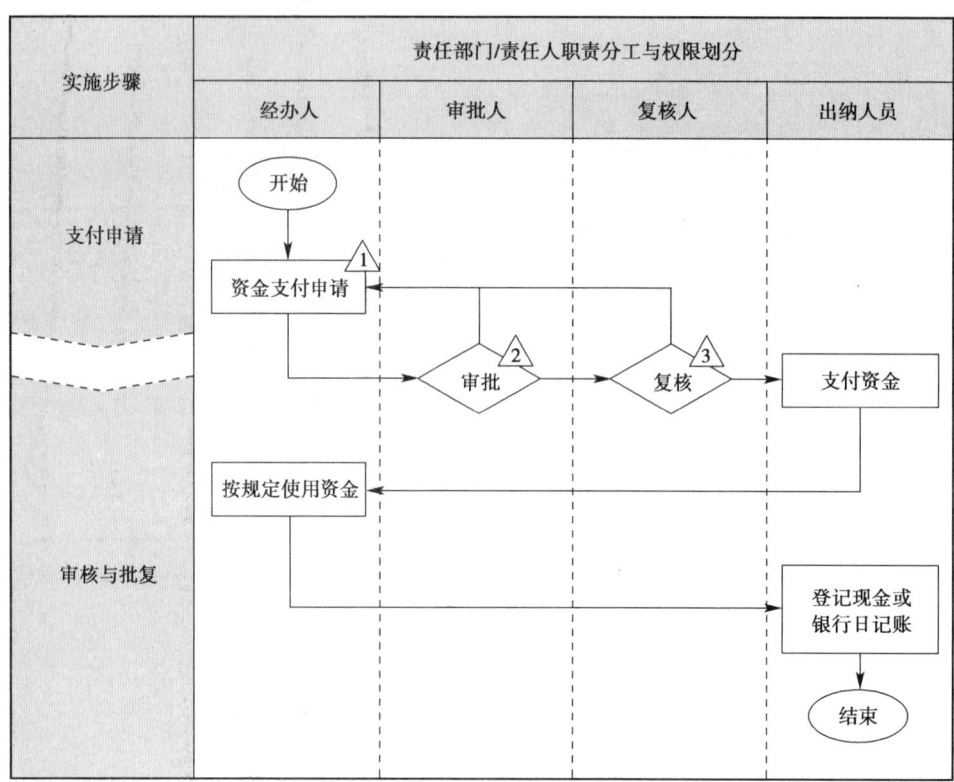

关键节点说明：

关键节点	相关说明
关键节点1	资金支付申请中应注明款项的用途、金额、预算、限额、支付方式等内容，并附有效合同或相关证明
关键节点2	对于重大货币资金支付业务，应实行集体决策和审批，并建立相应的责任追究制度
关键节点3	复核支付申请的范围、权限、程序是否正确，手续及相关单据是否齐全，金额计算是否准确，支付方式、支付单位是否妥当等

10.5.3 印章使用管理流程

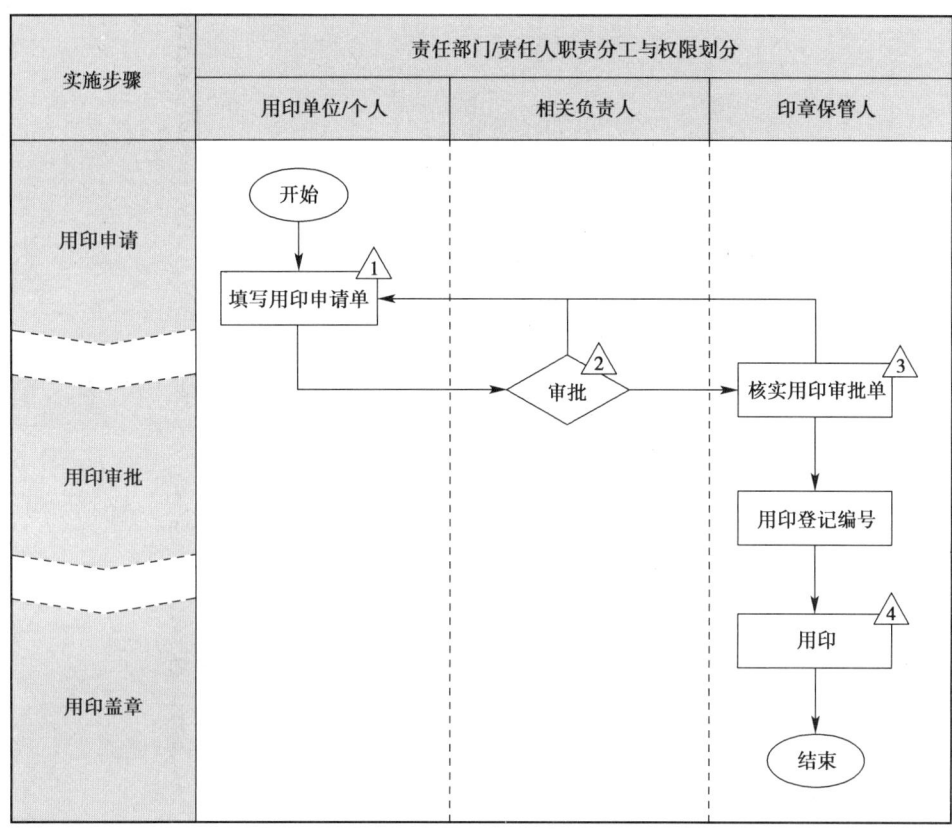

关键节点说明:

关键节点	相关说明
关键节点1	单位相关工作人员使用印章时,应填写印章使用申请,详细说明使用印章的理由、起止时间、申请人等内容
关键节点2	印章使用申请经相关负责人审批后,连同需要用印章文件一同交与印章保管人盖章
关键节点3	印章保管人认真核对用印材料,明确用印的内容和目的,并确认符合用印手续后,方可盖印;如认为不符合规定的,可拒绝盖章
关键节点4	如确因特殊原因需由其他工作人员代用印章,必须由单位指定人员在场监印

第 11 章

行政事业单位内部控制规范——往来资金

行政事业单位内部控制
精细化管理全案
（第 2 版）

第 1 节 往来资金控制的内容与目的

11.1.1 往来资金控制的内容

行政事业单位往来资金是指在单位业务活动中与外来单位、所属单位或本单位职工发生的临时性结算款项，主要包括暂存暂付、应收应付等款项。行政事业单位往来资金内部控制中，应至少加强以下内容的控制，详情如图 11-1 所示。

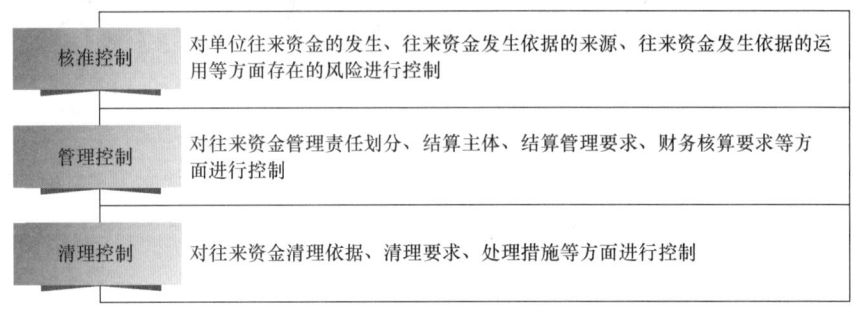

图 11-1 往来资金控制的内容

11.1.2 往来资金控制的目的

行政事业单位对往来资金进行控制，可以确保往来资金界定清楚、责任明确、安全规范，有效提高资金的利用效益。行政事业单位往来资金内部控制的目的主要有以下 4 点，如图 11-2 所示。

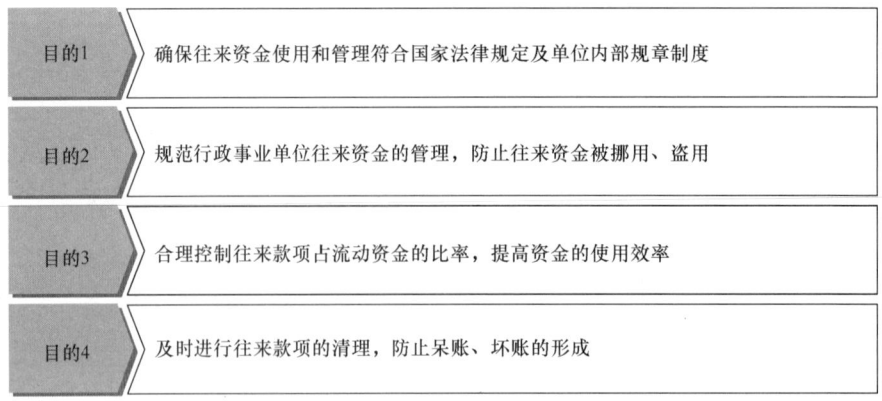

图 11-2 往来资金控制的目的

第 2 节　往来资金岗位责任与授权批准制度

11.2.1　往来资金岗位责任制度

往来资金岗位责任制度
编制部门：　　　　　　　　　　　发布日期：

第一章　总　则

第一条　为加强单位往来资金管理，规范往来资金的核算，充分发挥往来资金的效用，依据国家相关法律法规，结合本单位实际，制定本制度。

第二条　本制度所称往来资金是单位在业务活动中与外单位、所属单位或本单位职工发生的临时性待结算款项，主要包括暂存暂付、应收应付等款项。

第二章　岗位职责划分

第三条　单位负责人职责。

（一）审批单位往来资金相关规章制度。

（二）审议批准借款方案、相关协议、票据等。

（三）审定单位无法核销借款的处理意见。

第四条　计划财务处负责人职责。

（一）负责拟订单位往来资金管理规章制度。

（二）组织和指导单位暂存、应收款项的管理。

（三）负责暂付申请、应付款票据的审核。

（四）负责提交款项借入方案、拟订借款协议，并在单位负责人审签后，负责支付借款利息和本金，及时办理还款或借款手续。

（五）组织做好往来资金的清算和退付工作。

（六）对单位无法核销的借款，查明原因，并提出处理意见。

第五条　往来结算人员职责。

（一）办理往来款项的结算业务。

往来资金岗位责任制度
编制部门：　　　　　　　　　　　　　发布日期：

（二）定期对往来资金中暂存、应收款项的可回收性进行评价。

（三）负责往来资金款项的清算和催收。

（四）每年年底完成与相关科室往来资金的核对工作。

（五）定期清理应付及暂存款明细。

（四）协助审计人员做好往来资金的审计工作。

第六条　科室负责人职责。

（一）审核本科室借款人的借款申请。

（二）签字确认本科室借款人改变借款用途的书面说明。

（三）监督本科室所借款项的使用。

第七条　借款人职责。

（一）填写"借款单"并注明相关内容。

（二）及时报账冲销借款，避免长期挂账。

（三）提交因特殊情况，改变借款用途的书面说明。

第八条　审计人员职责。

（一）审查往来资金票据、凭证的合法性、真实性、完整性。

（二）根据工作安排，开展专项审计工作。

（三）及时发现往来资金管理中的问题，并向领导汇报，进行处理。

第三章　附　则

第九条　本制度由计划财务处负责解释。

第十条　本制度自_____年_____月_____日起施行。

11.2.2 往来资金授权审批制度

往来资金授权审批制度	
编制部门：	发布日期：

第一章 总 则

第一条 为规范单位往来资金的授权审批管理，提高往来资金的审批、核准效率，依据国家相关法律法规，结合本单位实际，制定本制度。

第二条 本单位与外部单位、所属单位及单位内部职工发生的各项往来资金的授权审批均依本制度执行。

第二章 往来资金授权审批管理

第三条 暂付款授权审批。

（一）单位各种暂付款项，应根据交款单位或收款人的收据，经本单位负责人签字批准后，由经办人员审核办理。

（二）对不符合规定，超过单位预算或计划的暂付款项，经办人员应当拒付或少付。

（三）经办人应在办事结束后，在规定期限内报销，尚未办理结算清账的，原则上不再付款；暂付给所属单位的备用金，年终时原则上全部结清收回，下年初再另行办理。

第四条 暂存款授权审批。

（一）单位收取暂存款项后，经办人需确认凭据和款项来源或用途，确认后方能办理暂存款支取或划转。

（二）单位划转暂存款需经经办人填制划转单，注明款项来源、金额，经计划财务处确认无误后转入单位相应账户，不能直接支取现金或转出。

（三）单位个人支取暂存款需由受益人或受托人填制请领单，注明款项来源及金额，并提供受益人身份证明，方能支取。

（四）因代收或从职工工资代扣形成的暂存款，须由经办人员填制款项请领单，注明款项来源及金额，经单位主管领导审批后方能支取或划转。

第五条 应付款授权审批。

（一）单位各项应付款项，应在相关部门完成验收手续或取得合格服务后，提交相关证明材料，并报经单位主管领导审批后，由经办人予以付款支付。

往来资金授权审批制度

编制部门：	发布日期：

（二）应付款支付应及时，支付完成后，计划财务处做好相应账务处理。

第六条 应收款授权审批。

（一）单位各项应收款，应在计划财务处负责人的指导下，由经办人定期进行催报催缴。

（二）账龄较长的应收款，还应做好可回收性评价，避免形成坏账。

第七条 单位往来资金审批办理时限为_____工作日，相关审批和经办人应在规定时限内完成，切实提高工作效率。

第八条 单位往来资金授权审批应统筹协调、相互配合，并将责任落实到相关分管领导、经办人，确保办理流程通畅、办理高效、服务优质。

第九条 单位往来资金业务发生后，登记入账时，计划财务处应对往来业务的事由、金额、时间予以确认、核准，经单位负责人核实批准签字后方可登记入账。财务人员对违反规定的预付、借支款项有权拒付。

第十条 单位办理往来资金业务的相关工作人员违反本制度规定，情节较轻的，由单位监察室责令改正；情节较重的，将依法给予相应处分；构成犯罪的，将送交司法部门进行处理。

第三章 附 则

第十一条 本制度未尽事宜，依照国家相关规定执行。

第十二条 本制度由计划财务处负责解释。

第十三条 本制度自_____年_____月_____日起施行。

第3节 往来资金内部控制制度

11.3.1 往来资金管理控制办法

往来资金管理控制办法
编制部门：　　　　　　　　　发布日期：

第一章　总　则

第一条　为加强对往来资金发生的管理，规范往来资金的使用、结算、清理等行为，提高往来资金的使用效率，依据国家相关法律法规，结合本单位实际，制定本办法。

第二条　单位在业务活动中与外单位、所属单位或本单位职工发生各项往来资金的管理控制均参照本办法执行。

第二章　应收及暂付款管理控制

第三条　应收款是单位应收而尚未收到的款项；暂付款是由单位垫付的各类预付款、工作人员借款、设备购置借款等。

第四条　应收及暂付款管理应本着"预算控制、公款公用、即清即结、定期清理"的原则进行管理。

第五条　应收及暂付款办理手续。

（一）借款人确需借款，应填写详细填写"借款单"，经部门负责人审批后，方能到计划财务处办理借款；

（二）超过＿＿＿＿万元的大额资金借款，还应提交相关证明材料；

（三）预付工程款还应附上施工合同和工程预算，并依据监理和设计单位确认的工程进度，保留不少于＿＿＿＿%的保险额度；

（四）暂付款因特殊情况改变用途的，应提交书面说明，并由科室负责人签字确认；

（五）科室负责人对无资金来源和超计划的借款不得审批签字，违反规定造成损失的，将追究其相关责任。

往来资金管理控制办法

编制部门：	发布日期：

第六条 应收及暂付款报销结算期限。

（一）差旅费借款，应在返回后＿＿＿＿＿日内办完报销结算手续；

（二）购物款项，应自购物发票开出后＿＿＿＿＿日内办完报销结算手续，异地购物发票开出后＿＿＿＿＿日内办完报销结算手续；

（三）预付工程款，依据合同规定结算；

（四）其他款项，在付款后＿＿＿＿＿日内办完报销结算手续。

第七条 计划财务处定期对应收和暂付款项进行清理，由相关人员对款项进行可回收性评价，并做好催收催报工作，避免形成坏账；对＿＿＿＿＿年以上无法核销的暂付款，应由借款人书面说明情况，财务处提出处理意见，报单位主管领导审定后，由相关责任人赔付或确认坏账。

第三章 应付及暂存款管理控制

第八条 应付款是在购买商品或接受服务时，应支付而未支付给对方单位或个人的款项。暂存款是单位已收但暂时无法确认收款人的款项，如代收款、预收款等。

第九条 应付及暂存款管理应本着"专项管理、定期清理、及时结算"的原则进行管理。

第十条 应付款应根据合同或协议规定，在完成相关验收手续或取得合格服务后，办理应付款的支付；暂存款只能用于核算，不得在暂存款科目中直接支出，以保证会计核算的真实性、合法性。

第十一条 计划财务处应定期对应收及暂存款进行全面清理，对需要继续挂账的款项，列出清单并说明原因；对挂账＿＿＿＿＿年以上的款项应逐项查明原因，并提出处理意见，由计划财务处审核后报主管领导批准。

第四章 其他往来资金管理控制

第十二条 借入款是单位根据发展需要所借入的款项。借入款应遵循控制风险、注重效益的原则，充分考虑到成本支出和偿还能力，确实做到合理规划，严控财务风险。

第十三条 借入款由计划财务处提出方案，报单位领导审议；方案审议通过后，由计

往来资金管理控制办法

编制部门：	发布日期：

划财务处拟订借款协议，由单位主管领导审签；审签通过后按协议要求办理相关手续。

第十四条　借出款是单位借出的款项。借出款的管理应遵循合规性、安全性、效益性原则，严格控制借出款的数量，并做好风险监控，避免出现坏账。

第十五条　借出款的办理要严格按照单位财务审批程序进行，计划财务处负责借出款的清理和监督工作，负责借款协议条款的落实。

第十六条　应收票据、应付票据、应缴财政专户款、代管款项等往来资金，需根据其不同性质按会计制度规定进行核算管理。

第十七条　违反本规定对往来资金进行核准的，单位将责令相关科室或负责人进行限期整改，情节严重的，将依法追究相关责任。

第五章　附　则

第十八条　本办法与原有相关制度不一致的，依照本办法执行。

第十九条　本办法由计划财务处负责解释。

第二十条　本办法自公布之日起施行。

11.3.2 往来资金管理责任制度

往来资金管理责任制度	
编制部门：	发布日期：

第一章 总 则

第一条 为明确单位往来资金的管理责任，确保往来资金管理有效进行，依据国家相关法律法规的规定，结合本单位实际，制定本制度。

第二条 本制度所称往来资金，是指单位在业务活动中与外单位、所属单位或本单位职工发生的临时性暂存暂付和应收应付等待结算款项。

第三条 单位往来资金管理责任制度实行"谁决策、谁负责、权责匹配"的原则，实现各岗位各司其职、各负其责。

第二章 往来资金的支付责任

第四条 单位与外单位、所属单位或本单位职工发生的各种借出款项，必须履行借款手续，经审批人审批后予以办理。任何未经审批借出款项的，由经办人承担直接责任，计划财务处负责人承担间接责任。

第五条 审批人对无资金来源和超计划的借出款项不得审批签字，违反规定审批签字的，审批人将承担直接责任。

第六条 单位收回的往来资金，应按月向单位主管领导报告。因未及时报告造成不良影响的，经办人承担直接责任。

第七条 单位逾期未能收回的往来资金，应书面提交说明材料。未进行有效说明的，由经办人承担直接责任。

第八条 单位各项往来资金应当及时根据相关资料建立台账，对往来资金项目逐笔登记，予以备查。未按规定建立台账的，由台账管理人（经办人）承担直接责任，计划财务处负责人承担间接责任。

第三章 往来资金的结算责任

第九条 单位应严格往来资金结算手续，认真核对往来资金数额。违反结算手续，或

往来资金管理责任制度

编制部门：	发布日期：

结算资金数额错误的，由经办人承担直接责任，计划财务处负责人承担间接责任。

第十条　单位应付及应收款项应严格控制、及时清理、按期办理结算，不得长期挂账，年终前尽量清理完毕。单位往来资金未及时结算的，由经办人承担直接责任，计划财务处负责人承担间接责任。

第十一条　单位除差旅费、备用金、离退休人员住院费等原因外，不得将公款用于职工个人借支；除基建、房屋更新改造工程和大型维修项目外，一般不预付款项；特殊情况需报计划财务处负责人审批，并签订合同，明确责任。违反者，将由经办人承担直接责任，监管人承担间接责任。

第十二条　单位资金原则上不外借给其他单位，确需外借的，应由单位党组集体研究批准，主管领导签字同意后，方可办理相关事宜。未经批准，随意办理款项借出借入的，由经办人承担直接责任，监管人承担间接责任。

第四章　往来资金的核算责任

第十三条　严格按照国家财务核算要求，做好单位的会计核算和账务处理工作。违规进行会计核算和账务处理的，由核算或账务处理人员承担直接责任，计划财务处负责人承担间接责任。

第十四条　单位往来资核算中的违法行为，如为单位负责人决定、授意办理的，由单位负责人承担直接责任。

第十五条　单位监察、审计人员应做好监察审计工作，因监管不到位造成往来资金损失的，由监察/审计人员和经办人员共同承担直接责任。

第五章　附　则

第十六条　本制度未尽事宜，依照国家相关规定执行。

第十七条　本制度由计划财务处负责解释。

第十八条　本制度自＿＿＿＿年＿＿＿＿月＿＿＿＿日起施行。

11.3.3 往来结算票据管理规定

往来结算票据管理规定
编制部门：　　　　　　　　　　　　　发布日期：

第一条 为规范单位往来资金结算票据管理，加强单位财务监督，防止不法行为发生，依据国家有关财务会计和票据管理的法律制度，制定本规定。

第二条 单位在以下情形中，应使用往来结算票据：

（一）与其他行政事业单位之间发生资金往来；

（二）与上下级单位发生资金往来；

（三）单位内部各科室之间发生资金往来；

（四）与单位内部工作人员之间发生资金往来；

（五）单位收取的暂收、代收款项等。

第三条 往来结算票据应按照"统一领取、统一使用、统一保管、统一核销、统一监督"的原则使用。

第四条 往来结算票据收取的资金必须纳入专户保管，坚持票款同行。

第五条 单位往来结算票据不得用于收缴行政事业性收费、政府性基金、专项收入等其他政府非税收入，也不得用于经营服务性收费等应纳税的收费行为。

第六条 定期清理往来结算票据，对保存期满需要销毁的资金往来结算票据存根和未使用的需要作废销毁的资金往来结算票据，交由主管部门进行销毁。

第七条 定期或不定期对票据的领购、使用、发放、保管、缴销等环节进行检查，发现问题及时上报，并作出妥善处理。

第八条 本规定与原有相关制度不一致的，依照本规定执行。

第九条 本规定由计划财务处负责解释。

第十条 本规定自公布之日起施行。

11.3.4 往来资金定期清理制度

<table>
<tr><td colspan="2" align="center">往来资金定期清理制度</td></tr>
<tr><td>编制部门：</td><td>发布日期：</td></tr>
</table>

第一章 总 则

第一条 为进一步加强往来资金管理，防范往来资金风险，保证往来资金安全，依据国家相关法律规定，结合本单位实际，制定本制度。

第二条 本制度适用于清理_____年_____月_____日以来单位各项往来资金情况。

第三条 组建由单位负责人、计划财务处负责人、各科室负责人等构成的往来资金清理工作领导小组。

第二章 往来资金清理实施

第四条 应收及暂付款清理内容。

（一）与相关单位或个人进行对账，开展应收、暂付款项的可回收性评价。

（二）收集并审核催收证据或法律证明手续，分析可能发生的意外或损失。

（三）单笔金额达_____万元以上，且时间超过_____年以上，尚未收回的款项，应向清理工作领导小组出具书面报告，并逐笔说明未收回原因以及拟采取的措施。

第五条 应付及暂存款清理内容。

（一）认真核对应付、暂存款数额、票据。

（二）对于不能出具合同协议的应付款，需向清理工作领导小组提交书面报告，并说明原因，并由单位相关负责人签字确认。

（三）对于超过_____年的挂账款项，应向清理工作领导小组提出处理意见；对需要继续挂账的款项，应列出清单并说明原因。

第六条 对自_____年以来单笔损失_____万元以上的往来资金，须详细说明原因和处理办法，还应附有相关资料说明。

第七条 往来资金的清查程序。

（一）由单位相关部门负责人组成往来资金清理工作领导小组，负责单位资产清理工作的实施，以及清理结果的确认与核实。

（二）清理工作领导小组对往来资金进行全面清理。

（三）清理工作领导小组依据清理结果，提交往来资金清理报告，经清理小组成员签字后，报单位负责人审签。

往来资金定期清理制度

编制部门：	发布日期：

（四）清理报告审签通过后，相关科室依据清理结果及处理意见，对本科室长期挂账往来资金作出相应处理。

第八条　往来资金清查报告应明细往来资金清理项目，逐项分析说明挂账原因，提交相应证明材料，并提出处理意见。

第三章　往来资金清理的要求

第九条　单位应定期对往来资金进行清理，至少应每年末应组织一次往来资金清理工作，以确保资金安全。

第十条　往来资金清查工作应在_____工作日内完成，并提交往来资金清理报告及附表，空白报表也需盖章上报。

第十一条　单位往来资金清理项目及清理结果应当公开，接受单位上级主管单位和其他部门的监督，以确保清理结果客观、公正。

第十二条　单位相关工作人员要对往来资金清理工作高度重视，因个人原因影响整个清查进度或结果的，将视影响程度予以处分。

第四章　附　则

第十三条　本制度未尽事宜，依照国家相关规定执行。

第十四条　本制度由计划财务处负责制定。

第十五条　本制度自_____年_____月_____日起施行。

第 4 节 往来资金管理流程

11.4.1 往来资金审批流程

1. 应收借款审批流程

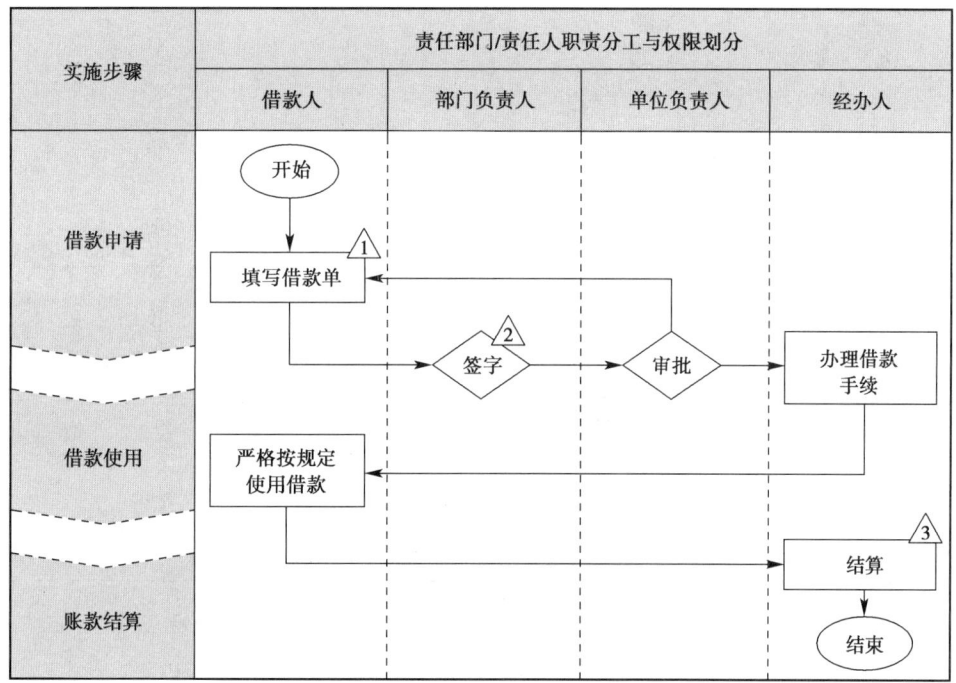

关键节点说明：

关键节点	相关说明
关键节点 1	超过_____万元的大额资金借款，应提交相关证明材料；预付工程款还应附上施工合同和工程预算
关键节点 2	对无资金来源和超计划的借款不得审批签字，违反规定造成损失的，追究相关责任
关键节点 3	差旅费借款，应在返回后_____日内办完报销结算手续；购物款项，应自购物在发票开出后_____日（异地_____日）内办完报销结算手续；预付工程款，依合同规定进行结算

2. 暂存款审批流程

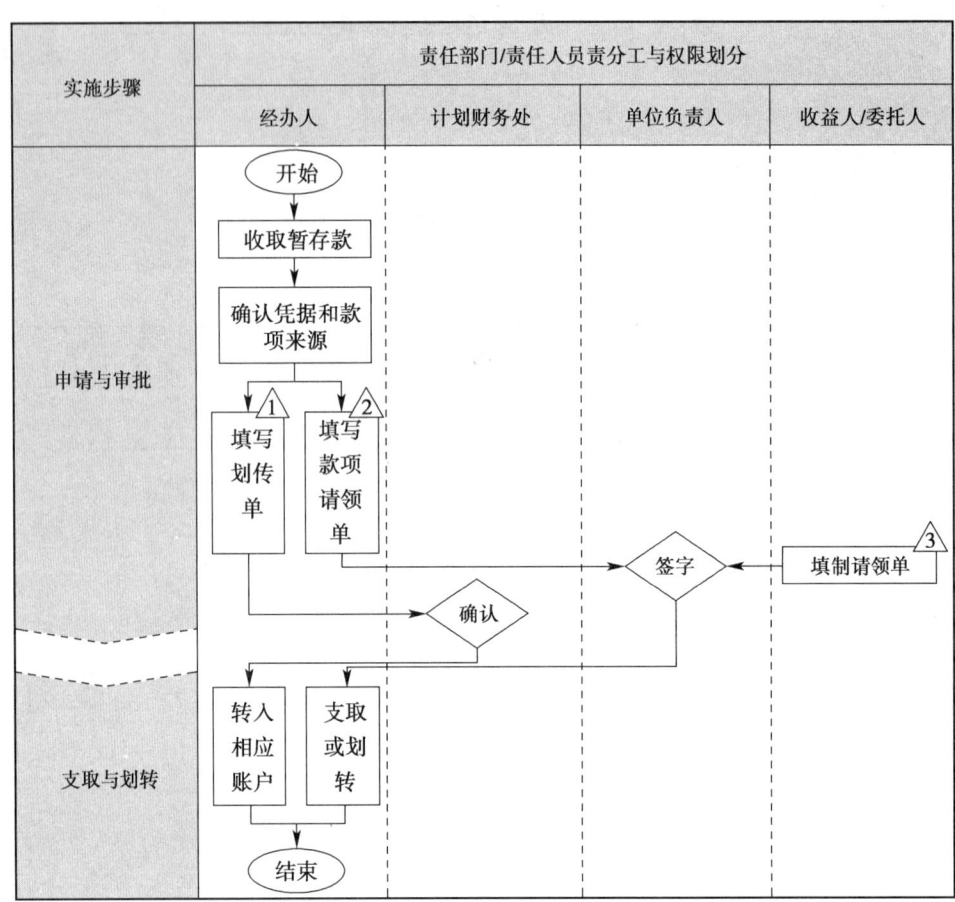

关键节点说明:

关键节点	相关说明
关键节点1	单位划转暂存款需经经办人填写划转单,注明款项来源、金额、经财务部门确认无误后转入单位相应账户,不能直接支取现金或转出
关键节点2	因代收或从职工工资代扣形成的暂存款,须由经办人填写款项请领单,注明款项来源及金额,经单位负责人审批后方能支取或划转
关键节点3	单位个人支取暂存款需由受益人或受托人填写请领单,注明款项来源及金额,并提供受益人身份证明,方能支取

11.4.2 往来资金清理流程

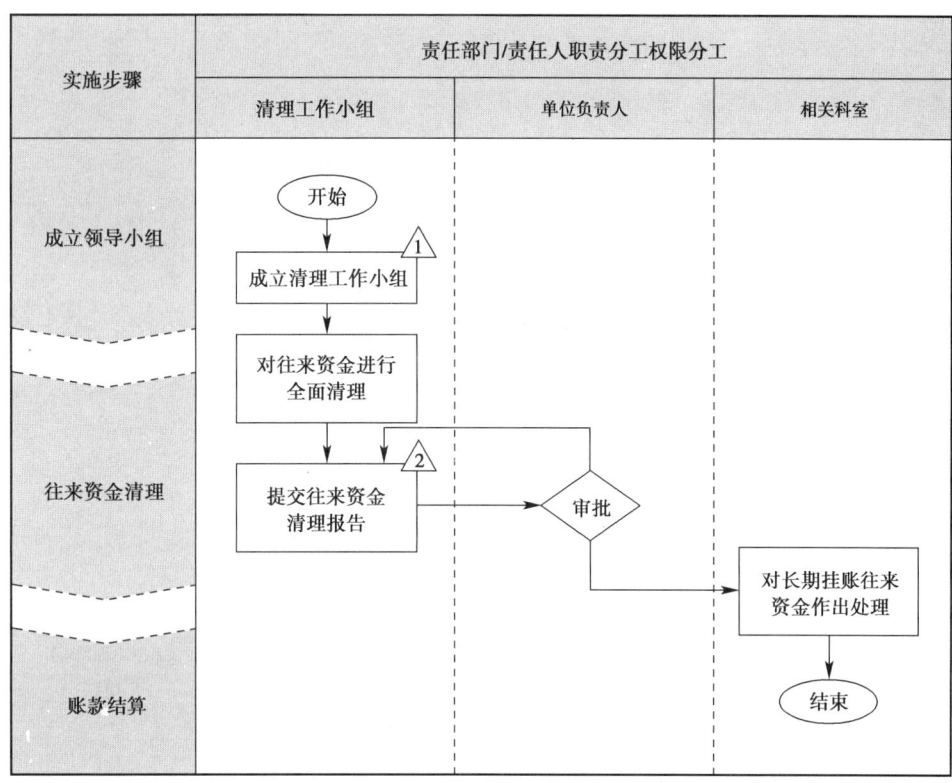

关键节点说明:

关键节点	相关说明
关键节点1	资产清理小组由单位相关科室负责人组成,主要负责资产清查工作的实施,以及清理结果的确认与核实等工作
关键节点2	往来资金清查报告应明细往来资金清查项目,并逐项分析说明挂账原因,提交相应证明材料,并提出处理意见

第 12 章

行政事业单位内部控制规范——实物资产

第 1 节　实物资产控制的内容与目的

12.1.1　实物资产控制的内容

实物资产是指行政事业单位占有和使用的，能以货币计量的各种物料用品或低值易耗品等。行政事业单位进行实物资产内部控制中，应至少加强对以下 4 个方面的控制，如图 12-1 所示。

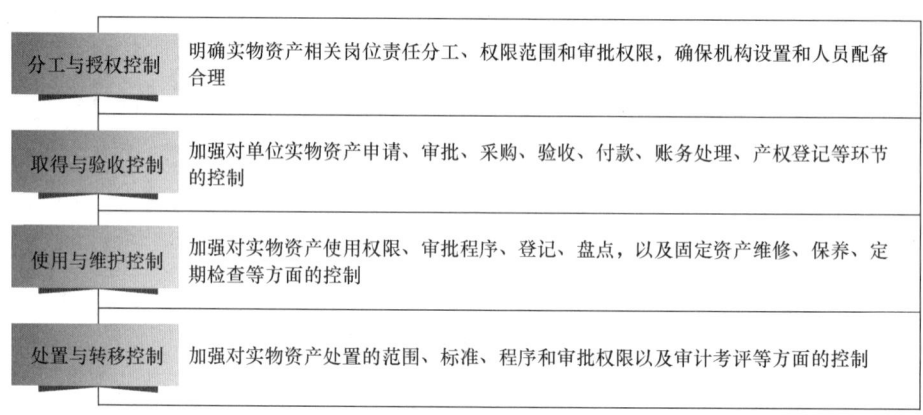

图 12-1　实物资产控制的内容

12.1.2　实物资产控制的目的

行政事业单位实物资产包括房屋及建筑物、专用设备、一般设备、文物和陈列品、图书、办公用品或低值易耗品等。行政事业单位进行实物资产控制的目的主要有以下 4 点，如图 12-2 所示。

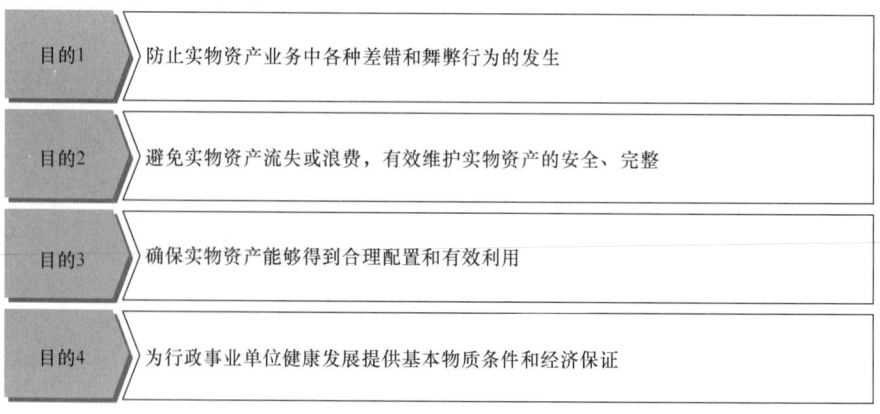

图 12-2　实物资产控制的目的

第 2 节 岗位责任与授权审批制度

12.2.1 实物资产岗位责任制度

实物资产岗位责任制度
编制部门：　　　　　　　　　发布日期：

第一章 总 则

第一条 为明确实物资产业务岗位的职责、权限，确保办理实物资产业务的不相容岗位相互分离、制约和监督，维护单位实物资产安全、完整，依据《行政单位国有资产管理暂行办法》《事业单位国有资产管理暂行办法》等相关法律法规，结合本单位实际，特制定本制度。

第二条 实物资产业务不相容岗位工作内容。

(一) 实物资产购置/投资预算的编制、请购与审批、审批与执行；

(二) 实物资产采购、验收与款项支付；

(三) 实物资产投保的申请与审批；

(四) 实物资产处置的申请与审批、审批与执行；

(五) 实物资产的取得、保管及处置业务的执行与相关会计记录。

第二章 岗位职责划分

第三条 单位负责人职责。

(一) 对实物资产管理办法及相关制度进行审核。

(二) 负责对单位实物资产重大工作事项的进行决策。

第四条 资产管理处处长职责。

(一) 制定实物资产管理办法及相关制度，并监督检查制度的执行。

(二) 负责金额_____万元以下固定资产，以及低值易耗品等实物资产采购计划的审批。

(三) 负责单位实物资产的统计报告、资产评估、清查核查等工作。

第五条 资产管理处副处长职责。

实物资产岗位责任制度	
编制部门:	发布日期:

（一）组织做好单位实物资产的日常管理工作。

（二）审核办理固定资产及低值易耗品的构建、调拨、转让、报废、报损等工作。

（三）对各单位的实物资产管理进行指导和监督。

（四）组织做好固定资产的报废、报损的技术鉴定工作，并提出处理意见。

第六条　资产管理员职责。

（一）对本部门在用的固定资产、低值易耗品等实物资产进行登记。

（二）办理实物资产入库、领用、内部变动、处置手续。

（三）负责保管实物资产，并参与实物资产的清查、盘点工作。

（四）年终做好固定资产、低值易耗品的清理工作，与财务部门和实物资产使用部门对账。

第七条　财务处处长职责。

（一）参与单位实物资产的组织管理和监督。

（二）指导本部门工作人员做好实物资产付款、账务处理工作。

第八条　出纳人员职责。

根据审核通过采购审批单、验收入库单、采购发票等办理付款手续。

第九条　会计人员职责。

（一）登记实物资产的总分类和明细分类账簿。

（二）对固定资产、低值易耗品、库存物资等实物资产进行会计核算。

（三）配合资产管理部门做好实物资产的清查工作。

第十条　实物资产使用部门负责人职责。

（一）组织编制本部门实物资产的使用申请或使用计划，向实物资产管理部门提出实物资产的调拨、使用、维修、处置申请。

（二）组织做好实物资产的保养、报废、转移、处置等工作的执行。

第三章　附　则

第十一条　本制度由资产管理处负责解释。

第十二条　本制度自＿＿＿＿年＿＿＿＿月＿＿＿＿日起施行。

12.2.2 实物资产授权批准制度

实物资产授权批准制度

编制部门：　　　　　　　　　发布日期：

第一章　总　则

第一条　为规范实物资产授权审批管理，明确单位实物资产授权审批的方式、权限、责任及相关控制措施，依据《行政单位国有资产管理暂行办法》《事业单位国有资产管理暂行办法》等相关法律法规的规定，结合本单位实际，特制定本制度。

第二条　本单位及所属单位实物资产授权审批管理均依本制度执行。

第三条　实物资产管理责权单位：

（一）资产管理处为实物资产的管理部门；

（二）实物资产的使用科室为实物资产的日常使用与维护部门；

（三）财务处为实物资产各类账务处理的部门。

第二章　实物资产授权审批管理

第四条　实物资产预算审批。

（一）实物资产年度预算由单位财务处提出，经本单位负责人审阅，报主管部门批准后执行。

（二）未列入实物资产预算，而又必须在本年度内支付的经费，＿＿＿万元以下的由单位负责人审批，＿＿＿万元以上的由同级财政部门审批。

（三）调整年度预算，按原预算批准程序审批。

第五条　实物资产请购审批。

（一）固定资产使用部门提交请购申请。

（二）资产管理处负责组织固定资产论证与评估、固定资产采购实施。

（三）单位负责人或同级财政部门负责固定资产请购单的最终审批，其中价值在＿＿＿万元以下的固定请购由本单位主管领导审批；＿＿＿万元（含＿＿＿万元）或批量＿＿＿万元（含＿＿＿万元）以上的实物资产，纳入政府集中采购范围，执行政府采购有关规定。

第六条　固定资产维修保养审批。

实物资产授权批准制度

编制部门：	发布日期：

（一）使用科室负责固定资产的日常维修和保养工作，发现固定资产需要维修时，应及时报请本科室负责人审批后，联系安排固定资产的维修与保养。

（二）当固定资产进入大修状态时，使用科室应及时提出申请，提交资产管理处审批；维修申请在维修计划内并且预计金额在_____元以内的，由资产管理处安排维修与保养；预计金额在_____元（含_____元）至_____元的应由单位负责人审批；超过_____元（含_____元）的，纳入集中采购范围，执行政府采购有关规定。

第七条 实物资产的报废和出售审批。

（一）使用科室根据实物资产的实际使用情况，提出报废或出售申请。

（二）预计金额在_____万元以下的实物资产报废或出售，由资产管理处负责人审批；预计金额在_____万元（含_____万元）至_____万元的实物资产报废或出售，由单位负责人审批；超过_____万元（含_____万元）的，需经上级主管部门审批。

第八条 实物资产的出租或出借审批。

（一）由租用或借用单位提出书面申请，说明相关情况，送资产管理处。

（二）资产管理处会同财务处拟订出租或出借方案，上报同级财政部门审核批准，审批通过后方可对外出租、出借。

第九条 授权审批人或单位不得越权审批，超越授权审批范围的实物资产业务，经办机构或经办人有权拒绝，并及时向上级授权部门报告。

第三章 附 则

第十条 本制度未尽事宜，依照国家相关规定执行。

第十一条 本制度的最终解释权归资产管理处。

第十二条 本制度自_____年_____月_____日起施行。

第 3 节　取得与验收内部控制规范

12.3.1　实物资产预算管理制度

实物资产预算管理制度

编制部门：　　　　　　　　发布日期：

第一章　总　则

第一条　为规范实物资产购置，有效减少未产生效益的固定资产增加，避免造成资金的使用不当，依据《政府会计制度——行政事业单位会计科目和报表》《行政单位国有资产管理办法》《事业单位国有资产管理办法》等法律法规的规定，结合本单位实际，制定本制度。

第二条　本单位及所属单位实物资产的预算管理均依据本制度执行。

第二章　预算的编制管理

第三条　实物资产预算编制应由资产管理处会同相关科室审核实物资产存量，提出拟购置资产的品名、规格、数量，测算经费额度，进行充分论证后编制资产购置预算；预算经本单位负责人审查批准，报上级主管部门审批，编入单位年度预算。

第四条　实物资产预算编制应由资产使用科室、财务处、资产管理处的人员共同参加，以减少预算错误发生的可能性。

第五条　对于重大的固定资产投资项目，可组织独立的第三方进行可行性研究与评价，并由单位实行集体决策和审批，防止出现决策失误而造成严重损失。

第六条　对于价值较高的实物资产预算项目，应填报详细的文字材料，经单位负责人和同级财政部门审核后，按需要和可能列入单位预算。

第七条　实物资产预算支出编制中，应统筹兼顾，确保重点，在保证单位合理需要的前提下，妥善安排各项预算支出。

实物资产预算管理制度

编制部门：	发布日期：

第三章 预算的审批管理

第八条 预算审批权限。

（一）实物资产年度预算由计划财务处提出，经单位负责人审阅后，报主管单位审批后执行。

（二）未列入实物资产预算，而由必须在本年度内支付的经费，_____万元以下的由单位负责人审批，_____万元以上的由主管单位审批。

（三）调整年度预算，按原预算批准程序审批。

第九条 预算审批报告中应有审批单位签字及建议，以有效防止出现因决策失误而给单位带来不必要的经济损失。

第四章 预算的执行与调整

第十条 实物资产预算一经下达，原则上不予调整，对于在执行中影响预算的有关因素，一般在确定下一年预算时予以考虑。

第十一条 预算在执行中，因突发事件、政策调整等，对实物资产预算执行影响较大，确需对预算进行调整的，应依照有关程序，经批准后予以调整。

第十二条 单位各科室应严格按照批准的预算控制实物资产相关支出，并对资金使用效益和财务活动进行分析、评价和监督。

第十三条 实物资产预算编制实行问责制，在预算编制时出现无正当理由的漏项、错项而影响今后正常工作的，要追究预算编制人员的责任。

第五章 附 则

第十四条 本制度未尽事宜，依据国家相关规定执行。

第十五条 本制度由资产管理处负责解释。

第十六条 本制度自_____年_____月_____日起施行。

12.3.2 实物资产请购审批制度

实物资产请购审批制度	
编制部门：	发布日期：

第一章 总 则

第一条 为明确实物资产请购部门和审批部门职责权限，规范实物资产请购与审批程序，确保实物资产购置决策科学合理，依据《行政单位国有资产管理办法》《事业单位国有资产管理办法》等法律法规的规定，结合本单位实际，制定本制度。

第二条 本单位及所属单位实物资产的请购审批均依据本制度执行。

第二章 固定资产请购

第三条 部门职权划分：

（一）固定资产使用部门提交请购申请；

（二）资产管理处会同计划财务处负责固定资产论证与评估，编制固定资产采购实施方案；

（三）单位负责人或同级财政部门负责固定资产请购单的最终审批，其中价值_____万元以上的，报同级财政部门审批，列入部门预算后组织采购；价值_____万元以下的，经单位领导集体讨论通过后，列入部门预算组织采购。

第四条 请购审批程序。

（一）使用部门提出申请，提交"固定资产请购单"。

（二）请购单经使用部门负责人签字确认后提交资产管理处，资产管理处依据请购单对本单位固定资产进行查核。

（三）经查核无法调配后，由资产管理处组织单位相关部门进行技术经济论证，论证结束后，经资产管理处负责人签字，上报单位主管领导或同级财政部门审批。

（四）经主管领导或同级财政部门审批通过后，由资产管理处统一组织购买（纳入政府采购范围的，执行政府采购有关规定）。

第五条 请购环节控制。

（一）请购单上应详细填写拟固定资产的名称、规格、型号、性能、预算金额以及购置原因等相关内容。

实物资产请购审批制度

编制部门：	发布日期：

（二）编制预算外，因特殊需要请购的固定资产，应详细说明购置原因及添购效益。

（三）一般固定资产采购，应由资产管理处充分了解和掌握供应商情况，采取比制比价的办法确定供应商；对于重大的固定资产采购，应采取招标方式进行。

第三章　低值易耗品请购

第六条　部门职权划分。

（一）低值易耗品使用部门提交使用申请。

（二）资产管理处负责低值易耗品请购申请的审批。请购申请应依据实际需求，分批分期提交购置。

（三）财务部门负责办理低值易耗品请购借款手续。

第七条　请购审批程序。

（一）低值易耗品请购由使用部门提交申请，填写"低值易耗品请购单"。

（二）请购单经本部门负责人签字后，提交资产管理处审批。

（三）资产管理处批准后，到财务部门办理借款手续，分批分期进行购置。

第八条　请购环节控制。

（一）低值易耗品应严格按照请购单所列的规格、数量、品牌、价格购买，确保货真价实、保证质量。

（二）使用部门急需、零星、专用物品，经资产管理处同意后，可由本部门自行购置。

第四章　附　则

第九条　本制度未尽事宜，依据国家相关规定执行。

第十条　本制度由资产管理处负责解释。

第十一条　本制度自_____年_____月_____日起施行。

12.3.3 实物资产交付使用验收制度

实物资产交付使用验收制度

编制部门：　　　　　　　　　发布日期：

第一章　总　则

第一条　为确保单位实物资产数量、质量符合使用要求，依据《行政单位国有资产管理办法》《事业单位国有资产管理办法》等法律法规，结合本单位实际，制定本制度。

第二条　本单位及所属单位实物资产交付使用均依本制度执行（纳入政府采购的除外）。

第二章　固定资产交付使用验收

第三条　职权范围划分。

（一）单价以及批量_____万元以上（含_____万元）固定资产的最终验收，由资产管理处组织监察、审计、财务、专家、资产使用单位、供应商等各方进行验收。

（二）单价在_____万元以上（含_____万元）_____万元以下，以及批量在_____万元以上（含_____万元）_____万元以下的固定资产最终验收，由资产管理处组织验收，使用单位委派人员全程参与验收过程，做好相应验收记录，准备随时接受有关职能部门监督检查。

（三）单价在_____万元以下，批量在_____万元以下的固定资产最终验收，由资产使用单位组织，资产管理处全程参与，做好相应验收记录，准备随时接受有关职能部门监督检查。

第四条　外购固定资产验收规定。

（一）外购固定资产送达时，由相关部门予以验收，并在验收结束后出具验收单或验收报告，验收合格后方可投入使用。

（二）外购固定资产验收内容主要包括：资产的品种、规格、型号、数量与请购单是否相符，运转是否正常，使用状况是否良好，有关技术指标是否达到合同规定的要求等。

（三）外购固定资产验收不合格，使用部门应协同资产管理处按合同规定条款及时向供应商退货或索赔。

第五条　自行构建的固定资产验收规定。

实物资产交付使用验收制度

编制部门：	发布日期：

（一）自行构建的固定资产主要是工程项目，对于重要的工程项目应聘请第三方机构进行验收，并编制验收决算报告。

（二）自行构建的工程项目验收中的监督、测试工作应当加以文字记录，作为工程验收合格证书的附件妥善保管，验收合格证书应由指定的授权人审核签字。

（三）自行构建的固定资产验收不符合要求的，应由资产管理处监督建造部门返工。

第六条　对验收合格的固定资产应及时办理入库、编号、建卡、调配等手续，以确保固定资产的有效识别与盘点。

第七条　参与验收的人员，应于验收工作完成后在验收单上签字，以落实验收的责任与监督责任。

第八条　对国家投入、接受捐助、单位合并、非货币资产交换、其他行政事业单位无偿划拨转入以及其他方式取得的固定资产均应办理相应的验收手续。

第九条　对经营租入、借入、代管的固定资产应设立登记簿记录备查，避免与本单位其他财产混淆，并在使用结束后及时归还。

第三章　低值易耗品交付使用验收

第十条　本单位低值易耗品在交付使用前必须先入库，在入库时组织应进行验收，对贵重、稀缺和进口物品，需专业人员协同资产管理员进行验收。

第十一条　验收时必须注意质量的检查，一经发现问题，应立即按照有关规定向供货单位提出，并及时办理退、补、赔手续。

第十二条　验收合格后，资产管理员应按规定填写入库单，经资产管理处负责人核审核签字后，到计划财务处办理报账手续。

第四章　附　则

第十三条　本制度由资产管理处负责解释。

第十四条　本制度自＿＿＿＿年＿＿＿＿月＿＿＿＿日起施行。

第4节 使用与维护内部控制规范

12.4.1 实物资产使用管理办法

实物资产使用管理办法

编制部门：　　　　　　　　发布日期：

第一章　总　则

第一条　为规范实物资产的使用管理，维护实物资产安全和完整，提高实物资产的使用效益，依据《行政单位国有资产管理暂行办法》《事业单位国有资产管理暂行办法》等相关法律法规，结合本单位实际，特制定本办法。

第二条　本办法所称的实物资产包括固定资产、低值易耗品、库存物资等。

第二章　实物资产的使用

第三条　实物资产的使用应遵循因公、规范、安全的原则，使用者应按技术性能要求，规范操作使用，确保安全运行。

第四条　资产管理处应建立实物资产账和统计台账，坚决杜绝账外资产，对于暂时无法入账的实物资产，应登记造册，建立专项档案、统计台账及统计报表。

第五条　使用者在领用低值易耗品、库存物资时须在台账中进行登记，其中申请部门要求领用公务接待用礼品的，还应报经单位负责人同意。当使用者离职时，所用物资应当按规定交回并办理相关手续。

第六条　资产出库时，资产保管员应及时进行记录。

第七条　单位实物资产使用的原始记录、统计台账、报表填写要做到及时、准确、齐全、规范。

第三章　实物资产的保管

第八条　实物资产实施"区别对待、分级保管"，具体规定如下。

（一）固定资产、低值易耗品使用者单一的，该使用者即为保管人。

实物资产使用管理办法

编制部门：	发布日期：

（二）固定资产、低值易耗品使用者为某一部门的，该部门负责人或指定专人为保管人。

（三）固定资产、低值易耗品使用者为一个部门以上的，资产管理处负责人为保管人。

（四）库存物资由资产管理处指定专人保管。

第九条 资产管理处负责确定资产分类标准和管理，并制定和实施固定资产目录制度。

第十条 建立健全实物资产电子数据库、动态信息平台及管理网络，及时将实物资产变动信息录入电子信息管理系统，对本单位实物资产实行动态管理，提高管理水平。

第十一条 保管人应维护实物资产的完好，发现实物资产丢失、报废、毁损、短缺或其他不能正常使用情况，应及时向实物资产管理处汇报，实物资产管理处接到报告后及时作出相应处理。

第十二条 对于支付已经核销、实物形态依然存在的办公用品，资产管理处应做好登记、保管、盘查等管理工作。

第十三条 当实物资产的保管人员发生变更时，资产管理处应组织和督促相关部门做好资产盘存、交接等工作，并进行保管人变更登记。

第十四条 每年末对实物资产进行一次清查，确保实物资产账与财务账一致、实物资产账与设备卡片一致、实物资产账与实物一致，做好账账、账卡、账实相符。

第十五条 在实物资产管理过程中，有下列行为之一的，单位有权责令改正，并追究相关部门领导和直接责任人员的责任：

（一）未按规定使用、管理实物资产，造成重大损失的；

（二）隐瞒实物资产真实情况弄虚作假的；

（三）擅自处理实物资产，未办理合法手续的；

（四）以各种名目侵占单位实物资产或利用职权以权谋私的。

第四章 附 则

第十六条 本办法与原相关制度不一致的，依照本办法执行。

第十七条 本办法由资产管理处负责解释。

第十八条 本办法自公布之日起施行。

12.4.2 实物资产领用交回制度

<table>
<tr><td colspan="2" align="center">实物资产领用交回制度</td></tr>
<tr><td>编制部门：</td><td>发布日期：</td></tr>
</table>

第一章 总　则

第一条　为规范单位实物资产领用交回管理，确保实物资产安全、完整，依据《行政单位国有资产管理暂行办法》《事业单位国有资产管理暂行办法》等以及本单位《实物资产使用管理办法》等的规定，结合本单位实际，制定本制度。

第二条　本单位及所属单位所有实物资产的领用交回均依照本制度执行。

第二章　单位内部领用交回管理规定

第三条　实物资产的领用手续。

（一）实物资产领用（或借用）人需根据实际需求，填写物品领用单，经本部门负责人核准后，到资产管理处领取。

（二）资产管理员办理领用（或借用）手续前，需严格检查所借物品是否完好，经确认无误后交付所借物品，并按规定填写领用借还登记簿，并由领用人（或借用）签字。

（三）做好实物资产的使用监控，确保领用（或借用）人在物品使用过程中无丢失和损坏，否则依据单位《损坏丢失赔偿制度》予以赔偿。

（四）对于超过_____万元的固定资产，需经资产管理处负责人批准后，方可领用（或借用）；对于超过_____元的低值易耗品，除提供物品领用单外，还应提供原旧损物品。

第四条　实物资产交回手续。

（一）实物资产领用（或借用）人，必须按规定的时间交回所用物品，资产管理员必须认真检查清点，并做好记录，填好领用借还登记簿由领用人（或借用）签字。

（二）资产管理员应合同借用人当面清点借用实物资产的数量、检查借用实物资产的质量，若发生丢失或损坏，应做好记录，若属于贵重实物资产还应填写维修保养记录。

（三）对于超过借出期限的实物资产，资产管理员应予以追回，否则依据单位《损坏丢失赔偿制度》相关规定承担连带责任。

实物资产领用交回制度

编制部门：	发布日期：

第五条 每年年底由资产管理处组织实物资产清查一次，确保资产数量清、质量清、规格清。

第六条 因机构调整变动、人员调动、退休、辞职等原因，各部门领用（或借用）人所领取的实物资产应及时办理调拨、变更、退库等手续，不得擅自调换转让。

第七条 单位的领用（或借用）人应严格遵守操作规程，按实物资产的性能要求，做好资产的防潮、防霉、防光、防火、防热、防冻、防震、防腐、防爆、防盗工作，使其处于良好运行状态。

第八条 资产管理处应定期与计划财务处相关人员进行账目核对，以确保账账相符、账实相符、账卡相符。

第三章 单位外部借用交回管理规定

第九条 实物资产原则上不向外单位或个人借出，如遇特殊情况拟向外出借的，应报本单位负责人审批；相关文件需报送上级单位批准的，应事先上报审批核准。

第十条 实物资产外部借用交回手续。

（一）借用单位提交借用申请，详细说明借用资产原因、用途、归还期限等；

（二）资产管理处对申请进行详细审核，报单位负责人或同级财政部门审批；

（三）审批通过后，资产管理处依据申请项目办理借用手续，并填好领用借还登记簿由借用单位负责人签字；

（四）资产管理员处应做好借用时间的监控，及时催还到期应交回实物资产，对于超过借出期限的实物资产，资产管理员应予以及时追回；

（五）外借实物资产若有丢失损坏，由借用单位按财产价值予以赔偿。

第十一条 单位外借实物资产，其所有权性质不发生变化。

第四章 附 则

第十二条 本制度未尽事宜，依照国家相关规定执行。

第十三条 本制度由资产管理处负责解释。

第十四条 本制度自_____年_____月_____日起施行。

12.4.3　固定资产维修保养制度

固定资产维修保养制度
编制部门：　　　　　　　　　　发布日期：

第一章　总　则

第一条　为规范固定资产维修与养护，提高固定资产的使用效率，保障固定资产的安全与完整，依据《行政单位国有资产管理暂行办法》《事业单位国有资产管理暂行办法》等相关法律法规的规定，结合本单位实际，特制定本制度。

第二条　本单位及所属单位固定资产的维修保养均依照本制度执行（纳入政府采购的除外）。

第三条　固定资产是指单位价值在规定标准以上，使用期限在一年以上，并在使用过程中保持原有物质形态的资产，具体包括：

（一）单价在_____元以上（含_____元），耐用时间在一年以上的一般设备；

（二）单价在_____元以上（含_____元），耐用时间在一年以上的专用设备；

（三）单价虽未达到规定标准，但耐用时间在一年以上的大批同类物资。

第二章　职责划分

第四条　固定资产的使用部门负责固定资产的日常维修、保养。

第五条　资产管理处权责。

（一）负责固定资产大修计划的制订和实施；

（二）负责对固定资产使用中出现的紧急情况采取修理措施；

（三）协调使用部门难以完成的日常维修工作；

（四）对固定资产的维修、保养结果进行记录等。

第六条　计划财务处权责。

（一）在授权范围内对固定资产的维修保养行使审批权限；

（二）负责固定资产维修保养资金支付工作；

（三）负责做好固定资产维修保养的相关账务处理。

固定资产维修保养制度

编制部门：	发布日期：

第三章 固定资产维修与保养

第七条 固定资产维修形式。

（一）固定资产日常维修，是指单次维修费用在_____元以下的固定资产维修；

（二）固定资产大修，是单次维修费用在_____元以上的固定资产维修。

第八条 固定资产日常维修的申请和审批。

（一）使用者发现固定资产需要进行维修保养时，应及时报请本部门负责人；

（二）经本部门负责人同意后由使用者联系安排固定资产的维修与保养。

第九条 固定资产大修的申请和审批。

（一）当固定资产进入大修状态时，固定资产使用部门应及时提出申请，经本部门负责人签字后，提交资产管理处；

（二）资产管理处汇总固定资产大修申请，编制固定资产大修计划，交资产管理处负责人及单位主管领导审批；

（三）资产管理处依据审批通过后的大修计划，组织安排固定资产的维修。

第十条 固定资产的维修和保养所发生的费用应全部计入当期或分期摊入各期费用中，并由非记录固定资产明细账的其他人员来监督。

第十一条 计划财务处应逐日编制固定资产维修和保养费用表，分析各月之间费用发生重大波动的原因，并及时向上级领导汇报。

第十二条 固定资产技术改造，资产管理处应组织相关部门进行可行性论证分析，经审议审批通过后方能实施。

第四章 附 则

第十三条 本制度未尽事宜，依照国家相关规定执行。

第十四条 本制度由资产管理处负责解释。

第十五条 本制度自_____年_____月_____日起施行。

12.4.4 固定资产投保管理规定

<table>
<tr><td colspan="2" align="center">固定资产投保管理规定</td></tr>
<tr><td>编制部门：</td><td>发布日期：</td></tr>
</table>

第一条 为保障单位固定资产安全，做到防患于未然，单位依据国家相关法规规定，结合本单位实际，制定本规定。

第二条 本单位及所属单位固定资产的投保管理均依照本规定执行。

第三条 固定资产投保遵循自愿投保、保障为先的原则。

第四条 单位_____年底固定资产的账面数为投保范围，具体包括：房屋、建筑物、专用设备、一般设备、仪器设备等固定资产，但笔记本电脑、照相摄像器材、公务交通车辆除外。

第五条 所有因重大自然灾害、意外事故（含火灾、爆炸、盗窃、人为恶意破坏）所造成投保资产的损坏、丢失，均应由保险公司负责赔偿。

第六条 投保审批程序。

（一）计划财务处依据单位投保需求，明确投保范围和费用，报单位负责人审批；

（二）审批通过后将其纳入单位财政预算，报财政部门审批通过后执行。

第七条 投保理赔程序。

（一）单位发生保险责任范围内的损失，应立即向单位保卫处报案，经保卫处确认后立即通知计划财务处与保险公司联系（最长不超过_____小时，特殊情况除外）；

（二）保险公司按规定程序进行现场勘察和调查，计算损失并进行理赔；

（三）计划财务处负责与保险公司联系办理具体索赔事宜。

第八条 固定资产投保经费由财政预算安排并统一由国库集中支付。

第九条 单位超过_____万元的重大固定资产项目投保，应采取招标方式确定保险公司，做好单位固定资产的投保工作。

第十条 本规定与原有相关制度不一致的，依照本规定执行。

第十一条 本规定由资产管理处负责解释。

第十二条 本规定自公布之日起施行。

12.4.5 实物资产清查管理制度

实物资产清查管理制度	
编制部门：	发布日期：

第一章 总 则

第一条 为加强实物资产管理，提高资产使用效率，确保单位各项实物资产的安全与完整，依据《行政单位国有资产管理暂行办法》《事业单位国有资产管理暂行办法》《财政部关于开展全国行政事业单位资产清查工作的通知》等相关规定，结合本单位实际，制定本制度。

第二条 本单位及所属单位所有实物资产的清查管理工作均依照本制度执行。

第二章 实物资产清查范围

第三条 实物资产清查是从实物管理的角度，对本单位实际拥有的实物资产进行清理和检查，并与固定资产账务、低值易耗品及库存物资台账核对，确定盘盈、毁损、报废及盘亏资产。

第四条 实物资产的清查范围：

（一）使用权归本单位所有的实物资产；

（二）单位租借资产的资产，在清查时应单独摆放；

（三）单位对外出租、出借资产必须列明清单，并派出工作人员进行现场清查。

第三章 实物资产清查程序

第五条 实物资产清查的程序：

（一）由单位负责人、财务处人员、资产管理处相关人员组成资产清查小组，具体负责清查工作；

（二）由资产清查小组对本单位拥有的实物资产进行清点，填写实物资产清查盘点表；

（三）将盘点项目内容与固定资产账、低值易耗品及库存物资台账进行核对，填写实物资产清查盘亏/盘盈明细表，并在此基础上完成清查报告，报请清查小组负责人签字确认；

（四）按照管理权限上报使用部门、资产管理处、单位主管领导核准后，由计划财务处进行账务处理；

实物资产清查管理制度

编制部门：	发布日期：

（五）固定资产清理结果上报同级财政部门。

第六条　实物资产清查报告需应写明实物资产清查盘点结果、存在的问题及改进措施等内容；对盘亏、盘盈的实物资产，务必分别逐项说明产生的原因，并提供相应的证明材料，提出处理意见。

第七条　清点后的实物资产不得随意变更存放地点，如确实需要变更的，须向清查小组提交变更申请，经批准后，方可变更。

第四章　实物资产清查要求

第八条　实物资产清查时间要求。

（一）单位应定期和不定期地对实物资产进行清查盘点，至少应当于每年年末对单位实物资产进行全面清查一次，以确保账、卡、物相符。

（二）实物资产年度清查于_____月_____日前完成；年中清查视具体需要确定。

（三）单位有下列情形之一的，应当进行实物资产清查：

1. 国家专项工作要求或者本级政府组织资产清查的；
2. 遭受重大自然灾害等不可抗力造成资产严重损失的；
3. 单位使用实物资产出现重大流失的；
4. 会计政策发生重大更改，涉及资产核算方法发生重要变化的；
5. 应当进行资产清查的其他情形。

第九条　在实物资产清查中，有隐瞒不报、弄虚作假、损害国家利益、给国家财产造成各种损失的，必须严肃查处；触犯刑律的，移交司法机关依法惩处。对违反工作纪律的单位和个人，根据情节轻重程度给予行政纪律处分。

第五章　附　　则

第十条　本制度未尽事宜，依照国家相关规定执行。

第十一条　本制度由资产管理处负责解释。

第十二条　本制度自_____年_____月_____日起施行。

第 5 节　处置与转移内部控制规范

12.5.1　实物资产处置管理制度

实物资产处置管理制度	
编制部门：	发布日期：

第一章　总　则

第一条　为进一步规范单位实物资产的处置管理，有效避免私下交易等损害单位利益的现象出现，确保实物资产得到合理利用，根据《行政事业单位国有资产管理暂行办法》《事业单位国有资产管理暂行办法》等法律法规，结合本单位实际，特制定本制度。

第二条　本单位及所属单位实物资产的处置均依照本制度执行。

第三条　本制度所称实物资产包括固定资产、低值易耗品、库存物资等。

第二章　实物资产的报废管理

第四条　符合下列条件之一的实物资产，可申请报废。

（一）已达到规定的使用年限，无法继续使用的。

（二）虽未超过使用年限，但继续使用无法保证质量要求，且易发生危险的。

（三）主要结构或部件损毁，维修费用过大，不如报废后更新经济的。

（四）因意外事故、自然灾害或不可抗拒原因造成实物严重破坏无法修复或丢失的。

（五）能耗高、效率低、污染严重、经济效益差、无继续利用改造价值的。

（六）国家和有关部门规定淘汰的。

第五条　实物资产报废申请程序。

（一）由资产使用部门对拟报废实物资产进行清点和检查，经本部门负责人同意后向资产管理处提交报废申请表。

（二）资产管理处接到报废申请后，会同财务处、各专业管理科室所组成的专家组进行技术鉴定，对不符合报废标准的实物资产予以剔除。

实物资产处置管理制度

编制部门：	发布日期：

（三）资产管理处对专家组鉴定通过后的报废资产进行清点和审查，查明和分析资产报废的原因和责任，报废申请表经资产管理处审核通过后，报单位主管领导批复。

（四）经批准后，资产管理处对实物资产进行处理，处理后将处理结果书面通知计划财务处。

（五）计划财务处依据报废申请和资产处理结果，进行账务处理。

第六条 报废申请单应至少一式三份，一份由审批人留底备案；一份作为执行报废工作的授权证明；一份交计划财务处。

第七条 报废实物资产，应严格履行审批手续，未经批准不得自行处理。

第三章 实物资产出售管理

第八条 符合下列条件之一的实物资产，可进行出售。

（一）实物资产未使用或不再继续使用或长期闲置的。

（二）实物资产使用时间长，损耗严重，修理后性能无法达到正常使用标准的。

第九条 实物资产出售审批权限。

（一）须报同级财政部门审批的：

1. 土地、房屋、行政办公车辆等；

2. 单位价值或批量价值在_____万元以上的专用设备、一般设备或仪器仪表等。

（二）单位价值或批量价值在_____万元以下的专用设备、一般设备、仪器设备，可由本单位依照规定程序自行审批。

第十条 实物资产出售审批程序。

（一）资产管理处对拟出售实物资产进行清点和审查提出售申请，报资产管理处负责人审批。

（二）资产管理处将审批通过后的出售申请及相关材料，以文件形式报本单位主管领导或同级财务部门审批，并对出售资产的名称、规格、型号、数量、已使用时间、现状等内容进行说明。

（三）经本单位负责人或同级财政部门批复同意后，资产管理处邀请有资质的评估机构进行评估，并将评估价格作为实物资产出售的有效依据。

实物资产处置管理制度	
编制部门：	发布日期：

（四）依法进行实物资产出售，资产管理处对实物资产出售的最终价格进行备案。

（五）计划财务处根据资产出售申请、出售相关票据和收款，做好相应的账务处理。

第十一条　在实物资产出售中，若拟出售资产价格低于评估价格，则应在出售前报请单位负责人审批。

第十二条　房屋、土地的出售原则上应挂牌进行交易，专用设备、一般设备、仪器仪表的出售，应通过市场竞价方式公开处置。

第四章　实物资产的出租管理

第十三条　符合下列条件之一的实物资产，可进行出租。

（一）连续停用一个月以上且技术状况完好的实物资产。

（二）未连续停用，但使用率不高的实物资产。

第十四条　实物资产出租须经同级财政部门批准，未经批准不得对外出租、出借；出租原则上应首先满足单位内各部门的需求，单位内部无需求时，方可对外出租。

第十五条　单位出租实物资产，其所有权性质不变，仍归国家所有，实物资产出租所形成的收入应列入单位财务处专项账户。

第五章　实物资产其他管理规定

第十六条　实物资产捐赠必须报单位负责人审批并限于公益性和救助行捐赠。

第十七条　固定资产的内部调拨，应填写固定资产内部调拨单，明确调拨时间、地点、编号、名称、规格、型号等，经资产管理处负责人审批通过后，办理调拨手续。

第十八条　未经批准，不得将实物资产对外出租、出售、对外投资、提供担保等。

第十九条　单位重大实物资产的处置，应采取集体审批制度，并做好集体审批记录。

第二十条　实物资产处置中涉及产权变更的，应及时办理产权变更手续。

第六章　附　则

第二十一条　本制度由资产管理处负责解释。

第二十二条　本制度自公布之日起施行。

12.5.2 资产内部审计考评制度

<table>
<tr><td colspan="2" align="center">资产内部审计考评制度</td></tr>
<tr><td>编制部门：</td><td>发布日期：</td></tr>
</table>

第一章 总 则

第一条 为进一步规范资产内部审计和考评工作，加强单位对实物资产的内部监督和风险控制，防止资产使用不当造成损失，依据《中华人民共和国审计法》《审计机关审计项目质量控制办法》等法律法规，结合本单位实际，制定本制度。

第二条 本单位内部依法确认为国家所有、能以货币计量的各种实物资产审计与考评均依本制度执行。

第二章 内部审计机构和审计人员

第三条 单位设置审计处负责内部资产的审计和评估工作，配备专职审计人员，根据本制度规定的内容和程序有效开展内部审计工作。其中单位高级审计师数量应不少于_____人。

第四条 内部审计人员应具备审计岗位所必需的会计、审计等专业知识、业务能力和职业道德；熟悉国家审计、财经法律、法规、规章制度和方针、政策；熟悉单位资产状况和规章制度。

第五条 内部审计人员上岗位前应进行岗前培训，并在工作中不断更新其专业知识，增强业务技能，切实提高他们的综合业务素质。

第三章 实物资产内部审计内容与程序

第六条 资产内部审计考评内容包括：

（一）主要审计或审计调查资产管理情况，包括账面资产的数量、金额，实际资产的数量、金额，资产购置、保管、盘点和清查等各项管理制度、程序及手续；

（二）检查资产的使用情况，包括资产的利用、出租、出借以及对外投资和担保等情况；

（三）审查资产的保值、增值及效益情况，看资产是否存在潜在风险、损失浪费等。

第七条 资产内部审计程序：

（一）审计处依据国家规定，在充分考虑资产内部审计风险和管理需求的基础上，制订

资产内部审计考评制度

编制部门：	发布日期：

内部审计工作计划，做好实物资产内部审计和评估工作的准备；

（二）在实施资产内部审计前_____个工作日，向被审计部门下达审计通知书，对突击性内部审计，审计通知书可在实施审计时送达；

（三）实施实物资产内部审计工作时，应采取盘点与核查会计资料相结合的方法对实物资产进行审计和评估；

（四）审计工作完成后，提交审计报告；

（五）单位根据资产内部审计和评估结果，组织相关部门进行整改，审计部门对整改项目进行后续审计监督，确保整改决定得到有效执行。

第八条 被审计部门申诉：

（一）被审计部门收到审计处理、处罚决定后，应在_____日内向审计处提出申诉；

（二）审计处在接到被审计单位提出的申诉后，应在_____日内作出处理，对不适当的决定予以纠正。

第四章 内部审计工作要求

第九条 除日常审计安排外，单位主要负责人、资产管理处责任人调离、离任时，应进行资产内部审计工作，对审计中发现的问题及时进行解决。

第十条 内部审计和考评工作应认真实施，保质保量完成，将审计工作的开展与单位相关负责人的考核和经济责任相结合。

第十一条 审计人员应认真履行职责，实事求是，客观公正，严谨细致，切实保障审计和评估工作的准确性和科学性。

第十二条 在资产内部审计和评估工作中，如发现隐瞒、执法违法、徇私舞弊的行为，将按规定追究负责人和相关责任人员的责任。

第五章 附 则

第十三条 本制度未尽事宜，依照国家相关规定执行。

第十四条 本制度由资产管理处负责解释。

第十五条 本制度自_____年_____月_____日起施行。

12.5.3 实物资产统计报告制度

实物资产统计报告制度

编制部门： 发布日期：

第一章 总 则

第一条 为加强实物资产监督管理，及时掌握实物资产相关情况，维护单位实物资产安全和完整，依据《中华人民共和国统计法》《行政单位国有资产管理暂行办法》《事业单位国有资产管理暂行办法》及相关法律法规，结合单位实物资产管理实际，制定本制度。

第二条 本单位及所属单位实物资产统计报告工作均依照本制度执行。

第二章 组织管理

第三条 单位负责人对实物资产统计报告的真实性和完整性负责。

第四条 资产管理处会同计划财务处做好实物资产统计报告工作，确保实物资产统计报告各项数据资料的完整、真实。

第五条 资产管理处负责对实物资产统计报告相关资料的管理，并做好归档管理、建档建库、保管管理等工作。并依据规定向上级主管部门报告，同时抄送同级财政部门备案。

第三章 实物资产统计报告的内容

第六条 实物资产统计报告应包含实物资产统计报表和实物资产使用情况报告。

第七条 实物资产统计报表依据编报时间不同，分为年度资产统计报表、月度资产统计报表、不定期资产统计调查报表等。报表具体包含实物资产基本情况表、各项实物资产明细表、实物资产变动情况表等。

第八条 实物资产使用情况报告是实物资产使用情况的说明书，包含资产使用情况、处置和管理情况，以及需要报告的重要事项等。

第四章 实物资产统计报告的编制

第九条 实物资产统计报告应按照国家财务会计制度和统计制度的要求，在全面清理核实资产使用、变动情况的基础上，按照统一的格式、内容、指标口径等进行编制。

实物资产统计报告制度	
编制部门：	发布日期：

第十条　实物资产统计报告应达到以下标准。

（一）内容完整、数字真实，无虚报、漏报、瞒报和拒报；

（二）对实物资产的变动、使用、结存情况做出分析说明；

（三）并对用于对外投资、出租、出借的实物资产的相关信息进行充分披露；

（四）对以往错报、漏报、不报的实物资产所采取的纠正措施等。

第十一条　为确保实物资产统计报告符合上述标准，相关部门应对报告进行审核。

（一）编制范围是否完整、内容是否真实；

（二）编制方法是否符合国家相关制度，报告格式是否符合编制要求；

（三）报告中相关指标间、数据间、表间是否衔接一致；

（四）其他需要审核的内容。

第五章　实物资产统计报告的报送

第十二条　资产管理处定期（半年或年度）向单位负责人报送资产统计报告，反映本单位资产使用情况和资产增减变动情况，并接受相关部门的监督检查。

第十三条　单位工作人员应依照本制度，认真做好实物资产统计报告工作，违者将视情节严重程度，给予行政处分。

第六章　附　　则

第十四条　本制度未尽事宜，依照国家相关规定执行。

第十五条　本制度由资产管理处负责解释。

第十六条　本制度自＿＿＿＿年＿＿＿＿月＿＿＿＿日起施行。

第 6 节 实物资产管理流程

12.6.1 实物资产内部领用流程

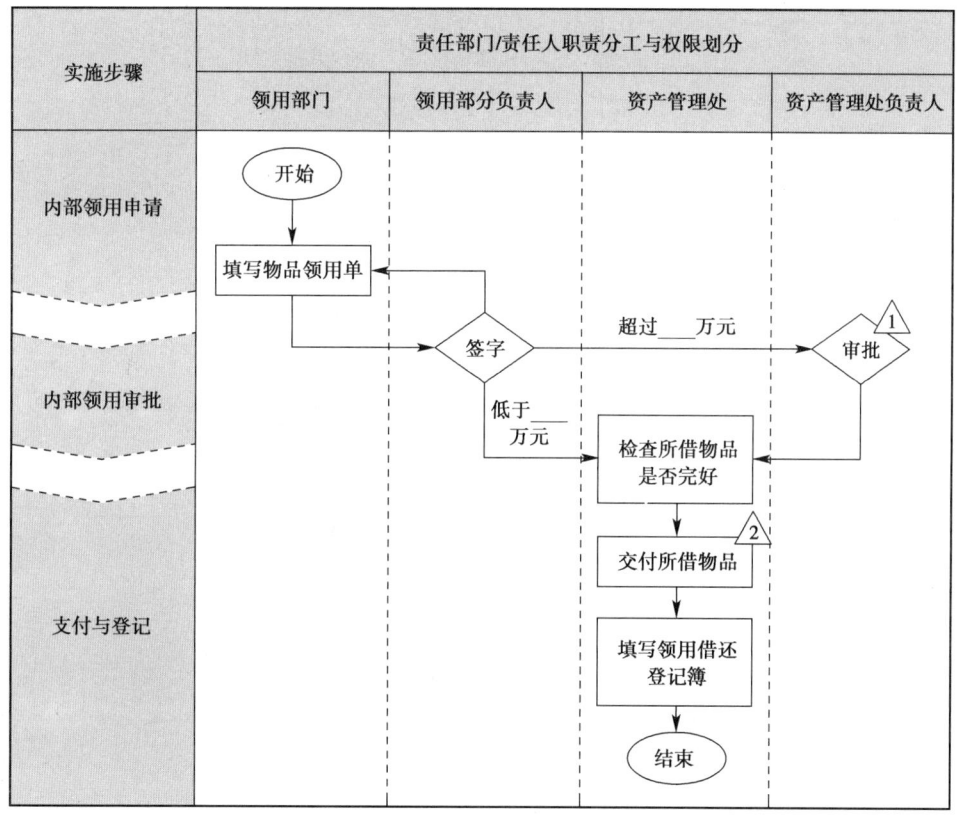

关键节点说明:

关键节点	相关说明
关键节点1	对于超过_____元的低值易耗品审批,领用部门除应提供实物资产领用单外,还应提供原旧损物品
关键节点2	资产管理处交付所借物品后,应做好实物资产的使用监控,确保领用人在物品使用过程中,无损坏和丢失

12.6.2 固定资产维修保养流程

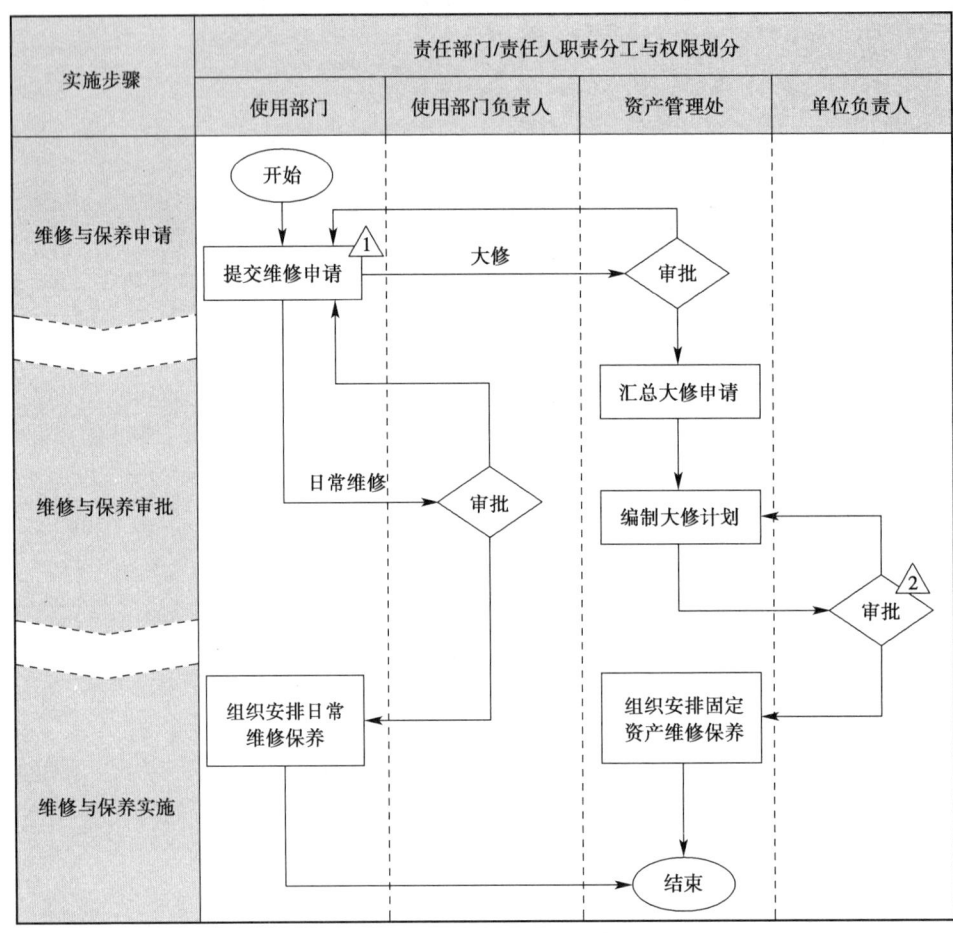

关键节点说明：

关键节点	相关说明
关键节点1	固定资产日常维修是指单次维修费用在_____元以下的固定资产维修；固定资产大修是单次维修费用在_____元以上的固定资产维修
关键节点2	_____万元下的大修计划由单位负责人审批，_____万元以上的大修计划应纳入政府采购范围，依据政府采购相关制度执行

12.6.3 实物资产的出售流程

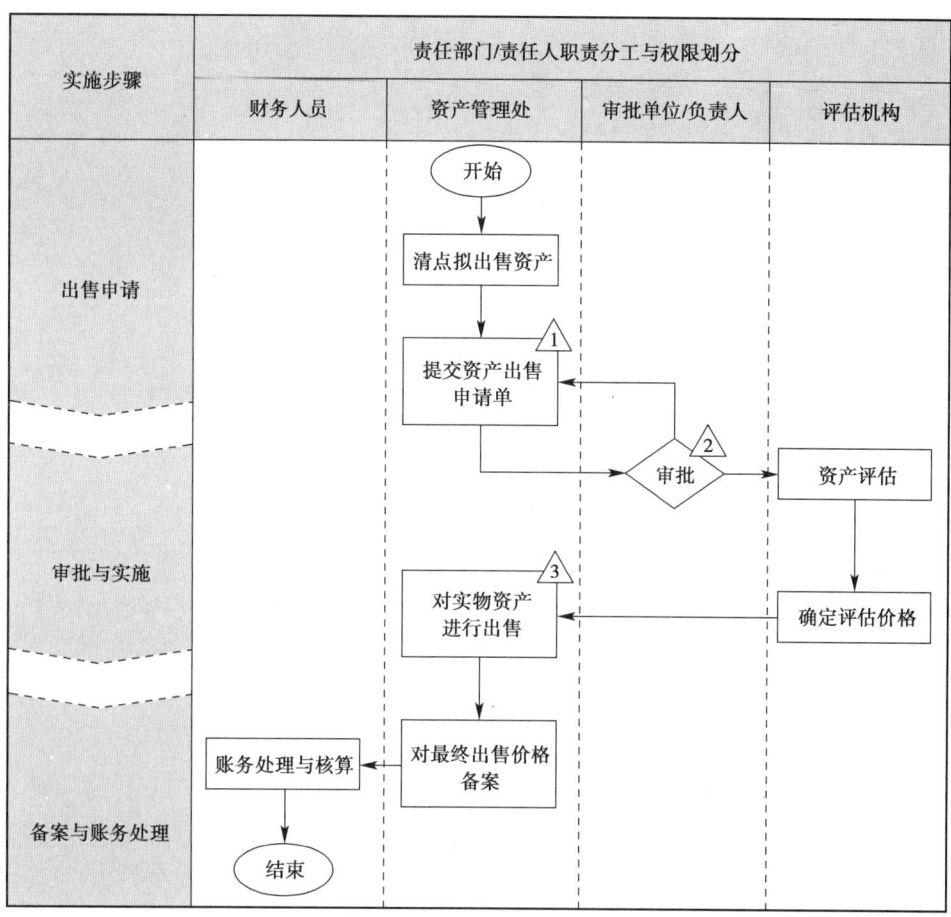

关键节点说明：

关键节点	相关说明
关键节点1	在提交资产出售申请时，应对拟出售资产的名称、规格、型号、数量、已使用时间、现状等情况进行说明
关键节点2	土地、房屋、行政办公车辆以及价值在_____万元以上的设备、仪器出售，应由同级财政部门予以审批；_____万元以下的设备、仪器出售时，可由本单位负责人审批
关键节点3	若拟出售资产价格低于评估价格，则在出售前需报请主管领导审批

12.6.4 实物资产的报废流程

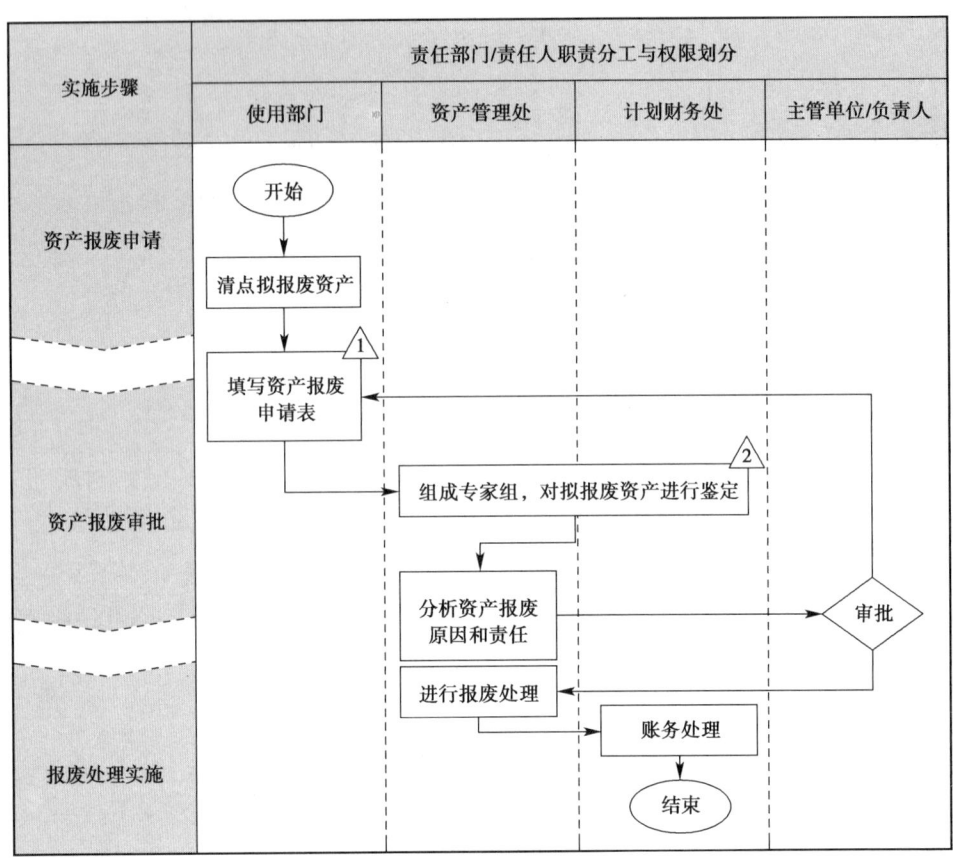

关键节点说明：

关键节点	相关说明
关键节点1	报废申请应至少一式三份，一份由审批人留底备案；一份作为执行报废工作的授权证明；一份交由财务部门
关键节点2	资产管理处接到报废申请后，会同财务部门、各专业管理部门组成专家组，对拟报废资产进行技术鉴定，剔除不符合报废标准的实物资产

第 13 章

行政事业单位内部控制规范——无形资产

第 1 节　无形资产控制的内容与目的

13.1.1　无形资产控制的内容

无形资产是指行政单位持有的、没有实物形态、能提供某种权利的非货币性长期资产，包括专利权、商标权、著作权、非专利技术、特许经营权、商誉以及其他财产权利等。行政事业单位无形资产控制主要包含图 13-1 所示的内容。

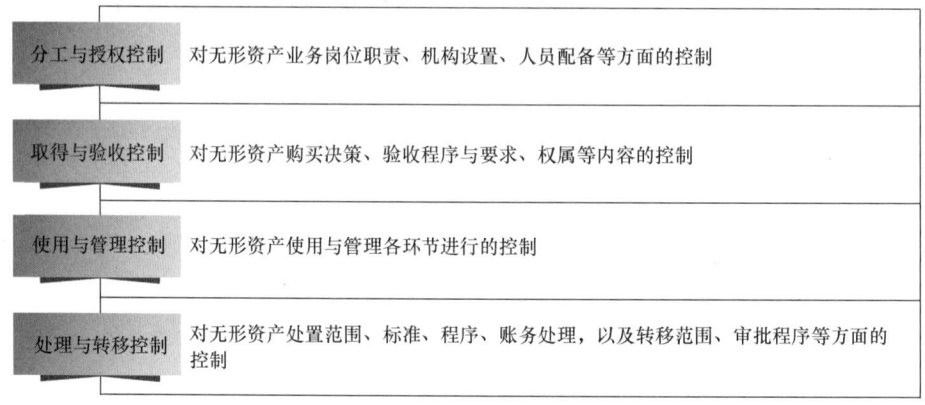

图 13-1　无形资产控制的内容

13.1.2　无形资产控制的目的

行政事业单位的无形资产是国有资产的重要组成部分，各单位应依法保护，合理运用。行政事业单位进行无形资产控制的主要目的有以下几点，详情如图 13-2 所示。

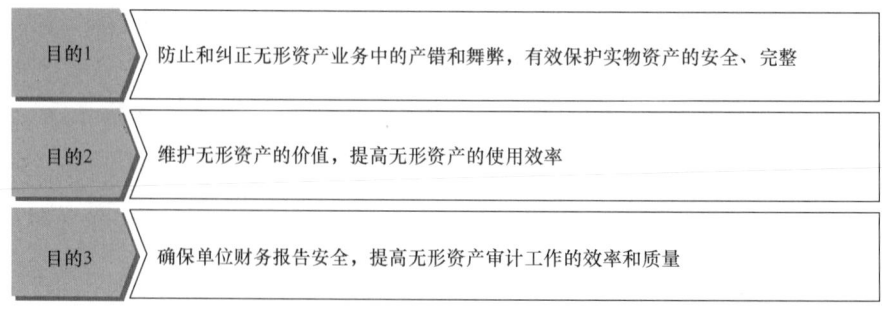

图 13-2　无形资产控制的目的

第 2 节 岗位责任与授权批准制度

13.2.1 无形资产岗位责任制度

无形资产岗位责任制度

编制部门：　　　　　　　　发布日期：

第一章 总 则

第一条 为明确无形资产业务岗位的职责、权限，确保无形资产业务的不相容岗位相互分离、制约和监督，防止无形资产流失，提高无形资产的使用效益，依据《行政单位国有资产管理暂行办法》《事业单位国有资产管理暂行办法》等相关法律法规，结合本单位实际，特制定本制度。

第二条 无形资产业务的不相容岗位范围。

（一）无形资产购置/投资预算的编制与审批，审批与执行。

（二）无形资产的取得、验收与款项支付。

（三）无形资产处置的审批与执行。

（四）无形资产的使用、管理与账务处理。

第二章 岗位责任划分

第三条 单位负责人职责。

（一）审批无形资产相关规章、制度。

（二）审批无形资产购置计划和方案。

（三）对无形资产取得、使用、处置中的重大事项作出最终决策。

第四条 资产管理处处长职责。

（一）根据国家法律和上级有关规定，制定单位无形资产管理制度并组织实施。

（二）会同归口管理部门组织无形资产技术鉴定工作。

（三）组织做好无形资产的清查、登记、汇总及监督检查工作。

（四）参与单位利用无形资产进行投资的可行性论证。

无形资产岗位责任制度

编制部门：	发布日期：

第五条 资产管理员职责。

（一）负责登记无形资产明细分类账。

（二）负责办理无形资产的产权确认手续。

（三）负责做好无形资产的清查、登记、汇总等相关工作。

（四）负责办理无形资产的增加、调剂、处置等审批手续。

第六条 归口管理部门负责人职责。

（一）依据单位无形资产管理制度，制定具体的业务管理规范、标准及实施办法。

（二）组织做好归口管理的无形资产明细账管理。

（三）负责归口管理的无形资产的清查、统计等工作。

（四）根据使用部门提出的无形资产技术鉴定申请，组织无形资产技术鉴定。

（五）组织办理无形资产的增加、调剂、处置等审批手续。

（六）检查、指导无形资产的具体使用部门做好资产管理工作。

（七）参与单位使用无形资产进行投资的可行性论证。

第七条 计划财务处负责人职责。

（一）指导本部门工作人员做好无形资产的核算、账务处理工作。

（二）组织开展无形资产的盘点工作。

第八条 使用部门负责人职责。

（一）负责制定并组织实施无形资产的具体实施细则。

（二）提出无形资产处置申请。

（三）负责检查并报告无形资产的日常使用情况。

第三章 附 则

第九条 本制度由资产管理处负责解释。

第十条 本制度自＿＿＿＿年＿＿＿＿月＿＿＿＿日起施行。

13.2.2　无形资产授权批准制度

无形资产授权批准制度

编制部门：　　　　　　　　发布日期：

第一章　总　则

第一条　为规范单位无形资产管理行为，提高无形资产运作的质量和效率，防止无形资产流失，依据《行政单位国有资产管理暂行办法》《事业单位国有资产管理暂行办法》等相关法律法规，结合本单位实际，制定本制度。

第二条　单位专利权、土地使用权、非专利技术、著作权、版权、商誉等无形资产预算管理均依本细则执行授权审批均依照本制度执行（纳入政府采购的除外）。

第二章　无形资产投资预算与验收授权审批

第三条　无形资产的投资预算管理。

（一）单位无形资产预算的编制、调整、审批、执行等环节参照预算执行执行。

（二）对于超预算或预算外无形资产的投资项目，由资产管理处提出申请，依照审批程序办理相关审批手续。

第四条　无形资产验收。

（一）外购无形资产：验收价值在＿＿＿＿万元以上（含＿＿＿＿万元）的，由资产管理处组织，使用人员、财务人员、外聘专家、出让方等共同参与验收；验收价值在＿＿＿＿万元以下的，由资产管理处负责验收。

（二）单位自行开发的无形资产，由项目负责人向资产管理处提交验收申请；资产管理处会同无形资产开发部门、使用部门、必要时可聘请专家对自行开发无形资产进行验收。

第三章　无形资产使用的授权审批

第五条　无形资产使用申请与审批。

（一）凡需使用单位无形资产的部门和人员，必须向资产管理处提出申请，申请经资产管理处审核，单位负责人或同级财政部门审批通过后，由无形资产管理归口部门与拟使用部门和个人签订使用协议方能使用。

无形资产授权批准制度

编制部门：	发布日期：

（二）无形资产的使用部门负责无形资产的日常使用与保管，确保无形资产的安全与完整。

第六条 无形资产使用的账务处理：单位依法获取无形资产后，计划财务处应按照国家相关规定，确定无形资产的摊销范围、摊销年限、摊销方法、残值等。

第四章 无形资产处置的授权审批

第七条 无形资产处置原则。

（一）单位本着公开、公正、合理、有序的原则，规范无形资产的处置行为，杜绝处置过程中的资产流失和违规现象。

（二）无形资产的处置必须经资产管理处、归口管理部门组织技术鉴定，并与交易对方进行商务谈判，拟订无形资产的处置合同或协议，处置价格不得低于市场评估值。

第八条 无形资产处置审批权限。

（一）价值在＿＿＿＿万元以上（含＿＿＿＿万元）的事项，报上级主管单位、同级财政部门审批。

（二）价值在＿＿＿＿万至＿＿＿＿万元的事项，报上级主管单位审批，同级财政部门备案。

（三）价值在＿＿＿＿万元以下的事项，报单位负责人审批，上级主管部门、同级财政部门备案。

第九条 无形资产处置涉及产权变更的，由资产管理处会同无形资产归口管理部门组织无形资产技术鉴定，督促相关人员及时办理无形资产的产权确认手续。

第五章 附 则

第十条 本制度未尽事宜，依照国家相关规定执行。

第十一条 本制度由资产管理处负责解释。

第十二条 本制度自＿＿＿＿年＿＿＿＿月＿＿＿＿日起施行。

第 3 节 取得与验收内部控制规范

13.3.1 外购无形资产请购审批制度

外购无形资产请购审批制度
编制部门：　　　　　　　　　发布日期：

第一条　为有效实施对外购无形资产的有效管理，规范无形资产请购审批流程，依据国家相关法律法规，结合本单位工作实际情况，制定本制度。

第二条　单位外购专利权、土地使用权、非专利技术、著作权、版权、商誉等无形资产均依本制度执行（纳入政府采购的除外）。

第三条　请购审批权限划分。

（一）单位负责人审批无形资产的购置计划和购置方案。

（二）资产管理处负责提出无形资产的购置方案。

（三）计划财务处建立无形资产台账，编制无形资产明细账和总账。

第四条　无形资产的外购应符合单位的需要，并经过充分论证，严格审批程序，避免重复、盲目引进。无形资产的采购审批流程如下。

（一）无形资产的使用部门提出无形资产采购申请，编制无形资产请购单，交资产管理处进行审核；请购部门需同时提交对所需采购的无形资产的性能、技术参数等内容。

（二）资产管理处汇总各使用部门的采购申请，资产管理处依据请购单对本单位无形资产进行查核；经查核确需采购后，编制无形资产采购计划和方案，经资产管理处负责人签字，上报单位负责人审排。

（三）经单位主管负责人审批通过后实施采购。

第五条　无形资产购置的审批人应在授权范围内进行审批，不得越权审批；经办人在职权范围内，按照审批人的批准意见办理无形资产购置业务。违法者将依法给予严肃处理。

第六条　本制度由资产管理处负责解释。

第七条　本制度自_____年_____月_____日起施行。

13.3.2 无形资产交付使用验收制度

无形资产交付使用验收制度
编制部门：　　　　　　　　　　发布日期：

第一章　总　则

第一条　为规范无形资产交付使用管理，确保无形资产符合使用要求，依据《行政单位国有资产管理办法》《事业单位国有资产管理办法》等相关法律法规，结合本单位实际，制定本制度。

第二条　无形资产交付使用的验收工作由资产管理处、归口管理部门、使用部门共同实施。

第三条　无形资产主要包括：专利权、著作权、专有技术、土地使用权、特许经营权、商誉，以及依据国家法律规定由本单位享有或持有的其他知识产权。

第二章　外购无形资产验收

第四条　外购无形资产验收职权范围。

（一）外购无形资产验收价值在＿＿＿＿万元以上（含＿＿＿＿万元）无形资产最终验收，由资产管理处组织，使用人员、财务人员、外聘专家、出让方等共同参与验收。

（二）价值在＿＿＿＿万元以下的无形资产最终验收，由资产管理处负责。

第五条　外购无形资产验收程序。

（一）外购无形资产验收由资产管理处组织，按照合同、技术交底文件规定的验收标准验收。

（二）验收合格后，办理相关验收手续；验收不合格，由资产管理处依据合同及相关规定向出让方退货或索赔。

（三）在办理无形资产验收手续的同时，资产管理处应取得无形资产所有权的有效证明文件（取得的土地使用权，应取得土地使用权有效证明文件），仔细审核有关合同协议等法律文件，必要时应听取专业人员或法律顾问的意见。

（四）资产管理处持发票和相关资料到计划财务处办理无形资产入账手续。

第六条　对通过国家投入、接收捐赠、调拨以及其他方式取得的无形资产均应办理相应的验收手续。

无形资产交付使用验收制度

编制部门：	发布日期：

第七条　单位外购无形资产按实际支付的价款作为无形资产的实际成本。

第八条　参与验收的各类人员，应于验收工作完成后在验收单上签字，以落实验收的责任与监督。

第三章　自行开发无形资产验收

第九条　单位自行开发的无形资产验收程序。

（一）单位自行开发的无形资产，由项目负责人向资产管理处提交验收申请。

（二）资产管理处会同无形资产开发部门、使用部门，必要时可聘请专家对自行开发无形资产进行验收，并根据验收结果填写验收报告。

（三）验收通过后，应无形资产开发部门、资产管理处、使用部门共同填制无形资产移交使用验收单，移交使用部门使用。

（四）资产管理处将验收报告和其他相关单据交计划财务处做好相应的账务处理。

第十条　单位自行开发并依据法律程序申请取得的无形资产，按依法取得时发生的注册费、聘请律师费用等，作为无形资产的实际成本。

第十一条　单位相关工作人员未按照使用验收制度对无形资产验收的，应依据相关规定给予行政处分。

第四章　附　则

第十二条　本制度未尽事宜，依照国家相关规定执行。

第十三条　本制度由资产管理处负责解释。

第十四条　本制度自＿＿＿＿年＿＿＿＿月＿＿＿＿日起施行。

第4节 使用与管理内部控制规范

13.4.1 无形资产日常管理规范

无形资产日常管理规范	
编制部门：	发布日期：

第一章 总 则

第一条 为加强单位无形资产的管理，防止无形资产的流失，有效提高无形资产的经济效益和社会效益，依据《行政单位国有资产管理暂行办法》《事业单位国有资产管理暂行办法》等法律法规，结合本单位实际，特制定本规范。

第二条 本单位及所属单位无形资产的日常管理均依据本规范执行。

第三条 无形资产作为单位国有资产的重要组成部分，其日常管理坚持所有权和使用权相分离、资产管理和财务管理相结合的原则。

第二章 无形资产的范围和内容

第四条 本规范所称无形资产是本单位所拥有的，不具有实物形态而能为使用者提供某种权益的资产，其具体构成如下。

（一）专利权：依据《中华人民共和国专利法》的规定，界定单位为专利权人的，在法定期限内单位所独占和专有的各种发明创造。

（二）商标权：以单位名义申请注册的，在一定期限内在指定的商品上使用特定的名称、图案、标记的权利。

（三）著作权：单位主持，代表单位意志，由单位承担责任的文学艺术创作、科学著作、音像制品、图纸、模型、计算机软件等，依法界定单位为著作权人，单位享有出版、发行等方面的专有权利，为著作权，亦称版权。

（四）专有技术：即非专利技术，或称技术诀窍，是单位作为发明人，由单位垄断的、不公开的、具有实用价值的先进技术、科研成果、资料、技能、知识等。

无形资产日常管理规范

编制部门：	发布日期：

（五）土地使用权：单位依法、有偿取得的土地使用权，视为无形资产；国家土地管理部门无偿划拨的土地，一般不作为无形资产。

（六）特许经营权：是指单位经营或销售某种特定商品的权利，或是接受另一单位有偿使用商标、专利技术的权利。

（七）依照法律规定，由本单位占有或使用的其他无形资产。

第五条 单位通过外购和自行开发的无形资产，以及通过接收捐赠、调拨等形式取得的无形资产，均应纳入单位无形资产日常管理范围。

第三章 无形资产的使用管理

第六条 拟使用无形资产的单位和个人需向无形资产归口管理部门提交使用申请，并注明使用单位或个人的名称、地址以及使用的资产、用途、期限等内容；

第七条 单位归口管理部门对使用申请进行查证，提出审核意见，经资产管理处审核后，报单位负责人或同级财政部门审批。

第八条 审批后的单位和个人持审批后的申请书与无形资产管理归口部门签订使用协议，并报相关部门备案。

第九条 对无形资产的使用单位和个人，应严格审查资格、资信，并做好登记，合理取费，对损害单位合法权益的，应依法收回。

第十条 单位占有和使用的无形资产发生产权纠纷的，应按规定向上级有关部门提出调处或界定申请。

第四章 无形资产的监督管理与责任

第十一条 资产管理处负责无形资产的保护、监督和管理工作；单位任何部门和个人都有权监督涉及无形资产的执行情况，有责任劝阻、制止和举报违反无形资产管理规定的人员和行为。

第十二条 无形资产的归口管理部门和使用部门发生下列行为之一，资产管理处有权责令其改正，并按管理权限追究主要领导和直接责任人的责任。

（一）未如实进行产权登记、填报资产统计报表，并隐瞒真实情况的。

无形资产日常管理规范	
编制部门：	发布日期：

（二）未对使用部门进行有效查证和监督，造成无形资产流失的。

（三）未按规定权限使用无形资产的。

（四）对单位无形资产相关管理规定执行不力的。

第十三条　内部部门或人员侵犯单位无形资产、违反有关法律法规者，应视情节轻重给予行政处分直至追究法律责任；外部单位或个人侵犯单位无形资产、违反有关法律法规者，应以国家法律、法规为武器进行处理，以维护单位的利益不受侵害。

第十四条　计划财务处根据国家相关法律、法规对无形资产的日常管理工作进行账务处理，各级账务管理人员应定期对账，确保账账、账实相符。

第十五条　无形资产存在可能发生减值迹象的，应当计算其可回收的金额，可回收账面值低于账面价值的，应按照国家统一的会计准则执行。

第十六条　对于账务处理过程中发现的问题，及时同资产管理处进行沟通，以有效确保无形资产的账务管理规范、科学。

第五章　附　则

第十七条　本规范未尽事宜，依照国家相关规定执行。

第十八条　本规范由资产管理处负责解释。

第十九条　本规范自_____年_____月_____日起实施。

13.4.2 无形资产摊销管理规定

无形资产摊销管理规定	
编制部门：	发布日期：

第一条　为规范单位无形资产摊销管理，依据《事业单位会计准则》《事业单位会计制度》等法律法规，结合本单位实际，制定本规定。

第二条　本单位及所属单位各类无形资产的摊销均依本规定执行。

第三条　单位在取得无形资产时应分析判断其使用寿命，使用寿命有限的，应估计其使用年限；无法判断使用寿命的，应视为使用寿命不确定的无形资产。

第四条　使用寿命不确定的无形资产，在持有期内不进行摊销，但应当在每个会计期间进行减值测试，若有证据证明无形资产的使用寿命是有限的，应当估计其使用寿命，并按使用寿命有限的无形资产的相关规定处理。

第五条　使用寿命确定的无形资产摊销。

（一）使用寿命有限的无形资产，应在收益期内平均摊销。

（二）摊销时借记"经营支出"科目，贷记"无形资产"。

（三）无形资产的应摊销金额为其成本扣除预计残值后的金额，已计提减值准备的无形资产，还应扣除已计提的无形资产减值准备累计金额。

第六条　使用寿命有限的无形资产，在达到使用寿命时其残值应当视为零，但下列情况除外。

（一）有第三方承诺在无形资产使用寿命结束时来购买该无形资产的。

（二）可根据活跃市场得到预计残值信息，并且该市场在无形资产使用寿命结束时很有可能存在的。

第七条　本规定与原有相关制度不一致的，依照本规定执行。

第八条　本规定由资产管理处负责解释。

第九条　本规定自公布之日起执行。

第5节 处置与转移内部控制规范

13.5.1 无形资产处置管理制度

无形资产处置管理制度
编制部门： 发布日期：

第一章 总 则

第一条 为规范无形资产处置行为,有效避免无形资产处置过程中的流失和违规现象,依据《行政事业单位国有资产管理暂行办法》《事业单位国有资产管理暂行办法》等法律法规,结合本单位实际,特制定本制度。

第二条 单位内部所有无形资产的处置管理均可依据本制度执行。

第二章 无形资产处置程序和要求

第三条 无形资产处置程序。

(一)使用部门提出无形资产处置申请。

(二)资产管理处、归口管理部门组织技术鉴定,并由相关人员/部门签署意见。

(三)根据处置的无形资产价值报表报相关单位审批,其中价值在_____万元以上(含_____万元)的事项,报上级主管单位、同级财政部门审批;价值在_____万至_____万元的事项,报上级主管单位审批,同级财政部门备案;价值在_____万元以下的事项,报单位负责人审批,上级主管部门、同级财政部门备案。

(四)根据批复意见处置无形资产。

第四条 单位拟处置实物资产权属应当清晰,权属关系不清晰或存在纠纷的无形资产,须待权属界定明确后予以处置。

第三章 无形资产不同的处置方式实施

第五条 无形资产的报废。

(一)无形资产的报废是单位依据国家规定或有关部门、专家鉴定,对已不能继续使用

无形资产处置管理制度	
编制部门：	发布日期：

的资产，进行产权注销的资产处置行为。

（二）对使用期满、正常报废的无形资产，由无形资产使用部门填制报废申请单，经单位授权部门/人员批准后进行报废清理。

（三）对使用期未满、非正常报废的无形资产，使用部门除填制申请表外，还应详细注明报废理由、估计清理费用、可回收残值等内容，然后报单位授权部门/人员批准后进行报废清理。

第六条　无形资产的出售与转让。

（一）无形资产的出售与转让是变更无形资产所有权或占有、使用权并取得相应收益的行为。

（二）无形资产的出售与转让应按照无形资产的评估价值作为市场竞价的参考依据，意向交易价格低于评估价值＿＿＿＿％的，应报资产管理处或同级财政部门确认后交易。

第七条　无形资产的投资。

（一）无形资产投资应以不影响单位专业活动为前提。

（二）单位以无形资产对外投资的，应按规定进行资产评估。

（三）无形资产投资，应严格办理非经营性资产转经营性资产的审批手续，明晰产权关系，实施产权管理。

第八条　重大无形资产处置。

（一）重大无形资产处置，其处置价格应当委托具有资质的中介机构进行资产评估。

（二）重大无形资产处置，应采取集体会议审批，并建立集体审批记录机制。

第九条　无形资产处置涉及产权变更的，由资产管理处会同无形资产归口管理部门组织无形资产技术鉴定，督促相关人员及时办理无形资产的产权确认手续。

第十条　无形资产的处置收益属国家所有，在扣除相关费用后，应全额上缴单位计划财务处，进行统一管理，并按有关规定合理分配使用，任何部门和个人不得截留挪用。

第四章　附　　则

第十一条　本制度由资产管理处负责解释。

第十二条　本制度自＿＿＿＿年＿＿＿＿月＿＿＿＿日起施行。

13.5.2 无形资产调拨管理细则

无形资产调拨管理细则	
编制部门：	发布日期：

第一章 总 则

第一条 为规范单位内部无形资产调拨行为，提高无形资产的利用效率，依据《行政事业单位国有资产管理暂行办法》《事业单位国有资产管理暂行办法》等法律法规和单位《无形资产处理管理制度》，制定本细则。

第二条 无形资产的调拨是在不改变资产性质的前提下，以无偿的方式变更无形资产占有、使用权的行为。

第三条 本单位及所属单位所涉及的各类无形资产的调拨均依本细则执行。

第二章 无形资产调拨管理

第四条 无形资产调拨办理程序。

（一）单位内部无形资产调拨。

1. 无形资产调入部门与无形资产调出部门进行协商，就无形资产调拨达成意向。

2. 无形资产调入部门填写《无形资产内部调拨单》，明确无形资产的名称、编号、调拨时间等事项，由无形资产调出部门签字后，交资产管理处审核。

3. 审核通过后，进行无形资产调拨及相关登记处理。

（二）跨部门无形资产调拨。

1. 与其他单位进行无形资产调拨时，应首先与调入方（调出方）进行协商，就无形资产调拨达成意向并签署意向性协议。

2. 双方就无形资产调拨内容，报上级主管部门审核。

3. 若单位作为无形资产调出方，须报同级财政部门审批，并附无形资产调入方的上级主管部门同意调拨的相关文件。

4. 财政部门审批通过后，方能进行无形资产调拨和相关账务处理。

（三）跨级次的无形资产调拨。

1. 单位作为上级部门，将无形资产调拨给下级单位时，下级单位应提供其主管部门和

无形资产调拨管理细则

编制部门：	发布日期：

财政部门同意接收的相关文件，由本单位报同级财政部门审批后，进行调拨。

2. 单位作为下级部门，接收上级部门调拨的无形资产时，须经主管部门和同级财政部门审批后，办理无形资产调拨手续。

第五条　无形资产在调拨前，应由计划财务处对调拨的无形资产进行价值评估和确认；价值较大的无形资产调拨，应由资产管理处、计划财务处、专业机构的相关人员组成评估小组，对无形资产的价值进行评估和确认。

第六条　单位财务部门对无形资产调拨进行账务处理；资产管理部门对无形资产调拨进行相关登记处理。

第三章　附　则

第七条　本细则与原有制度不一致的，依照本细则执行。

第八条　本细则由资产管理处负责解释。

第九条　本细则自公布之日起施行。

第 14 章

事业单位内部控制规范——对外投资

第 1 节 对外投资控制的内容与目的

14.1.1 对外投资控制的内容

事业单位对外投资控制的内容包括分工与授权控制，对外投资可行性投资、评估与决策控制，执行控制，处置控制和监督检查控制等。具体如图 14-1 所示。

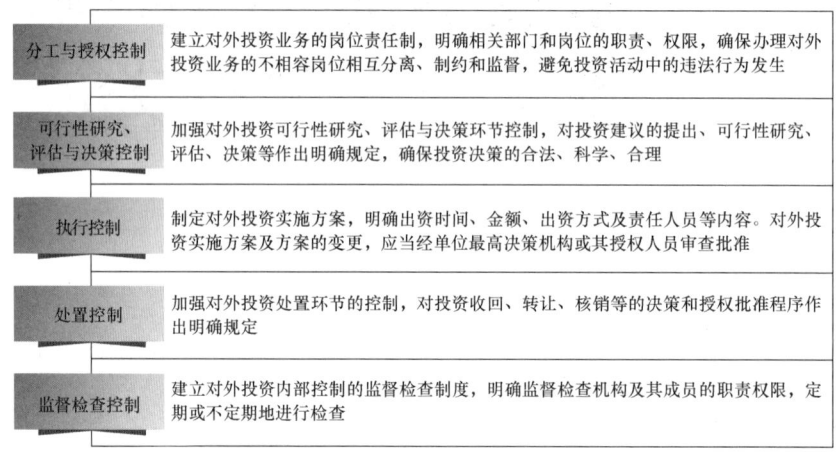

图 14-1 对外投资控制的内容

14.1.2 对外投资控制的目的

事业单位进行对外投资控制，可确保国家有关投资及资产管理有关法律法规和单位内部控制制度的贯彻执行，维护对外投资资产的安全、完整，保证投资行为的科学、合理，其具体目的包括图 14-2 所列的四点。

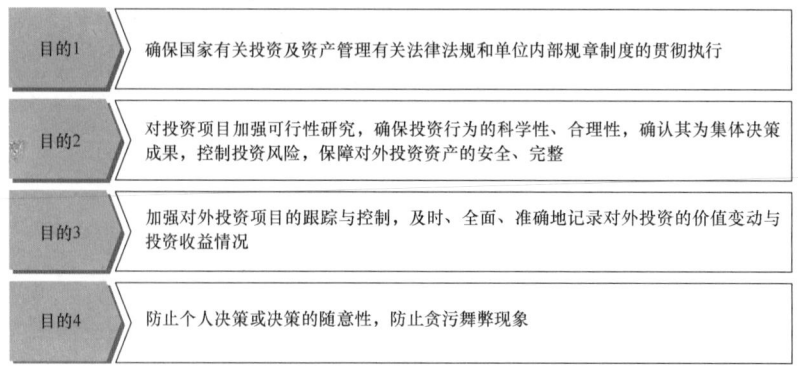

图 14-2 对外投资控制的目的

第 2 节　岗位责任与授权审批制度

14.2.1　对外投资岗位责任制度

对外投资岗位责任制度

编制部门：　　　　　　　　　　　发布日期：

第一条　为加强投资业务的管理，规范投资岗位人员的业务行为，完善投资内部控制制度，明确投资岗位的职责，特制定本制度。

第二条　本制度适用于投资处负责人、项目投资主管、投资专员等岗位。

第三条　投资处负责人的岗位责任包括以下九个方面。

（一）全面主持投资部门工作。

（二）负责对本部门职责范围内的工作进行指导、指挥、协调和监督管理。

（三）定期监督部门人员工作任务完成情况，负责对下属人员进行考核、评比和激励。

（四）掌握国内外资本市场动态，研究拓展融资渠道。

（五）负责组织设计、评估投资方案，并对投资方案进行财务预测、风险分析，降低投资风险提高投资回报率。

（六）负责重大投资项目的操作，项目经济分析与评价。

（七）负责组织、协调投资合作项目的实施和督办。

（八）负责对外投资合作的联络及谈判，为单位决策提供参考。

（九）组织制定单位对外投资管理制度和流程。

第四条　项目投资主管的岗位责任包括以下八个方面。

（一）针对所投资的业务领域，在投资部负责人的安排下对具体项目或者行业进行调研，分析。

（二）负责组织对单位的投资项目进行市场调研、数据收集和可行性分析。

（三）协助投资部负责人进行市场开发规划及项目拓展。

（四）组织投资项目谈判与合作伙伴、主管部门和潜在客户保持良好的业务关系。

（五）对投资项目进行财务调查、财务测算、成本分析和敏感性分析。

对外投资岗位责任制度

编制部门：	发布日期：

（六）具体承揽投资项目并设计方案组织实施定期汇报工作进度。

（七）及时向部门负责人汇报对投资项目的行为产生重大影响的事件或变动信息。

（八）在部门负责人的领导下收缴投资项目收益。

第五条 投资专员的岗位责任主要包括以下七个方面。

（一）在项目投资主管的领导下进行资本市场分析。

（二）负责对投资项目的可行性进行研究，并出具投资项目可行性报告。

（三）协助项目投资主管进行沟通、记录、汇总投资项目。

（四）参与投资项目谈判，与合作伙伴、主管部门和潜在客户保持良好的业务关系。

（五）负责投资部各类文件的整理、归档及分发呈送。

（六）整理投资项目档案，建立、维护投资信息库。

（七）完成上级领导交办的其他工作任务。

第六条 本制度由投资处负责制定、修改和解释。

第七条 本制度自_____年___月___日起施行。

14.2.2 对外投资授权审批制度

对外投资授权审批制度	
编制部门：	发布日期：

第一章 总 则

第一条 为不断提升单位的对外投资管理效率，加强对外投资内部控制和投资风险管理，明确投资授权机制、原则及责任追究，建立合理的对外投资授权审批机制，特制定本制度。

第二条 本制度适用于单位领导层以及投资处内部各责任主体对投资业务的审批权限。

第二章 授权审批原则

第三条 坚持授权范围与单位内部控制的建立健全程度及相关责任人的控制水平相匹配原则。

第四条 根据单位管理经营情况变化适时调整对外投资授权原则，兼顾相对稳定和持续优化。

第五条 坚持授权与授责相结合，有权必有责，授权范围内事务产生的结果由被授权人承担，建立责任追究机制。

第六条 坚持授权与监督相结合原则，确保权利被恰当、有效使用。

第三章 对外投资审批权限

第七条 单位所进行的各种对外投资行为必须按规定程序，由单位投资处负责人统一组织评审通过后，报单位领导班子审议决策，重大投资项目报单位总负责人审批。

第八条 对外投资业务审批人应当在授权范围内进行审批，不得超越审批权限。对于审批人超越授权范围审批的对外投资业务，经办人员有权拒绝办理，并向审批人的上级授权部门报告。

第九条 重大投资项目是指投资金额占单位最近一次经审计净资产的5%以上或对单位的发展战略有重大影响的对外投资项目。

对外投资授权审批制度

编制部门：	发布日期：

第十条 对外投资的审批权限说明如下。

（一）投资处负责人运用单位资产对外投资权限为：单项投资运用资金总额在经审计的前一会计年度净资产的5%以下。单位在12个月内连续对同一项目投资额以其累计数计算。

（二）单位负责人运用单位资产对外投资权限为：单项投资运用资金总额在经审计的前一会计年度公司净资产的5%以上。单位在12个月内连续对同一项目投资额以其累计数计算。

第四章 对外投资审批程序

第十一条 单位进行对外投资，须经过投资立项、集体评审、授权签批的审批程序。

第十二条 根据单位机构设置及管理职能的有关规定，对外投资的相关职能部门对拟投资项目进行实地考察和必要的尽职调查后，提出投资项目建议书，其内容包括：投资项目名称、投资项目基本情况介绍、拟投资方式、预计投资金额、预计投资回报率或投资收益等，报单位投资部门申请立项。

第十三条 单位投资处负责人对投资项目建议书进行初审，并提出初审意见后，报单位领导班子及单位负责人审查立项（同意、修改、暂缓或否决）。

第十四条 正式立项的项目，投资处相关人员应根据立项批复意见，编制项目可行性研究报告，重大投资项目可聘请社会中介机构对项目进行评估并编制可行性研究报告。

第十五条 单位领导班子牵头，组织财务处、审计处、法律顾问等组成内部评审小组，对项目的合法性和前期工作内容的完整性、基础数据的准确性、财务预算的可行性及项目规模时机等因素进行全面审核。必要时，可指派专人对项目再次进行实地考察，或聘请专家论证小组对项目进行专业性的科学论证，以加强对项目的深入认识和了解，确保项目投资的可靠和可行。

第十六条 对审查通过的项目，由单位领导班子在原项目建议书、可行性报告及实施方案的基础上提出评审意见，按项目审批权限呈送单位总负责人决策。未通过项目，退回投资部门修改或否决。

对外投资授权审批制度
编制部门：　　　　　　　　　　　　发布日期：

第五章　监督检查

第十七条　审计处负责对具体授权事宜的评估及各主体对已授权利使用的监控，根据单位经营情况的变化、内部控制逐步健全的情况、单位各级领导控制能力的提升情况及各部门对授权的建议和意见提出对单位对外投资授权的调整建议，报审计处负责人审核，经营管理处审核通过，单位负责人签批后生效。

第十八条　审计处按照相关规定在自己管辖范围内审核、监督被授权人对所授权利的使用。每年定期或不定期审查授权执行情况，并根据审查情况至少每年出具一份检查报告报送给单位总负责人。

第六章　附　　则

第十九条　本制度由投资处负责制定、修改和解释。

第二十条　本制度自单位负责人签字批准之日起生效。

14.2.3 对外投资管理控制总流程

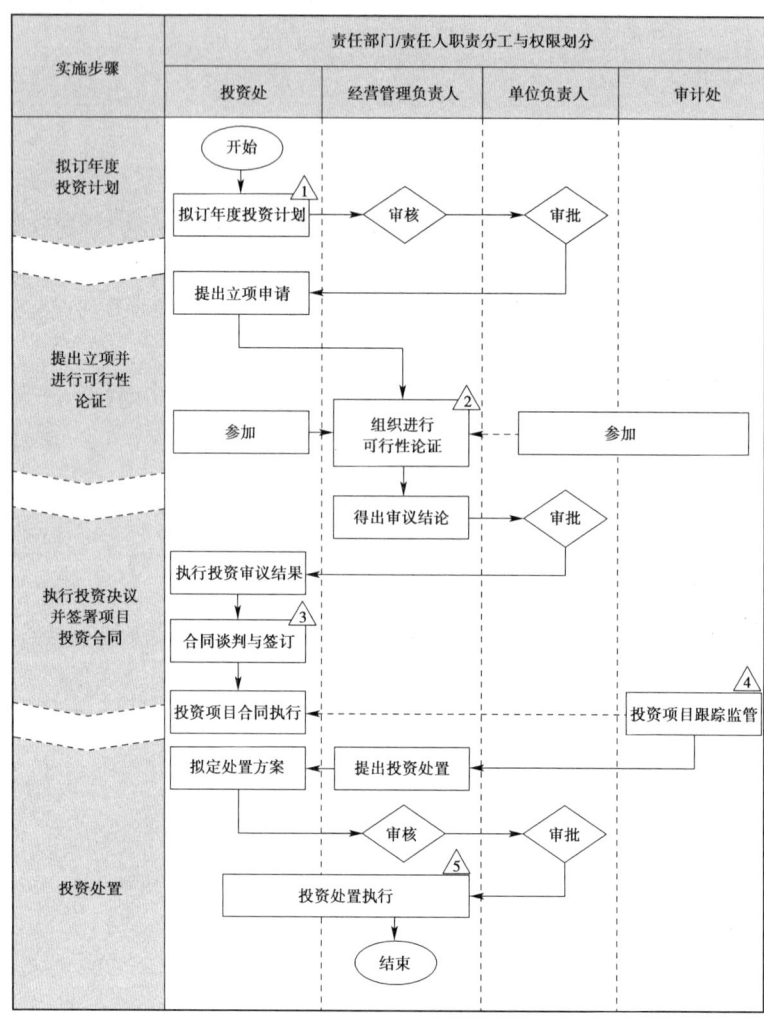

关键节点说明:

关键节点	相关说明
关键节点1	投资处拟订年度投资计划,提交给经营管理负责人审核,单位负责人审批后,组织实施
关键节点2	投资处提出立项申请,由经营管理负责人组织对投资项目进行可行性论证,并对投资项目进行审议,审议通过后,交由单位负责人审批
关键节点3	投资处分别执行投资谈判和合同签订作业,计划财务处按照投资合同中投资双方协商确定的价格结算,支付投资款项,或者投资实物资产
关键节点4	审计处对投资项目全过程实行跟踪兼管,掌握被投资企业的状况,及时发现并解决项目实施中存在的问题,定期与被投资单位核对有关账目
关键节点5	单位经营管理处提出投资处置建议,投资处会同计划财务处拟订处置方案,报单位负责人审批通过后执行

第3节 对外投资决策控制规范

14.3.1 对外投资可行性研究评估流程

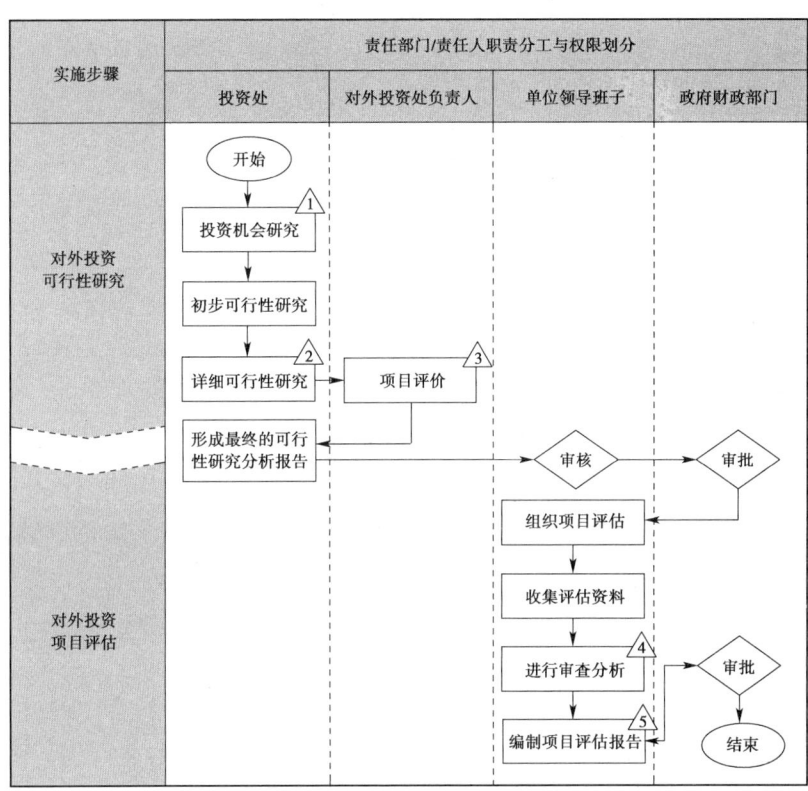

关键节点说明：

关键节点	相关说明
关键节点1	通过投资机会研究，寻求有价值的投资机会，即从经济、技术、社会及自然状况等大的方面发生的变化中挖掘潜在的发展机会，通过创造性的思维提出项目设想
关键节点2	详细可行性研究是在项目决策前对项目有关的资金筹措建设计划、项目的经济效果和社会环境等方面的条件和情况进行系统的调查研究、分析、论证和比较
关键节点3	投资处负责人对可行性研究报告提出评价意见，确定该项目是否可行，是否是最佳的选择方案，以便做出最终的投资评价
关键节点4	在对投资项目进行可行性研究的基础上，从单位整体角度对拟投资项目的计划、设计、实施方案进行全面的技术经济论证和评价，从而确定投资项目未来发展的前景
关键节点5	通过项目评估报告，可以优化方案，完善项目可行性研究；实事求是的校核投资，落实资金筹措办法和渠道；促进项目决策科学化，避免重复建设和盲目建设

14.3.2 对外投资方案集体决策论证制度

对外投资方案集体决策论证制度	
编制部门：	发布日期：

第一章 总 则

第一条 为规范对外投资决策论证行为，完善决策论证机制，强化责任，减少决策失误，推进投资决策论证的科学化、民主化，根据我国相关法律法规，结合单位实际，特制定本制度。

第二条 本制度适用于单位各项投资决策方案的集体决策、科学论证等事项。

第二章 对外投资方案决策论证程序

第三条 集体决策。对于各类对外投资项目，由投资处拿出规划方案后，组织进行集体决策，开展技术咨询，进行前期评估。

第四条 提出议案。由单位分管的班子成员提出决策建议，并按规定征求其他职能部门相关人士意见，经单位负责人确认后，形成议案。

第五条 专家论证。对领导班子成员提出的议案，组织专家或相关人员，进行科学论证。

第六条 听证公示。对与单位员工利益密切相关的对外投资项目，应实行听证和公示制度。

第三章 集体决策的执行

第七条 对外投资方案安排经有关程序决策后，由班子成员按集体决定或分工，负责组织实施。

第八条 单位员工对集体决策有不同意见的，可以保留，但在没有作出新的决策前，应无条件执行。同时，可按组织程序向上级组织报告。

第九条 员工个人不得擅自改变集体决策，确需改变的，应按有关程序重新作出决策。如遇重大突发事件和紧急情况需作出临时处置的，应在事后及时向领导班子报告；未完成事项如需领导班子重新作出决策的，经再次决策后，按新的决策执行。

对外投资方案集体决策论证制度

编制部门：	发布日期：

第四章 对外投资方案的论证

第十条 在集体决策后,能够确定的事项,由单位对外投资部按照决策执行；对不能确定的事项,组织相关职能部门和专家进行论证。

第十一条 论证工作由经营管理部负责组织,确定论证时间、方式,研究参加论证职能部门及相关专业人员,并负责邀请。投资处相关人员负责承担论证相关材料的准备,论证记录、信息、论证纪要、会议后勤保障等具体工作。

第十二条 对未经同意传达的内容,参加咨询和论证的人员要严守秘密,不得泄露,对有关文字材料要严格管理并按规定销毁,凡查阅会议记录或其他材料,都必须履行规定的审批手续。

第五章 集体决策的监督管理

第十三条 执行对外投资集体决策制度的情况应作为重要内容列入单位领导班子及其成员责任制。

第十四条 单位其他职能部门或员工认为决策论证不当应停止执行或者修正时的,可提出质疑或建议,单位其他职能部门及员工可对对外投资方案集体决策及实施过程进行监督。

第十五条 对领导班子决策的对外投资方案应建立督查制度,负责跟踪督查决策的执行情况,并向班子主要负责人报告。对外投资方案决策、执行情况,除依法应保密的外,应定期或不定期在相关范围内公开。

第六章 对违反对外投资方案集体决定的责任追究

第十六条 在非特殊情况下由对外投资部门或未经过集体决策的对外投资安排,对拒不执行或擅自改变集体决策的、集体决策执行不力或错误执行并造成严重损失的,应追究有关责任人的责任。

第十七条 领导班子决策失误或涉嫌违纪违法的,将在查明情况、分清责任的基础上,分别追究班子主要负责人、分管负责人和其他责任人的相应责任。

对外投资方案集体决策论证制度

编制部门：	发布日期：

第七章 附 则

第十八条 本制度由投资处负责制定、修改和解释。

第十九条 本制度自颁布之日起施行。

14.3.3 对外投资项目报批管理办法

对外投资项目报批管理办法

编制部门： 发布日期：

第一章 总 则

第一条 为规范对外投资项目的报批程序，加强对外投资项目的实施管理和评估，落实各级责任制，以便化解风险，提高效益，特制定本办法。

第二条 本办法适用于单位对外投资项目报请上级审查、批准等环节的管理事项。

第二章 投资项目审批权限

第三条 单位实行投资项目集中决策，统筹管理。单位负责人拥有各项投资项目的决策权，对投资部门上报的投资项目必须报经单位负责人审批后方可实施。

第四条 对于投资项目纳入预算管理，立项的投资项目须编制项目预算，并报单位领导班子审核后，由单位负责人最终审批同意。投资项目预算经单位负责人审批同意后，投资处可具体负责投资项目的实施，但是在投资项目资金支出时还必须报经财务处审核，然后由单位负责人审批。

第三章 投资项目审批流程

第五条 投资处负责人根据需求，下达项目可行性研究任务。投资处开展投资项目可行性研究，编制"项目可行性研究报告"。

第六条 单位领导班子组织对"项目可行性研究报告"的内容组织评审，编制"项目立项评审报告"，经单位负责人签字同意后编制"项目投资预算"。

第四章 投资项目具体实施

第七条 对外投资项目经单位负责人审批同意后，投资处具体实施投资项目。投资处负责草拟投资项目合同，经审计处、单位法律顾问、会计师事务所等机构审核同意后，方可签订项目投资合同。

对外投资项目报批管理办法

编制部门：	发布日期：

第八条 单位对于投资项目的资金支出纳入下月资金预算，报经财务处、审计处等部门审核，单位负责人审批同意后执行。

第九条 单位投资项目实际资金支出时，必须经单位负责人审批同意后方可支付。

第五章 附 则

第十条 本办法由投资处负责制定、修改和解释。

第十一条 本办法自颁布之日起执行。

第4节 对外投资实施控制规范

14.4.1 对外投资计划管理办法

对外投资计划管理办法
编制部门：　　　　　　　　　发布日期：

第一章　总　则

第一条　为有效实现单位对外投资战略目标，提高对外投资管理效率，保障单位有序高效地运营，特制定本办法。

第二条　本办法适用于单位投资处的计划管理事项。

第三条　单位对外投资计划管理实行"统一领导、归口管理"的原则，投资处是对外投资计划工作的统一归口管理部门，负责组织协调、跟踪检查和评估单位各项对外投资计划的制订、执行和落实；投资处负责人根据对外投资计划管理要求负责组织本单位各项对外投资计划的制订、执行和落实。

第四条　对外投资计划管理的基本任务是通过确定一定时期的对外投资战略，围绕明确的对外投资目标，制订中长期的对外投资计划，并据此编制切实可行的对外投资年度、季度计划，同时将各时期的发展目标或任务分解至个人，并为其在各时期的工作提供依据。

第二章　对外投资计划的制订和调整

第五条　单位年度对外投资计划的制订采取统一组织、分工负责、综合平衡的方法进行编制。根据规定的计划表式及要求，负责编制对外投资计划；单位经营管理处负责整体进度的协调管控。

第六条　单位年度对外投资计划的编制主要依据如下。

（一）单位中长期战略规划。

（二）单位负责人提出的下一年度对外投资目标、方针策略及重点工作。

（三）下一年度外部宏观经济环境、相关政策及行业发展预测。

对外投资计划管理办法

编制部门：	发布日期：

（四）下一年度市场规模、竞争状况及主要竞争对手状况预测。

（五）上一年度单位各项对外投资的指标完成情况及存在差异分析。

（六）单位各项历史数据资料。

第七条 对外投资计划的编制程序及要求。

（一）每年12月初，投资处组织启动对外投资计划的制订工作，收集资料进行科学制订，并听取和收集单位领导对下一年度的对外投资方向和要求，拟订具体的年度对外投资计划编制方案，包括计划编制进度、计划框架内容、计划格式、年度对外投资目标及年度对外投资重点工作方向。

（二）每年12月10日前，单位领导班子组织召开单位年度对外投资计划制订会议，部署具体的年度对外投资计划的编制工作，明确下一年度单位整体的对外投资方向、总体目标和要求。

（三）每年12月20日前，投资处完成年度计划的制订，并提交单位领导班子汇总评估。

（四）每年12月25日前，单位领导班子组织完成年度对外投资计划的评审，形成合理的年度计划，并签订对外投资处目标计划责任书。

第八条 季度对外投资计划的制订程序如下。

（一）每季度末月25日前，投资处根据单位年度对外投资计划，结合上季度部门对外投资管理总结分析制订下季度计划，经分管领导审核后，提交单位领导班子汇总评估。

（二）每季度末月30日前，单位领导班子组织完成季度对外投资计划的评审，形成合理的季度计划。

（三）次月3日前，单位领导班子结合单位年度对外投资计划，汇总编制出具体的季度对外投资计划。

（四）次月5日前，单位领导班子组织单位季度对外投资计划（含单位年度对外投资计划及后续季度对外投资计划）的报审，并下发执行。

第九条 月度对外投资计划的制订程序如下。

（一）每月1日下班前，投资处根据单位及部门季度计划，结合上月度对外投资管理总结分析制订部门月度计划，经分管领导审核后，上传业务跟踪系统。

对外投资计划管理办法

编制部门：	发布日期：

（二）每月 3 日前，单位领导班子结合单位季度对外投资计划及投资处月度计划，汇总编制出具体的单位月度对外投资计划。

（三）每月 5 日前，单位领导班子组织月度经营分析会，并明确单位月度对外投资目标和重点工作。

第十条　计划指标调整

如确因客观原因影响，经主观努力仍不能完成对外投资计划时，在有利于调动广大员工完成计划积极性的前提下，调整计划指标必须办理审批手续。

（一）对外投资计划指标的调整，由投资处提出书面申请，送单位领导班子评估提出调整意见，并经单位负责人审批后调整执行，在未批准前仍按原计划执行。

（二）调整年度对外投资计划指标应提前一个季度申请，调整季度对外投资计划指标应提前一个月申请，调整月度对外投资计划指标应提前 10 天申请。

（三）调整某一项对外投资计划指标，如果同时相应调整其他有关对外投资计划指标时，应一并上报申请审批，以保证对外投资计划的平衡协调。

（四）调整对外投资计划指标以书面批复为准，在未接书面批复以前，一律按原计划考核。

第三章　计划的执行、检查和考核

第十一条　为维护对外投资计划的严肃性，对外投资计划一经单位负责人批准下达后，必须严格执行，各归口部门和执行单位均不得随意修改。

第十二条　各级领导必须随时监督检查对外投资计划的执行情况，及时发现执行过程中的问题，采取解决问题的有效措施，以保证对外投资计划的顺利完成。

第十三条　单位领导班子定期跟踪、检查和评估单位对外投资目标及重点工作计划的执行达成情况，对于不符合要求的反馈和提出整改要求，直到符合要求为止。

第十四条　检查对外投资计划执行情况，应充分利用统计报表、财务报表、业务报表资料，检查对外投资计划的实际完成数，一律以统计报表数为依据。

对外投资计划管理办法

编制部门：	发布日期：

第十五条　单位年度、季度及月度对外投资计划执行完毕后，单位领导班子应组织各周期对外投资计划完成情况的总结评估工作，评价其进度、效果和存在的问题；并相应组织单位年度、季度及月度对外投资分析会议，对各周期对外投资计划完成情况进行及时总结分析，及时发现、协调处理对外投资计划执行中存在的有关问题。对因客观原因造成不能按对外投资计划实施的，要分析原因进行调整，经批准后执行。

第十六条　单位年度、季度及月度对外投资计划执行完毕后，单位领导班子组织对外投资计划实施的绩效评价工作，将各项对外投资计划指标的达成情况与相应责任人的绩效考核挂钩，根据各项计划指标的实际达成情况进行奖惩。

第四章　附　则

第十七条　本办法由投资处负责制定、解释和修订。

第十八条　本办法自＿＿＿＿年＿＿月＿＿日起执行。

14.4.2 对外投资项目追踪管理制度

对外投资项目追踪管理制度	
编制部门：	发布日期：

第一条 目的。

为了规范单位投资项目的执行，有效监督投资项目执行人员的行为，结合单位实际情况，特制定本制度。

第二条 适用范围。

本制度适用于单位所有对外投资项目的执行情况的跟踪管理。

第三条 各部门及人员岗位职责。

（一）投资项目组执行人员负责按照项目执行计划书的规范开展投资项目。

（二）对外投资项目实施后，单位投资处负责对投资项目进行全程跟踪，并对投资效果进行评价。

（三）单位领导班子、内审部门行使对外投资活动的监督检查权。

第四条 投资项目需跟踪管理的事项。

单位投资处对项目的建设进度、资金投入、使用效果、运作情况、收益情况等进行全面的跟踪管理，并定期向领导班子提交书面报告，具体需跟踪管理的事项如下。

（一）投资业务相关人员的设置情况。重点检查由一人同时担任两项以上不相容职务的现象。

（二）投资授权批准制度的执行情况。重点检查对外投资业务的授权批准手续是否健全，是否存在越权审批行为。

（三）投资计划的合法性。重点检查非法对外投资的现象。

（四）投资活动的批准文件、合同、协议等相关法律文件的保管情况。

（五）投资项目核算情况。重点检查原始凭证的真实、合法、准确、完整，会计科目与会计核算的准确性。

（六）投资资金使用情况。重点检查使用资金的预算和用途、资金在使用过程中的滥用现象。

（七）投资资产的保管情况。重点检查账实不符的现象。

（八）投资处置情况。重点检查投资处置的批准程序、过程。

对外投资项目追踪管理制度

编制部门：	发布日期：

第五条 投资前的跟踪。

对股票、基金、债券及期货投资，取得投资业务审批权限及审批程序批准后实施，投资处及其他科室应定期将投资的环境状况、风险和收益状况，以书面形式上报单位财务处，随时掌握资金的保值增值情况，股票、基金、债券及期货投资的财务管理按公司财务管理制度执行。

第六条 投资过程中的跟踪。

（一）单位审计处、财务处按工作规定进行核查审计，可聘请社会审计机构查阅财务决算资料。

（二）如果在项目实施过程中出现新情况，单位投资处应在此情况出现五个工作日内向单位领导班子汇报，领导班子应立即会同有关专业人员和职能部门对此情况进行讨论和分析，并报单位负责人审批。

（三）投资项目的变更，应由投资项目负责人书面报告变更理由，按审批程序及权限报送审定。

（四）项目负责人在实施项目运作期内如发生工作变动，应主动做好善后工作。

第七条 投资中止或结束时的跟踪。

（一）投资项目的中止或结束，项目负责人及相应机构应及时总结清理，并提交单位投资处汇总整理，经单位统一审定后责成有关部门办理相关清理手续。

（二）投资项目中止或结束后，单位投资处对投资项目参与人员进行考核，并根据考核结果进行奖惩。

（三）投资项目中止或结束后，投资处将有关投资项目的资料进行整理归档，并妥善保存。

第八条 本制度由投资处负责制定，解释权、修改权归属投资处。

第九条 本制度经总经理、董事会批准后生效，自发布之日起实施。

14.4.3 对外投资业务会计核算制度

对外投资业务会计核算制度	
编制部门：	发布日期：

第一条 为贯彻《事业单位会计准则》，规范事业单位对外投资业务的会计核算工作，特制定本制度。

第二条 本制度适用于事业单位通过各种方式向其他单位的投资，包括债券投资和其他投资。

第三条 单位应加强投资业务的会计核算，严禁设置账外账。

第四条 由于对外投资资产的价值会受到各种因素的影响而经常变更，如股票、债券、国库券、股权证明等，为及时反映对外投资购入、处置、结存情况，在财务处应设置对外投资总账，投资处或其他相关科室还应根据投资业务的种类、时间先后分别设立对外投资明细登记簿，定期或不定期地进行对账，确保投资业务记录的正确性。

第五条 单位发生的对外投资业务，应通过"对外投资"科目进行核算。

第六条 单位购入各种债券形成的对外投资，应按实际支付的款项，借记"对外投资"科目，贷记"银行存款"等科目；同时借记"事业基金——一般基金"科目，贷记"事业基金——投资基金"科目。

第七条 单位以固定资产对外投资，应按评估价或合同、协议确认的价值，借记"对外投资"科目，贷记"事业基金——投资基金"科目；按账面原价，借记"固定基金"科目，贷记"固定资产"科目。

第八条 属于一般纳税人的单位向其他单位投出材料，按合同协议确定的价值，借记"对外投资"科目，按材料账面价值（不含增值税），贷记"材料"科目，贷记"应交税金——应交增值税（销项税额）"科目。按合同协议确定的价值扣除材料账面价值与应交增值税的销项税额的差额，借记或贷记"事业基金——投资基金"科目；同时按材料的账面价值借记"事业基金——一般基金"科目，贷记"事业基金——投资基金"科目。

第九条 属于小规模纳税人的单位对外投出材料，按合同协议确定的价值，借记"对外投资"科目，按材料账面价值（含税），贷记"材料"科目。按合同协议确定的价值与材料账面价值的差额，借记或贷记"事业基金——投资基金"科目；同时，按材料账面价值，借记"事业基金——一般基金"科目，贷记"事业基金——投资基金"科目。

对外投资业务会计核算制度

编制部门：	发布日期：

第十条 单位向其他单位投入的无形资产，按双方确定的价值，借记"对外投资"科目，按账面原价，贷记"无形资产"科目，按其差额，借记或贷记"事业基金——投资基金"科目；同时按无形资产账面价值，借记"事业基金———般基金"科目，贷记"事业基金——投资基金"科目。

第十一条 单位以货币资金对外投资，借记"对外投资"科目，贷记"银行存款"科目；同时借记"事业基金———般基金"科目，贷记"事业基金——投资基金"科目。

第十二条 单位转让债券以及到期兑付的债券本息，按实际收到的金额，借记"银行存款"科目，按实际成本，贷记"对外投资"科目。实收金额与账面金额的差额，借记或贷记"其他收入"科目。同时，调整事业基金的明细科目。

第十三条 本制度由财务处负责制定、修改和解释。

第十四条 本制度自颁布之日起施行。

14.4.4 对外投资资产处理与回收管理制度

对外投资资产处理与回收管理制度

编制部门：　　　　　　　　　　发布日期：

第一章　总　则

第一条　目的。

为规范对外投资资产处理与回收处置工作，保证对外投资资产收回、转让、核销等处置决策的科学合理，依据单位实际情况，特制定本制度。

第二条　适用范围。

本制度适用于单位对外投资资产处理与回收处置的相关工作。

第三条　投资处理的界定。

本制度中的投资处理指的是单位对外投资资产所进行的收回、转让、核销等处置。

第二章　投资处置程序

第四条　投资处置申请。

对外投资项目负责人依据投资项目跟踪报告，对投资项目的实际情况进行分析，综合考虑多项因素，拟订投资项目处置决定，并按程序向上提交申请；对外投资项目负责人提出申请，必须附上投资处置报告，对处置内容和原因进行充分说明，且保证报告依据真实可靠，论据充足有力。

第五条　投资处置审核审批。

投资处置申请必须按程序逐级审核、审批，每级审批人员必须签署审批意见且盖章，禁止越级审批。投资处置申请根据投资金额和授权范围由对外投资归口部门领导或单位主管领导或单位上级主管领导审批，具体权限说明如下所示。

（一）对外投资归口部门领导的审批权限：单项投资不超过最近一期公司经审计净资产的_____%（含）；在一个会计年度累计的投资不超过最近一期公司经审计净资产的_____%（含）。

（二）单位负责人的审批权限：投资金额占最近一期公司经审计净资产的_____%以下的长期股权投资项目。

对外投资资产处理与回收管理制度

编制部门：	发布日期：

（三）单位上级主管领导的审批权限：投资金额达到或超过最近一期经审计净资产的_____%的长期股权投资项目。

第三章 投资处置标准

第六条 投资资产处置原则。

（一）投资处置必须尊重客观事实，禁止营私舞弊。

（二）重大投资项目必须聘请相应资质的专业机构对投资项目进行评估，专业机构必须出示专业资质证明文件及负责过的项目。

第七条 投资资产处置要求。

（一）投资收回应及时足额。

（二）投资转让应由专业机构或财务负责人、对外投资项目负责人等合理确定其转让价格。

（三）核销投资时应取得因被投资单位破产等原因不能收回投资的法律文书和证明文件。

第八条 投资收回条件。

有下列情形之一的，单位对长期股权投资作收回处理。

（一）按照单位相关规定，单位对投资项目的经营期满。

（二）投资项目经营不善导致无法到期偿还债务，依法实施破产。

（三）因发生不可抗力，投资项目无法继续经营。

（四）投资合同中规定的投资中止情况出现或发生。

第九条 投资转让条件。

有下列情形之一的，单位对长期股权投资作转让处理。

（一）投资项目已明显违背单位的经营方向。

（二）投资项目出现连续亏损且扭亏无望，没有市场前景。

（三）单位由于自身经营资金不足需要补充资金。

（四）单位认为没有经营必要的其他情形。

对外投资资产处理与回收管理制度

编制部门：	发布日期：

第四章 其他规定

第十条 投资处置资料管理。

财务部门指定专人将投资处置有关的审批文件、会议记录、资产回收清单等资料编号建档并妥善保管,以备随时审核。若资料丢失,后果由财务处负责人与资料保管人员共同承担。

第十一条 投资处置违规处理。

在投资处置过程中,凡出现以下情形给单位投资处置决策造成误导,致使资产遭受损失的任何单位和个人,经单位查明,视实际损失情况进行处理,情节严重者移交司法机关处理。

(一)对外投资项目负责人对投资项目管理不善。

(二)因故意或严重过失造成对外投资项目重大经济损失的。

(三)故意拖延时间或隐藏投资项目状况造成投资项目损失不可挽回的。

(四)与外方勾结造成单位损失的。

(五)未按投资审批程序审批或越级审批给单位对外投资造成损失的。

(六)提供虚假材料和报告,玩忽职守,给单位对外投资造成损失的。

第五章 附 则

第十二条 本制度由财务处负责制定、修改,其解释权归财务处所有。

第十三条 本制度自颁布之日起施行。

第5节 对外投资评价控制规范

14.5.1 对外投资业务监督检查实施细则

对外投资业务监督检查实施细则	
编制部门：	发布日期：

第一条 为规范单位对外投资业务监督检查工作的实施，特制定本细则。

第二条 本细则适用于单位对部门开展对外投资业务的监督检查。

第三条 对外投资业务监督检查内容主要包括以下八个方面。

（一）对外投资业务相关岗位设置及人员配备情况。重点检查岗位设置是否科学、合理，是否存在不相容职务混岗的现象，以及人员配备是否合理。

（二）对外投资业务授权审批制度的执行情况。重点检查分级授权是否合理，对外投资的授权批准手续是否健全、是否存在越权审批等违反规定的行为。

（三）对外投资计划的合法性。重点检查是否存在非法对外投资的现象。

（四）对外投资业务的决策情况。重点检查对外投资决策过程是否符合规定的程序。

（五）对外投资的执行情况。重点检查各项资产是否按照投资方案投出；投资期间获得的投资收益是否及时进行会计处理，以及对外投资权益证书和有关凭证的保管与记录情况。

（六）对外投资的处置情况。重点检查投资资产的处置是否经过集体决策并符合授权批准程序，资产的回收是否完整、及时，资产的作价是否合理。

（七）对外投资的会计处理情况。重点检查会计记录是否真实、完整。

（八）对外投资活动的批准文件、合同、协议等相关法律文件的保管情况。

第四条 监督检查科室对单位投资决策程序与管理制度中存在的问题，应当及时与投资处及相关人员进行沟通并给予指导完善。

第五条 投资业务结合单位实际情况研究提出相应的定量管理指标，纳入单位投资管理制度。定量管理指标应当包括下列内容。

（一）单位发展规划期内非主业资产规模占总资产合理比重和年度投资中非主业投资占总投资的合理比重的内控指标。

对外投资业务监督检查实施细则

编制部门：	发布日期：

（二）单位发展规划期内资产负债率的控制指标。

（三）单位内部投资收益率的控制指标。

（四）发展规划期内各类投资活动中自有资金的合理比重。

（五）发展规划期内各年度新开工项目投资额占总投资的合理比例。

上述（一）（二）两项指标由单位在发展规划中提出，经相关科室审核确认后作为单位投资活动监督管理的基础指标。其余三项指标作为单位投资活动的参考指标。单位可根据实际情况，增加相应的定量管理指标。

第六条 监督检查科室对投资业务进行监督管理时，主要依据下列内容对投资项目中存在的问题进行提示。

（一）投资方向。在投资中，非主业投资占总投资的比重是否超出合理范围，影响主业的发展（一般控制在10%以下）。

（二）投资资金构成。在投资中，自有资金占总投资的比重是否处于合理范围内（一般为30%以上）。

（三）投资规模。单位总投资规模是否超出单位财务承受能力，主要是资产负债率是否处于合理水平。

（四）单位新开工项目占年度投资额的比重是否处于合理范围内。

对上述各项指标连续两年超出合理范围的，监督检查部门应当进行跟踪并分析原因，提出具体的建议或措施。

第七条 监督检查科室需要否决的问题。

对出现下列情况的，视为存在严重问题，将予以否决。

（一）不符合国家发展规划和产业政策的。

（二）违反单位投资决策程序和管理制度的。

（三）非主业投资不符合单位调整、改革方向，影响主业发展的。

（四）资产负债水平超出单位财务承受能力的。

第八条 监督检查结果的处理。

对监督检查过程中发现的对外投资业务内部控制中的薄弱环节，单位监督检查科室应当及时报告，有关科室应当查明原因，采取措施加以纠正和完善。

对外投资业务监督检查实施细则

编制部门：	发布日期：

第九条 需追究其刑事责任的对外投资失误。

在对外投资过程中,凡出现以下行为造成单位投资决策失误,致使单位资产遭受损失的任何单位和个人,单位应根据具体情况立案调查,并视情节轻重给予警告、罚款或处分。构成犯罪的,将移交司法机关依法追究其刑事责任。

(一)未按本细则履行报批程序,或未经审批擅自投资的。

(二)因故意或严重过失,致使投资项目造成重大经济损失的。

(三)与外方恶意串通,造成单位投资损失的。

(四)提供虚假报告和材料、玩忽职守、泄露本单位机密以及其他违规违纪行为等。

第十条 领导班子或其他授权代表未按规定程序擅自越权签订投资协议,或口头决定投资事项,并已付诸实际,给单位造成损失的,应负赔偿责任。

第十一条 单位委派出人员应切实履行其职责,如因失当造成单位投资损失的,将按单位相关制度规定,追究当事人的责任。

第十二条 本细则由稽查部门负责制定、修改和解释。

第十三条 本细则自颁布之日起施行。

14.5.2 对外投资项目评价报告实施办法

对外投资项目评价报告实施办法

| 编制部门： | 发布日期： |

第一章 总 则

第一条 通过评价发现对外投资项目的内部控制缺陷，从而提出改进建议，以揭示和防范对外投资项目风险。

第二条 本办法适用于对投资项目内部控制的有效性进行全面评价、形成评价结论、出具评价报告的过程。

第二章 制定评价工作方案

第三条 单位可授权内审处负责对投资项目内部控制自我评价工作的具体组织与实施。内审处应根据对外投资项目的管理要求，分析投资过程中的高风险领域和重要业务事项，制定科学合理的评价工作方案，包括评价范围、工作任务、人员组织、进度安排等相关内容。

第四条 评价方案一般应在全面评价的基础上，根据投资项目情况逐项研究确定需重点评价的业务事项，以提高投资项目内部控制评价的效率和效果。

第五条 评价工作组成员除了内部审计人员外，应当吸收单位内部相关机构熟悉该投资项目的业务骨干参加，必要时也可邀请外部专家参加。

第三章 组织召开被评价项目负责人会议

第六条 在评价前，应要求投资处先行自查和自评，评价工作组可通过预先召开工作布置会等形式，要求投资处按照实事求是原则，对各项投资制度、规定按业务流程分别进行梳理描述，将投资项目实际运行情况比照相应的制度、流程予以客观描述，于规定时间内将电子文本或书面材料提交评价工作组。

第七条 组织召开被评价投资项目负责人会议，布置与会负责人及时提供评价所需的制度文件、业务流程及相关记录等书面资料。

第四章 评价工作的实施

第八条 评价工作组应根据投资项目部门提交的书面资料，运用查阅、调查问卷、个别访谈、专题讨论等方法，对投资内部控制五要素的总体情况进行初步评估。

对外投资项目评价报告实施办法

编制部门:	发布日期:

第九条 评价工作组应对需重点评价的业务事项设计相关的"调查问卷表",并将调查表及时发放给相关人员填写,要求其在规定时间内提交。评价工作组应根据调查表的汇总结果确定下一步需测试和评价的重点环节,并通过个别访谈、专题讨论、检查记录、抽样、重新履行等方法进行具体的测试与评价。

第十条 评价工作组应根据现场测试与评价情况,规范编制工作底稿,并与被评价投资项目负责人交换评价初步结果及意见,要求被评价投资项目负责人制订内控缺陷的整改计划。

第五章 编制评价报告

第十一条 汇总和复核工作底稿。即内审处对评价工作组编制的工作底稿进行汇总和复核,复核内容主要包括五个方面。

(一)根据评价工作方案及评估情况,复核现场评估范围是否完整,有无重大遗漏。

(二)全面复核或抽查评估底稿,检查评估程序是否完整,评估方法和样本量是否符合评估质量要求,评估工作记录是否清晰,工作底稿是否规范等。

(三)复核现场评估结论是否恰当,是否有充分可靠的评估证据做支撑;对于内控缺陷的认定与判断是否正确,缺陷潜在负面影响的分析是否充分、适当,缺陷认定的标准是否前后期一致等。

(四)复核内控缺陷的整改计划是否具体可行,责任科室或责任人是否落实。

(五)复核现场评价结论是否均经被评价单位负责人签字认可,有无相关的特别说明。

第十二条 编制内控自我评价报告初稿。即内审处应根据复核结果,编制内控自我评价报告初稿,报告内容应包括以下七个方面。

(一)单位领导班子对内部控制报告真实性的声明,即声明单位领导班子对报告内容的真实性承担个别及连带责任,保证报告内容不存在任何虚假记载、误导性陈述或重大遗漏。

(二)本次自我内控评价工作概况,包括组织形式、评价时间、评价范围、评价方法、实施过程、汇报途径等。

(三)内部控制评价的依据,说明单位开展内部控制评价工作所依据的法律法规和规章制度。

(四)单位内部控制五要素的总体情况及评价结果。

对外投资项目评价报告实施办法

编制部门：	发布日期：

（五）本次重点评价业务事项的运行情况及评价结果。

（六）内部控制存在的缺陷及拟采取的整改措施，包括单位内部控制缺陷认定的标准，并声明前后期的一致性；内控缺陷的类别（财务报告缺陷或非财务报告缺陷；重大、重要或一般缺陷）；拟采取的具体整改措施及预期效果等。

（七）内部控制有效性的结论。对于不存在重大缺陷的情形，单位应作出评价期末内部控制有效的结论；对于存在重大缺陷的情形，不得作出内部控制有效的结论。

第十三条　内审部门负责人应就内控评价报告的主要内容向单位领导班子汇报，评价报告初稿经单位领导班子审核、单位负责人审批后确定。

第六章　内控评价后续事项

第十四条　被评价投资项目如存在内部控制缺陷，应严格按照既定整改方案进行后续整改，整改方案一般包括整改目标、内容、步骤、措施、方法和期限等，整改期限超过一年的，还应在方案中明确近期目标和远期目标以及对应的整改工作任务等。

第十五条　被评价项目负责人应定期将整改方案实施情况向内部审计处或单位领导班子报告，对于未按整改方案规定期限实施整改的应说明理由及下一步拟采取的措施。

第十六条　内部审计处应在后续的常规审计、检查中关注被审计单位最近一次内控评价报告中所列缺陷的整改情况及效果。

第七章　附　则

第十七条　本办法由审计处负责制定、修改和解释。

第十八条　本办法自颁布之日起施行。

14.5.3 对外投资项目内部审计管理制度

对外投资项目内部审计管理制度		
编制部门：		发布日期：

第一章 总 则

第一条 为加强对投资项目的审计监督，促进单位真实、合法、有效地运用资金，提高投资效益，根据《中华人民共和国审计法》等有关法律、法规，结合本单位实际，特制定本制度。

第二条 本制度适用于单位各项投资项目的审计工作。

第三条 领导班子承担单位投资项目审计的监督责任，内审部门负责人应按照投资项目的财政和投资额度编制年度审计项目计划，并组织实施。单位内审人员应当按照部门负责人编制的审计项目计划和已批准的投资项目实施审计工作。

第四条 本制度所称的投资项目，是指以单位使用国家基本建设投资、专项资金、建设贷款、贴息贷款或自筹资金以及以融资为主的固定资产投资项目、技术改造项目、更新改造项目等。

第二章 投资项目开工前审计

第五条 单位内审部门应当对投资项目进行开工前审计，不经审计，项目不得开工。

第六条 对投资项目开工前进行审计监督的内容。

（一）项目建设是否按规定经过了可行性研究。

（二）项目建设是否符合国家产业政策。

（三）项目开工前的各项审批手续是否完备、合法。

（四）设计的建设规模和建设标准是否与可行性研究报告文件相符，有无超规模、超标准问题。

（五）项目投资来源是否合规，当年资金是否落实。

（六）项目开工前的各项支出是否符合国家有关规定。

（七）项目征地拆迁、三通一平等前期准备工作是否完成。

（八）签订的征地拆迁、工程承包、采购订货等经济合同是否符合国家法律。

（九）设计、监理、施工单位的资质是否符合建设项目的要求。

对外投资项目内部审计管理制度

编制部门：	发布日期：

（十）建设单位内部控制制度是否健全、有效。

第三章 投资项目预算（概算）执行审计

第七条 内审处对投资项目调整概算的审计内容。

（一）由具有相应资质的单位依照国家规定的编制办法、定额和标准，编制与修正概算的情况以及原审批机关的批准手续。

（二）设计内容的变更和相应的审批手续。

（三）影响建设规模的单项工程之间投资调整和建设内容的变更。

第八条 内审处对投资项目成本及其他财务收支核算的审计内容。

（一）建设资金的投入和使用。

（二）建设资金和生产资金、生产费用与建设成本、同一项目法人的不同投资项目之间成本的区别核算。

（三）工程价款的结算和财务报表。

（四）待摊投资。

（五）建设成本的归集和单位工程成本的计算。

（六）投资项目的往来款项。

（七）投资项目交付使用资产的核算。

（八）需要审计的其他内容。

第九条 内审部门应当对投资项目设备和材料等物资的采购、验收、保管、使用和维护以及建设物资和同期生产耗用物资的区别核算，进行审计监督。

第十条 内审处对投资项目有关单位的审计内容包括以下四个方面。

（一）建设单位计提缴纳税费、执行有关法规和内部控制制度的设置。

（二）设计单位初步设计的规模、标准以及设计费用的收取。

（三）施工单位工程价款的结算和各种税费的缴纳。

（四）工程监理单位监理费用的收取。

第四章 投资项目竣工决算审计

第十一条 建设单位应当按照内审处规定的期限和要求，提供以下六个方面的资料。

对外投资项目内部审计管理制度

编制部门：	发布日期：

（一）投资项目的批准、设计、历次调整概算、批复等文件。

（二）竣工验收报告。

（三）投资项目承建合同或者协议书、施工设计图纸、竣工图纸会审记录、工程设计变更通知和隐蔽工程验收单等结算资料。

（四）建设单位自行采购设备和主要材料合同、清单以及出入库验收资料和重大设计变更资料。

（五）工程进度报表、财务报表和工程竣工决算书以及其他与财务收支有关的资料。

（六）内审部门认为需要的其他资料。

第十二条 内审处应当对投资项目竣工决算的竣工工程概况表、竣工财务决算表、交付使用资产总表和交付使用资产明细表以及竣工决算说明书进行审计。

第十三条 内审处对投资项目的投资和概算执行结果的审计内容。

（一）项目开工前资金来源审计意见的执行情况。

（二）各种资金渠道投入的实际金额以及实际投资完成额。

（三）不能到位资金的数额、原因及其影响。

（四）概算调整原则和各种调整系数的执行，设计变更增加费用，总投资核实。

（五）项目超概算金额的核实。

第十四条 内审处应当对投资项目的建筑、安装工程结算，设备购置费用、待摊费用、待摊投资的列支内容和分摊以及其他投资列支，进行审计。

第十五条 内审处对投资项目交付使用资产情况的审计内容。

（一）交付的固定资产及其验收手续。

（二）流动资产和铺底流动资金的移交。

（三）交付的无形资产和递延资产。

第十六条 对投资项目结余资金进行审计监督的内容。

（一）银行存款、现金和其他货币资金。

（二）库存物资实存量的真实性，有无积压、隐瞒、转移、挪用等问题。

（三）往来款项，核实债权债务，有无转移、挪用建设资金和债权债务清理不及时等问题。

对外投资项目内部审计管理制度
编制部门：　　　　　　　　　　　发布日期：

第十七条　对投资项目收入来源、分配、上缴和留成使用情况的真实性、合法性进行审计监督。

第十八条　内审处对投资项目投资效益评审的审计内容。

（一）建设工期对投资效益的影响。

（二）工程造价分析。

（三）投资回收期（静态和动态）、财务净现值和内部收益率等技术经济指标的测算。

（四）贷款偿还能力分析、建设项目的经济效益、社会效益和环境效益评价。

第五章　法律责任

第十九条　内审处的工作人员应当依法履行职责，对滥用职权、玩忽职守、徇私舞弊、收受贿赂的，由其所在科室或者单位领导班子给予行政处分；构成犯罪的，依法追究刑事责任。

第二十条　内审处对投资项目进行的审计，应按照审计程序进行。对审计中查出的违反国家法律、法规和单位规章的问题，应依照国家法律、法规和单位规章的规定提出处理意见和建议。

第六章　附　则

第二十一条　本制度由内审处负责制定、修改和解释。

第二十二条　本制度自颁布之日起施行。

第 15 章

行政事业单位内部控制规范——工程项目

行政事业单位内部控制精细化管理全案（第2版）

第 1 节 工程项目控制的内容与目的

15.1.1 工程项目控制的内容

行政事业单位工程项目包括基建工程、修缮工程、装饰工程、园林工程、安装工程等,其内部控制的内容主要包含以下方面,详情如图 15-1 所示。

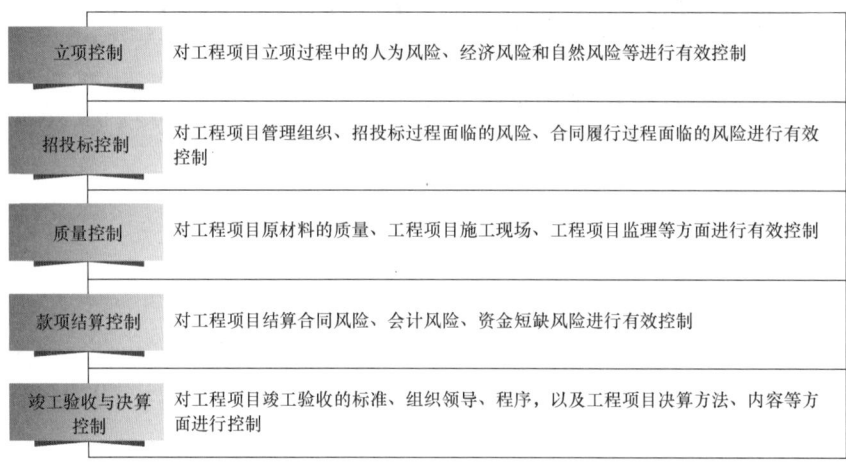

图 15-1 工程项目控制的内容

15.1.2 工程项目控制的目的

行政事业单位工程项目主要是为了满足单位办公、正常工作或者社会公众利益等的需要而建设的。其进行工程项目内部控制的目的主要有以下四点,详情如图 15-2 所示。

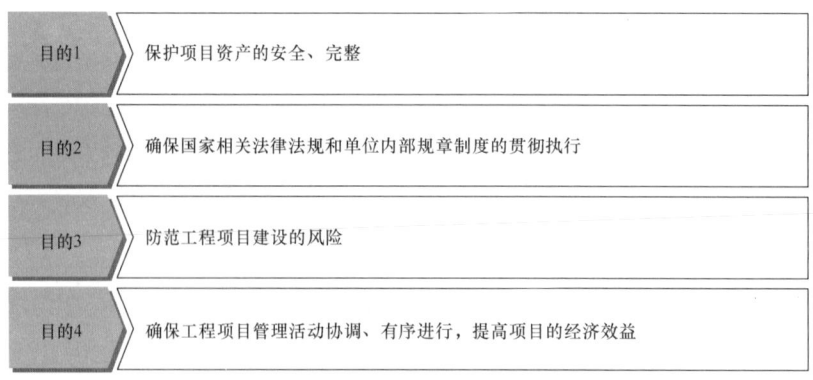

图 15-2 工程项目控制的目的

第 2 节　岗位责任与授权批准制度

15.2.1　工程项目岗位责任制度

工程项目岗位责任制度	
编制部门：	发布日期：

第一章　总　则

第一条　为明确相关部门和岗位的职责权限，确保办理工程项目业务的不相容岗位相互分离、制约和监督，依据《中华人民共和国招投标法》《中华人民共和国政府采购法》等法律法规，结合本单位实际，制定本制度。

第二条　本制度所指的工程项目是指工程造价_____万元以上的各类基建工程、修缮工程、装饰工程、园林工程、安装工程等。

第二章　岗位责任划分

第三条　工程项目领导小组是单位工程项目的领导决策机构，由单位负责人、相关领导班子成员及相关职能科室负责人组成。

（一）贯彻落实国家和地方关于工程项目的方针政策；

（二）研究决定单位工程项目建设的重大事项；

（三）审批工程项目申报材料和建设方案；

（四）监督检查工程项目活动的全过程；

（五）负责权限范围内的其他审批事项。

第四条　工程项目管理办公室为工程项目领导小组的办事机构，由单位主管领导、相关职能科室人员及相关专业人员组成。

（一）组织开展工程项目的调查研究；

（二）组织做好工程项目建设方案的拟订工作；

（三）组织做好工程项目施工、监理单位选定工作；

（四）指导协调各项工程项目的建设；

工程项目岗位责任制度

编制部门：	发布日期：

（五）负责相关文件材料的报批工作；

（六）组织做好工程项目实施过程中投诉受理、处理工作；

（七）领导小组授权的其他相关事务。

第五条 会计人员职责。

（一）核对工程项目业务相关原始凭证和文件；

（二）进行工程项目业务的会计核算；

（三）登记、汇总工程项目业务相关账目。

第六条 出纳人员职责。

（一）对支付申请及凭证、审批人的批准意见进行审查；

（二）按规定支付工程项目进度款；

（三）结算工程项目的剩余款项。

第七条 档案管理员职责。

（一）建立工程项目档案台账；

（二）做好工程项目文件材料的登记、积累、整理、保管工作；

（三）协助做好工程项目的审计、检查工作。

第八条 审计人员职责。

（一）对工程项目立项、招投标、建设进度、工程质量、资金使用等各环节进行监督；

（二）依据审计需要，开展工程项目专项审计工作；

（三）参与工程项目竣工决算审计。

第三章 附 则

第九条 本制度由工程项目管理办公室负责解释。

第十条 本制度自_____年_____月_____日起施行。

15.2.2 工程项目授权审批制度

工程项目授权审批制度

编制部门： 　　　　　　　　　发布日期：

第一章 总 则

第一条 为明确工程项目授权范围、责任和权限,强化工程项目授权的管理,维护项目实施的工作秩序,依据国家相关法律法规,结合本单位工作实际,制定本制度。

第二条 单位工程项目相关事宜由工程项目管理办公室负责,其他部门应根据需要给予积极的配合。

第二章 工程项目立项授权审批权限

第三条 工程项目立项授权审批。

(一)总投资_____万元以上(含_____万元)_____万元以下的单项或多项合计的工程项目,必须经单位工程项目领导小组审批;

(二)总投资_____万元以上(含_____万元)的工程项目,经工程项目管理领导小组审议后,报上级主管部门审批。

第四条 工程项目设计方案授权审批。

(一)总投资_____万元以上(含_____万元)_____万元以下的工程项目设计方案,由单位工程项目领导小组审批;

(二)总投资_____万元以上(含_____万元)的工程项目设计方案,经工程项目领导小组审批同意后,报上级主管单位审批。

第五条 工程项目建设施工中,投资增加的授权审批。

(一)超出预算_____%以内的,由工程项目领导小组批准,按照内部管理程序进行调控;

(二)超过_____%的,应上报上级主管部门批准后调整计划并增加投资。

第三章 工程项目招标批准流程

第六条 工程项目总投资在_____万元以上(含_____万元)的工程项目,原则上均应采用公开招标的形式。采取其他招标方式,需经单位工程项目管理办公室或上级主管部

工程项目岗位责任制度

编制部门：	发布日期：

门审批同意后,方可执行。

第七条 工程相关管理办公室负责对投标申请人进行资格预审,确定投标人名单后,发送出投标邀请函。

第八条 评价小组对招标文件进行评定,确定第一中标人和备选中标人,或提交中标候选人名单,由工程项目领导委员会采取记名投票方式定标,订立书面合同。

第四章 工程项目进度款支付批准流程

第九条 由承包商提出工程项目款支付申请,并提供工程量完成情况说明、工程价款结算表以及其他相关证明材料,报监理单位审核。

第十条 监理单位签署结论性意见和需要说明的事项后,工程项目管理办公室对支付申请进行复核,并在申请上签署复核意见,报工程项目领导小组审批。

第十一条 工程项目领导小组审核通过后,由计划财务处相关人员核对发票或收款凭据、收款单位、银行账号等内容后办理款项支付手续。

第五章 竣工决算批准流程

第十二条 单位办公室依据主管对竣工结算相关资料的审查意见,及时调整工程竣工结算,并按规定编制工程竣工财务决算,报当地审计部门进行审计。

第十三条 审计部门出具工程竣工决算审计意见后,单位办公室依据竣工决算审计意见最终调整竣工结算和财务账目,重新编制工程竣工决算。

第十四条 工程竣工结算由计划财务处负责人审核后,经单位负责人或主管审批后执行。

第六章 附 则

第十五条 本制度未尽事宜,依据国家相关规定执行。

第十六条 本制度由工程项目管理办公室负责解释。

第十七条 本制度自_____年_____月_____日起施行。

第 3 节　工程项目立项与招标内部控制规范

15.3.1　工程项目立项管理办法

工程项目立项管理办法	
编制部门：	发布日期：

第一章　总　则

第一条　为进一步加强单位工程项目管理，规范工程项目立项程序，保证项目质量，节约投资，预防腐败，依据国家相关法律法规，结合本单位工作实际，制定本办法。

第二条　本办法所指工程项目是指工程造价在_____万元以上的各类基建工程、修缮工程、装饰工程、园林工程、安装工程等。

第二章　工程项目的申报与审批

第三条　工程项目立项。

（一）总投资_____万元以上（含_____万元）_____万元以下的单项或多项合计的工程项目，必须经单位工程项目领导小组审批；

（二）总投资_____万元以上（含_____万元）的工程项目，应由工程项目管理办公室编制立项申请书，基建项目还应填报基建项目审批申请表，经工程项目管理领导小组审议后，于每年_____月份，报上级主管部门审批。

第四条　工程项目设计方案审批。

（一）总投资_____万元以上（含_____万元）_____万元以下的工程项目立项同意后，由单位内部立项部门根据实际批准经费及工程项目领导小组的意见修改立项计划，编制工程项目设计方案，报工程项目领导小组批准后实施；

（二）总投资_____万元以上（含_____万元）的工程项目立项同意后，由工程项目管理办公室或邀请有资质的设计单位编制工程项目设计方案，经工程项目领导小组审批同意后报上级主管单位审批，审批通过实施。

工程项目立项管理办法

编制部门：	发布日期：

第三章 工程项目实施的监督管理

第五条 工程项目管理办公室为单位工程项目实施过程的主管、监管机构。

第六条 工程项目管理办公室应加强实施过程的领导和检查，及时解决工程项目实施中存在的具体问题，保证工程项目顺利完成。

第七条 工程项目实施过程中，建设单位应按每_____月向工程管理办公室提交一份项目执行情况报告。工程项目管理办公室也要在工程项目实施过程中进行不定期检查，发现问题及时解决。

第八条 工程项目建设施工中，如遇不可预见的原因造成工程投资增加，超出概预算_____%以内的，由工程项目领导小组批准，按照内部管理程序进行调控；超过_____%的，应上报上级主管部门批准后调整计划并增加投资。

第九条 工程项目建设施工过程中，因某种原因中途停止执行，应及时报告工程项目管理办公室；如遇特殊情况需进行调整的，需经工程项目领导小组审议批准，重大工程项目调整应上报上级主管部门批准后才能进行调整。

第四章 工程项目验收

第十条 工程项目完成后，由立项部门写出书面结项报告，报告工程项目执行情况和经费使用情况，以及主要成绩和存在的问题。提交工程项目管理办公室，由工程项目管理办公室提请相关部门进行验收。

第十一条 验收合格后，按规定需要审计的项目应尽快将有关资料提交审计处审计，审计通过后，项目方可结项。

第五章 附 则

第十二条 本办法与原有相关制度不一致的，依照本办法执行。

第十三条 本办法由工程项目管理办公室负责解释。

第十四条 本办法自公布之日起施行。

15.3.2 工程项目招标管理办法

工程项目招标管理办法

编制部门：　　　　　　　　　　　发布日期：

第一章　总　则

第一条　为进一步加强单位工程项目招标、投标管理工作，有效杜绝招投标活动中的买标、串标等违法行为，保证工程质量，根据《中华人民共和国招标投标法》《中华人民共和国政府采购法》等相关法律法规，结合本单位实际，制定本办法。

第二条　工程造价在＿＿＿＿＿万元以上的各类基建工程、修缮工程、装饰工程、园林工程、安装工程等项目必须按照本办法的规定组织招标活动。

第三条　工程项目招标活动应遵循"公开、公正""标价与成本相结合""工程质量与施工能力相结合"的原则。

第二章　工程项目招标的形式

第四条　工程项目招标的形式。

（一）工程项目总投资在＿＿＿＿＿万元以上（含＿＿＿＿＿万元）的工程项目，原则上采用公开招标的形式；

（二）工程项目总投资在＿＿＿＿＿万元以上（含＿＿＿＿＿万元）＿＿＿＿＿万元以下的工程项目，经工程项目领导小组批准后，可采用邀请招标的形式；

（三）工程项目总投资在＿＿＿＿＿万元以下的工程项目，可以采用议标的形式。

第五条　有下列情形之一的，经主管部门批准，可不进行招标。

（一）由于不可抗力造成紧急情况，从而无法开展有效的招标活动的；

（二）潜在投标人少于三家，不能形成有效竞争的；

（三）工程项目采用专有技术，或对艺术造型有特殊要求的；

（四）法律法规规定的其他不适宜招标的。

第三章　招标工作的程序

第六条　招标文件由工程项目管理办公室或委托代理机构负责编制，招标文件一般包含以下方面。

工程项目招标管理办法

编制部门：	发布日期：

（一）投标邀请函；

（二）投标人须知；

（三）提交投标文件的方式、地点和截止时间；

（四）开标时间、地点和方式；

（五）投标人资质等级要求，应提供的有关资质和资信证明文件；

（六）合同主要条款：如质量标准、工期要求、工程项目款支付方式、材料设备采供方式及清单等；

（七）施工组织设计等技术性条款；

（八）设计图纸和技术规范等；

（九）投标报价要求及其计算方法；

（十）是否全部响应招标文件所有内容等承诺性说明；

（十一）投标保证金、履约保证金或担保方式要求；

（十二）投标文件编制格式要求，可随附投标文件格式化范本；

（十三）评标的依据、标准、方法和定标原则；

（十四）对招标项目的特殊情况或不可预见因素的处理方法；

（十五）其他相关内容。

第七条　采取邀请招标的项目，必须根据工程项目情况确定报名资格条件。其招标公告或招标邀请书应当至少包含以下内容。

（一）招标人的名称和地址；

（二）招标工程项目的内容、规模、实施地点和工期，以及资金来源；

（三）获取招标文件或资格预审文件的地点、时间及应支付的费用；

（四）要求投标人提供有关资质证明、资信状况文件材料。

第八条　公开招标的标的原则上应委托社会中介机构编制；非委托的标的由工程项目管理办公室组织相关部门和专业人员编制，报工程项目领导小组审定。编制完成后的标的在公布前应当严格保密。

工程项目招标管理办法

编制部门：	发布日期：

第四章 资格预审

第九条 工程项目招标前应依据招标公告或招标邀请书中载明的要求，对投标申请人进行资格预审，确定合格单位和不合格单位名单。资格预审的主要内容如下。

（一）是否具备工程项目要求的施工资质；

（二）是否具备承担与标的的工程内容相配套的技术实力和机械装备；

（三）近两年的合同履行情况，权威部门认定的施工质量情况；

（四）财务资信状况，在资金和债务方面是否存在纠纷；

（五）管理和施工人员素质、技术人员的技术水平；

（六）法律法规规定的其他内容。

第十条 参与投标人资格审查工作的人员必须认真、负责；确定投标人名单后，发送出投标邀请函。一般情况应保证至少引入三家以上投标人参与竞标，投资额在_____万元至_____万元的工程项目应至少保证五家以上投标人参与竞标，投资额在_____万元以上的工程项目应至少保证七家以上投标人参与竞标。

第十一条 投标人应按照招标文件的要求编制投标文件，并在招标文件要求的截止时间之前，将投标文件密封完好后送达指定收标地点。未按招标文件指定的地点、时间送达投标文件的，视为招标人自动放弃，取消其投标资格。

第五章 开标、评标、定标

第十二条 工程项目开标之前，应通知所有投标人参加，在监察人员的监督下开启投标文件，进行评标。开标时，发现投标文件有下列情形之一的，应做废标处理：

（一）投标文件未按要求密封的；

（二）未经法人或法人授权的代理人签字盖章的；

（三）投标人名称、资质证明原件与原资格预审时不一致的；

（四）投标文件主要内容有重大遗漏内容或关键字迹模糊无法辨认的；

（五）其他未满足招标文件提出的实质性要求和条件的。

第十三条 单位负责人及相关专家组成评标小组，根据招标文件规定的评标标准和

工程项目招标管理办法

编制部门：	发布日期：

方法，对投标文件进行系统的评审和比较，招标文件中没有规定的标准和方法不得作为评标的依据。

第十四条 评标小组在评标时，出现以下情形之一的，应做废标处理：

（一）投标人以他人名义投标、串通投标或以行贿手段谋取中标的；

（二）投标人资格条件不符合国家规定和招标文件要求的；

（三）投标人对明显低报价不能合理说明或不能提供相关证明材料，且被认定其竞标价低于成本报价的；

（四）其他应做废标处理的。

第十五条 评标小组完成评标后，应当按要求填写评标意见备案表，由评标人员对评审结果署名，并签署个人意见。

第十六条 评标小组依据招标文件授权，接确定第一中标人和顺序备选中标人；如评标小组未经授权，则由评标小组提交中标候选人名单，经工程项目领导委员会采取记名投票方式定标。

第十七条 确认中标后，应按规定向中标人发放中标通知，并将中标情况通知所有投标人。单位负责人在中标通知书发出之日起_____日内，依照招标文件和投标文件订立书面合同。

第十八条 招标活动中所形成的文件材料，应交档案管理员负责备案管理。

第六章 附 则

第十九条 本办法与原有相关制度不一致的，依照本办法执行。

第二十条 本办法由工程项目管理办公室负责解释。

第二十一条 本办法自公布之日起施行。

第4节　价款支付与工程实施内部控制规范

15.4.1　工程进度款支付制度

工程进度款支付制度	
编制部门：	发布日期：

第一章　总　则

第一条　为规范工程进度款支付工作，明确各方责任，保证资金安全，根据国家相关法律法规，结合本单位实际，制定本制度。

第二条　本制度适用于工程项目施工过程中，按照合同约定所开展的工程项目进度款项支付工作。

第二章　工程进度款支付

第三条　进度款支付方式。

（一）按月支付：指单位依据工程进度，按月向承包商支付工程进度款。

（二）分段支付：指单位与承包商约定工程进度，划分不同阶段，并按各阶段工程进展情况，向承包商支付工程进度款。

（三）双方约定的其他支付方式。

第四条　工程进度款支付方式由单位在与承包方在预先签订的合同中进行明确约定，一旦约定，严禁在实施过程中采用其他方式进行款项支付。

第五条　进度款支付程序。

（一）由承包商报送工程进度款支付申请表，并附工程量完成情况说明、工程价款结算表以及相关证明材料。

（二）工程监理单位按照监理的有关要求和合同约定的内容，审查本次结算已完成工程的形象进度、质量、工程量、单价及价款，核实抵扣预付款、代扣款以及提留质量保证金，并在工程进度款支付申请表上签署结论性意见和需要说明的事项。

工程进度款支付制度

编制部门：	发布日期：

（三）工程项目管理办公室对已完成工程量进度是否属实、测算是否准确、工程质量是否达到合格要求、是否存在进度价款超付情况等内容进行复核，并在工程进度款支付申请表上签署复核意见，报工程项目领导小组审批。

（四）工程项目领导小组审批通过后，由承包商提供有效税务发票；出纳人员进一步核对发票或收款凭据、收款单位、银行账号等方面内容，及时办理进度款支付，并进行台账登记。

（五）进度款支付手续办理完毕后，应将当期结算资料及时反馈给承包商、建立单位、工程项目管理办公室、工程项目领导小组，并留存作为会计凭证或备查。

第六条 工程项目施工中，承包商对工程管理办公室和监理部门发出的工程整改通知不及时整改到位的，将停拨该项目的工程序时进度款。

第七条 累计支付进度款，原则上应不高于工程价款的_____%，并按约定时间同期抵扣预付款项；付款数达到合同总额的_____%以上，暂不再付工程款；如有新增项目，应与施工单位签订新增项目合同作为再次付款的依据。

第八条 工程进度款支付一律通过银行进行划转，不得采用现金支付。

第九条 承包商账号一经确定，原则上不予变更。承包商确需变更收款单位、开户银行及账号，应出具盖有其法人公章、法定代表人签字的书面申请，并经工程项目管理办公室认可后，交出纳人员进行更改。

第十条 单位相关工作人员应严格依据本制度规定做好进度款支付工作，若发生滥用职权、玩忽职守、为个人谋取不正当利益的，应给予行政处分；构成犯罪的，依法追究刑事责任。

第三章 附 则

第十一条 本制度未尽事宜，依照国家相关规定执行。

第十二条 本制度由工程项目管理办公室负责解释。

第十三条 本制度自_____年_____月_____日起施行。

15.4.2　工程项目变更管理制度

<table>
<tr><td colspan="2" align="center">工程项目变更管理制度</td></tr>
<tr><td>编制部门：</td><td>发布日期：</td></tr>
</table>

第一章　总　则

第一条　为加强工程项目建设管理，规范工程项目建设过程中的变更行为，合理控制工程项目变更成本，依据国家相关法律法规的规定，结合本单位实际，制定本制度。

第二条　工程项目变更。

（一）工程设计变更；

（二）材料与设备的调整；

（三）工程量和费用增减；

（四）工程质量标准的改变及其他涉及造价的变更；

（五）由施工方以外原因引起的涉及工程费用变化的施工组织设计变更；

（六）其他变更（如设计漏项、工程甩项）。

第二章　前期审批阶段设计变更

第三条　工程项目开工前，工程项目管理办公室应组织设计、监理、施工等单位再次对设计概算、施工图等内容进行复核，办理一次性设计变更。

第四条　初步设计概算超过可行性研究报告估算_____%以内或累计_____万元投资额以内的；总建筑面积调整在_____%以内的；施工图预算超过初步审计概算_____%以内或累计_____万元投资额以内的，需由财政部门审核后予以变更；若突破以上限额规定的，还应报经同级政府部门审核。

第三章　项目建设期间工程变更

第五条　工程项目变更分为重大变更、较大变更和一般变更。

（一）符合下列条件之一的为重大变更。

1. 变更后资金总额超过初步设计批准工程概算的_____%（含_____%）或者_____万元（含_____万元）的。

工程项目变更管理制度

编制部门：	发布日期：

2. 变更后变更增减绝对额累计超过合同价款_____%（含_____%）或者_____万元（含_____万元）的。

3. 主管部门认为需要上报本级政府审查的其他重大变更情况。

（二）符合下列条件之一的为较大变更。

1. 工程项目变更后资金总额超过初步设计批准工程概算，但不足_____%且在_____万元以下的。

2. 工程项目变更后变更增减绝对额累计超过合同价款不足_____%且在_____万元以下，并且超过_____%（含_____%）或者_____万元（含_____万元）以上的。

3. 工程单次变更增减绝对额超过合同价款的_____%（含_____%）或者_____万元（含_____万元）的。

4. 分部分项工程中某一项目发生变更，增减绝对额累计超过_____万元（含_____万元）的。

（三）符合下列条件之一的为一般变更。

1. 工程项目变更后变更增减绝对额累计在合同价款_____%以下且不足_____万元的。

2. 工程项目单次变更增减绝对额在合同价款_____%以下且金额在_____万元以下的。

3. 分部分项工程中某一项目发生变更，增减绝对额累计不足_____万元的。

第六条 单位工程项目变更的，应严格按照以下程序进行。

（一）由设计、施工、监理等单位，或本单位工程管理办公室提出工程项目变更申请，详细说明变更理由及预算增加的费用。

（二）设计、施工、监理等单位对工程项目变更进行内部审查核实，必要时邀请有关专家进行论证。取得一致意见后，由设计、施工、监理等单位负责人在变更联系单上签字确认。

（三）由单位主管部门及上级主管单位按以下程序办理审批手续。

1. 一般变更：由单位工程项目领导小组审核，报同级财政部门同意后实施。

2. 较大变更：单位工程项目管理办公室将变更联系单、工程项目变更内部审查情况说明等资料报财政部门，财政部门召集相关主管部门或中介机构对工程项目进行集体审查研究，并出具审批结果；单位工程项目管理办公室根据审批结果执行变更程序。

工程项目变更管理制度

编制部门：	发布日期：

3. **重大变更**：在财政部门及相关主管部门集体审查研究的基础上，报同级政府部门审批，单位工程项目管理办公室根据政府审批意见执行变更程序。

第七条 凡需变更的工程项目原则上应在办理变更手续后进行施工，施工原则上由原施工单位承担。原施工单位不具备相应资质等级的，由工程项目管理办公室按照规定选择新的施工单位后组织实施。

第八条 工程变更引起的工程建安费、勘察设计费和监理费等费用变化，按照合同有关约定执行；由于工程变更发生的管理费、征地拆迁等费用变化，按照国家及地方有关规定执行；因工程变更所引起的工程费用调整，由上级主管部门在工程结算时审核确定。

第九条 工程项目管理办公室应建立工程变更管理台账，定期进行汇总，每半年和工程结算前将汇总情况报上级主管部门备案，接受检查和稽查。

第四章 法律责任

第十条 工程项目未经批准不得擅自进行变更，因擅自变导致概算突破、工程延误、工程质量事故的，应追究直接责任人及主管负责人的相关责任。

第十一条 单位相关工作人员在工程项目变更中违反本规定，滥用职权、玩忽职守、谋取不正当利益的，应给予行政处分；构成犯罪的，依法追究刑事责任。

第十二条 因设计、施工、监理等单位的过失引起工程变更并造成损失的，应由该单位承担相应的费用和相关责任，并根据合同扣除相应费用。

第五章 附 则

第十三条 本制度未尽事宜，依照国家相关规定执行。

第十四条 本制度由工程项目管理办公室负责解释。

第十五条 本制度自_____年_____月_____日起施行。

15.4.3 工程项目进度控制办法

工程项目进度控制办法	
编制部门：	发布日期：

第一条 为保证工程项目按期完成，合理安排资源供应，节约工程成本，根据国家相关法律法规，结合本单位工作实际，制定本办法。

第二条 单位各项目工程进度控制均依本办法执行。

第三条 分析影响工程项目进度的因素主要包括以下 5 项内容。

（一）设计图纸不及时或设计图纸存在错误。

（二）施工条件发生变化。

（三）施工单位采用的技术措施不当。

（四）施工经验不足或施工管理不善。

（五）其他影响工程项目进度的因素。

第四条 编制项目进度计划。

（一）施工单位应依据施工合同、施工图设计文件、工期定额、主要材料和设备的采购合同和供应计划、施工人员技术素质及设备能力等情况编制工程项目施工计划。

（二）复杂的工程项目还应当编制总进度计划和分项计划。

（三）监理单位对计划进行审查、修改，工程项目领导小组或上级主管单位对计划进行审批。

第五条 建立进度控制的组织系统，并明确各单位在施工过程中承担的进度控制职责，明确各自的进度控制目标：

（一）施工单位、监理单位应根据施工进度情况，定期汇报施工进度；

（二）单位工程项目管理办公室负责人会同上级主管单位、监理单位等相关人员共同进行工程项目进度的检查，并评估实际项目进度与计划项目进度是否一致，如出现偏差，应分析偏差的原因，并制定纠正偏差的措施，责成施工单位予以落实。

第六条 本办法由工程项目管理办公室负责制定。

第七条 本办法自发布之日起施行。

第5节　工程竣工验收与决算内部控制规范

15.5.1　工程竣工决算管理办法

工程竣工决算管理办法

编制部门：	发布日期：

第一章　总　则

第一条　为加强工程竣工决算的管理，确保工程竣工决算资料的真实、合法、准确，提高资金使用效益，依据国家相关法律法规的规定，结合本单位实际，制定本办法。

第二条　本办法适用于本单位及所属单位建设工程竣工决算的管理。

第三条　竣工决算是以货币为计量单位，以日常核算资料为主要依据，通过编制报表和文字说明书的方法，来综合反映经济活动和成果的总结性报告文件。工程竣工决算综合反映工程项目从筹建到竣工全过程的财务状况和建设成果。

第四条　工程竣工决算由竣工决算报表和竣工财务决算情况说明书两部分组成。具体包括竣工工程概况表、竣工财务决算表、交付使用资产总表、建设成本总表、未完工程项目表等。

第二章　工程竣工决算管理

第五条　工程竣工决算工作程序。

（一）工程完工后，施工单位应根据国家规定和相关材料，编制竣工结算；经项目监理单位审核并加盖公章后，报工程项目管理办公室审核。

（二）工程项目管理办公室组织相关部门或人员对竣工结算进行初审；如重大工程项目单位不具备自行审查能力的，可委托有资质的工程造价咨询单位进行工程竣工结算审核工作，并编制竣工结算造价审核报告。

（三）工程项目管理办公室对竣工结算审查工作完成后，应及时向主管部门、财政部门申请进行工程结算复审工作。

工程竣工决算管理办法

编制部门：	发布日期：

（四）工程竣工结算经主管部门、财政部门复查并出具审查意见后，工程项目管理办公室依据审查意见及时调整工程竣工结算，并按规定编制工程竣工财务决算（初稿），报当地审计部门进行审计。

（五）审计部门出具工程竣工决算审计意见后，工程项目管理办公室依据竣工决算审计意见最终调整竣工结算和财务账目，重新编制工程竣工决算。

第六条　工程项目管理办公室对竣工结算初审过程中，若需要补充有关资料的，一般应在＿＿＿＿日内书面提出并及时通知施工单位，施工单位送达后书面确认，并在＿＿＿＿日内将有关资料补充完整。

第七条　根据工作情况，工程项目管理办公室进行的初审工作，工程项目负责人及相关专业管理人员应积极配合。初审工作原则上在收到竣工结算材料＿＿＿＿日内开始进行，或移交工程造价咨询单位进行审核。

第八条　单位与施工单位签订建设工程合同时应对竣工结算的审核时间进行约定（对审核意见有异议的除外），同时考虑到下列的初审时间安排或要求：

（一）送审金额总价在＿＿＿＿万元以上的，一般应在＿＿＿＿日内完成初审工作，＿＿＿＿日内完成竣工决算；

（二）送审金额总价在＿＿＿＿万元以上、＿＿＿＿万元以下的，一般应在＿＿＿＿日内完成初审工作，＿＿＿＿日内完成竣工决算；

（三）送审金额总价在＿＿＿＿万元及以上、＿＿＿＿万元以下的，一般应在＿＿＿＿日内完成初审工作，＿＿＿＿日内完成竣工决算；

（四）送审金额总价在＿＿＿＿万元及以下的，一般应在＿＿＿＿日完成初审工作，＿＿＿＿日内完成竣工决算。

第三章　附　则

第九条　本办法与原有制度不一致的，依照本办法执行。

第十条　本办法由工程项目管理办公室负责解释。

第十一条　本办法自公布之日起施行。

15.5.2　工程竣工决算审计办法

工程竣工决算审计办法	
编制部门：	发布日期：

第一章　总　则

第一条　为进一步加强度工程项目决算的审计监督，提高工程项目的经营管理水平，依据国家相关法律法规的规定，结合本单位工作实际，制定本办法。

第二条　本单位及所属各单位工程项目的竣工决算审计均依据本办法执行。

第三条　本办法所称的工程项目竣工决算审计，是指工程项目合同施工任务结束后，单位审计部门和所属各单位审计部门（或专职审计人员）对项目施工管理机构编制的竣工决算的真实性、合规性和工程项目的经营管理及效益性进行的内部审计监督。

第二章　审计内容

第四条　工程项目财务竣工决算报表审计的主要内容。

（一）财务竣工决算编制的真实性、准确性、完整性。

（二）财务竣工决算报表所列各项资产的真实性、完整性以及资产计划的合规性。

（三）完工项目的债权债务清收清理的及时性，暂时无法清收清理的债权债务是否取得对方书面签认，有无坏账，有无虚列债权债务的情况，有无未经审批自行核销坏账的情况。

（四）项目损益的核算是否符合会计相关规定。

（五）有无未列入财务竣工决算的遗留事项等。

第五条　工程项目施工合同完成情况审计的主要内容。

（一）合同的履行情况、变更情况以及主要工程量的完成情况。

（二）合同内及合同外项目工程价款的结算情况。

（三）工程项目的索赔、补偿、变更合规情况等。

第六条　工程项目对分包单位结算情况审计的主要内容。

（一）分包单位的资质。

（二）分包合同和保廉合同的签订情况。

（三）分包工程量及分包价格情况。

（四）工程项目价款支付情况等。

工程竣工决算审计办法

编制部门：	发布日期：

第七条　成本预算执行情况及主要生产要素投入使用情况审计的主要内容。

（一）工程项目成本管理制度的建立及执行情况。

（二）工程项目人力资源的配置及人工费的支出情况。

（三）工程项目所需材料的管理和使用情况。

（四）工程项目所需设备的投入使用情况。

（五）工程项目管理费用的支出情况等。

第八条　税费缴纳情况审计的主要内容。

（一）应缴纳的各项税金及附加是否足额缴纳。

（二）依据规定应上交的各项费用是否足额提上交。

第九条　其他项目的审计内容依据国家相关规定执行。

第三章　审计工作的组织与实施

第十条　工程项目审计金额的确定。

（一）造价在_____万元以下的工程项目，由所属单位或施工单位自审，单位审计处原则上不再进行竣工决算审计。

（二）造价在_____万元以上（含_____万元），_____万元以下的工程项目，由所属单位或施工单位初审后，报单位审计处进行复审。

（三）造价在_____万元以上（含_____万元），_____万元以下的工程项目，原则上由单位审计处主审，如工程复杂，可视情况送社会有关会计师事务所进行复审。

（四）造价_____万元以上（包括_____万元）的工程项目，应报上级主管部门审计处审核，或委派上级主管部门指定范围内的社会会计师事务所进行审计。

第十一条　工程项目竣工决算的审计要求。

（一）工程项目竣工验收结束后，施工单位应及时将工程决算材料报送单位审计处并填写送审登记表，为防止重复计算工作量，不得拆项送审。

（二）工程项目送审前，施工单位应当积极配合审计工作，并在实施现场审计前，按照规定准备好相关资料。

工程竣工决算审计办法

| 编制部门： | 发布日期： |

（三）工程项目未进行竣工决算审计之前，工程项目主要负责人和关键管理岗位人员原则上不得调离该项目；确因工作需要调离项目的，审计需要回原所在项目配合审计工作的，应无条件返回原项目。

（四）存在分包结算的工程项目，在进行竣工决算审计前，单位应通过相关经济合同预留部分分包工程尾款，待竣工决算审计结论下达后再予以清算。

（五）由单位审计处进行竣工决算审计的工程项目，原则上在收到报审资料＿＿＿＿日内审计完毕并出具审计报告；由单位或上级主管部门委托社会会计师事务所审计的工程项目，原则上在收到报审资料后＿＿＿＿日内出具审计报告，特殊情况适当顺延。

（六）工程项目竣工结算审计费用的支付，依据国家相关规定执行。

第四章 审计监督与管理

第十二条 工程项目送审资料不齐全，不得实施审计；如遇特殊情况，需经单位主管部门研究决定后，方能实施审计。

第十三条 工程竣工决算审计报告应报送施工单位和单位财务处审阅；未出具工程项目审计报告的，财务处不得办理工程结算手续，如违规操作，一经发现将按规定予以严肃查处。

第十四条 审计处负责竣工决算审计的组织及审计工作，在单位审计力量不足时，由审处负责对外办理委托审计手续；在委托外审的竣工决算审计工作中，审计处负责内外联系及协调工作。

第五章 附 则

第十五条 本办法由审计处负责解释。

第十六条 本办法自公布之日起施行。

15.5.3　工程竣工验收管理办法

工程竣工验收管理办法	
编制部门：	发布日期：

第一章　总　则

第一条　为规范工程竣工验收管理，确保工程项目质量，依据国家相关法律法规，结合本单位实际，制定本办法。

第二条　本单位及所属单位工程项目的竣工验收均依据本办法执行。

第二章　竣工验收依据

第三条　竣工验收是工程项目建设过程中一个必要程序，任何工程项目未经竣工验收或竣工验收不合格，不得交付使用。

第四条　工程项目竣工验收应依据以下材料进行。

（一）国家相关法律、法规、文件。

（二）项目实施过程中的有关合同和招投标文件。

（三）经上级主管部门批准的设计方案、施工图纸及其说明书、设备技术说明书、图纸会审记录、设计修改签证和技术核定单。

（四）现行的施工技术验收规范。

（五）有关施工记录和构件、材料合格证明文件。

（六）引进技术或进口成套设备的项目，还应按照签订的合同和国外提供的设计文件等资料进行验收。

第三章　竣工验收实施

第五条　根据工程项目的规模大小和复杂程度，工程项目的验收可分为初步验收和竣工验收两个阶段进行。较复杂的项目，应先进行初步验收，然后进行全部工程项目的竣工验收；规模较小，较简单的工程项目，可一次性进行工程项目的竣工验收。

第六条　工程项目的竣工验收应具备以下条件。

（一）完成工程设计和合同约定的各项内容。

（二）有完整的技术档案和施工管理资料。

工程竣工验收管理办法

编制部门：	发布日期：

（三）有工程使用的主要建筑材料、建筑构配件、设备的质检证明和进场试验报告。

（四）有勘察、设计、施工和工程监理等单位分别签署的质量合格文件。

（五）有施工单位签署的工程保修书。

第七条　工程项目竣工验收程序。

（一）施工单位对照验收基本要求进行自查自验，合格后向主管部门或同级政府部门提出竣工验收申请。

（二）主管部门或同级政府部门组织监理单位组织，施工单位、监理单位、勘察单位、设计单位等共同参与，完成工程项目竣工验收检查。其中竣工验收检查的主要内容包括：

1. 检查工程项目实体质量；

2. 检查工程项目建设参与各方提供的竣工资料；

3. 对建筑工程的使用功能进行抽查、试验。

（三）形成竣工验收意见，提交竣工验收报告；若验收过程中发现严重问题，达不到验收保准，应责令施工单位即刻进行整改，并宣布本次验收无效，待重新确定时间组织竣工验收。

（四）根据工程规模不同，将工程验收情况报告分别报送主管部门进行审批。

第八条　验收标准。

（一）未实施竣工决算审计的工程项目，原则上不得办理竣工验收手续。

（二）工程项目竣工验收评定分为"合格""不合格"两个等级。其中"合格"指达到工程项目内容要求；"不合格"指工程项目没能未达到设计要求。具体评定标准依据合同规定执行。

第四章　附　则

第九条　本办法由工程项目管理办公室负责解释。

第十条　本办法自公布之日起施行。

第 6 节　工程项目管理内部控制流程

15.6.1　工程项目招标管理流程

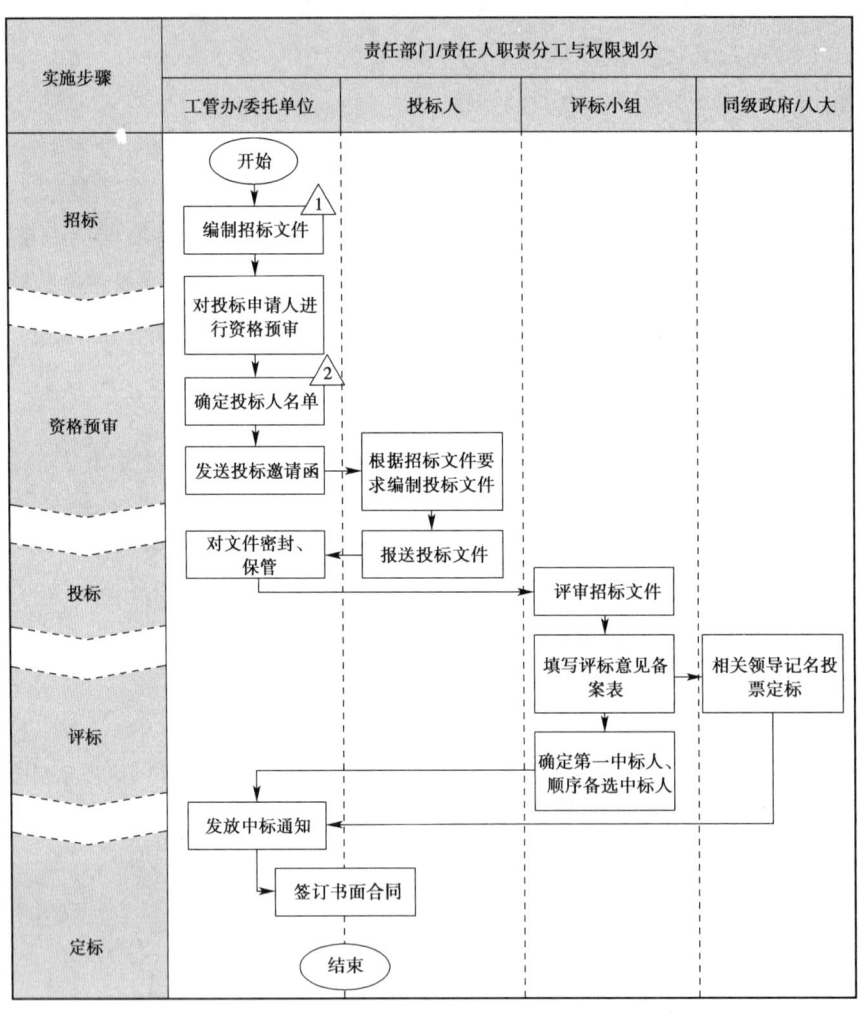

关键节点说明：

关键节点	相关说明
关键节点 1	1. 邀请招标项目依据工程情况确定报名资格；2. 招标标的应委托中介机构编制
关键节点 2	至少引入 3 家以上投标人竞标；投资额_____万元至_____万元应至少保证 5 家以上投标人参与竞标；投资额_____万元以上的应至少保证 7 家以上投标人参与竞标

15.6.2 工程项目决算管理流程

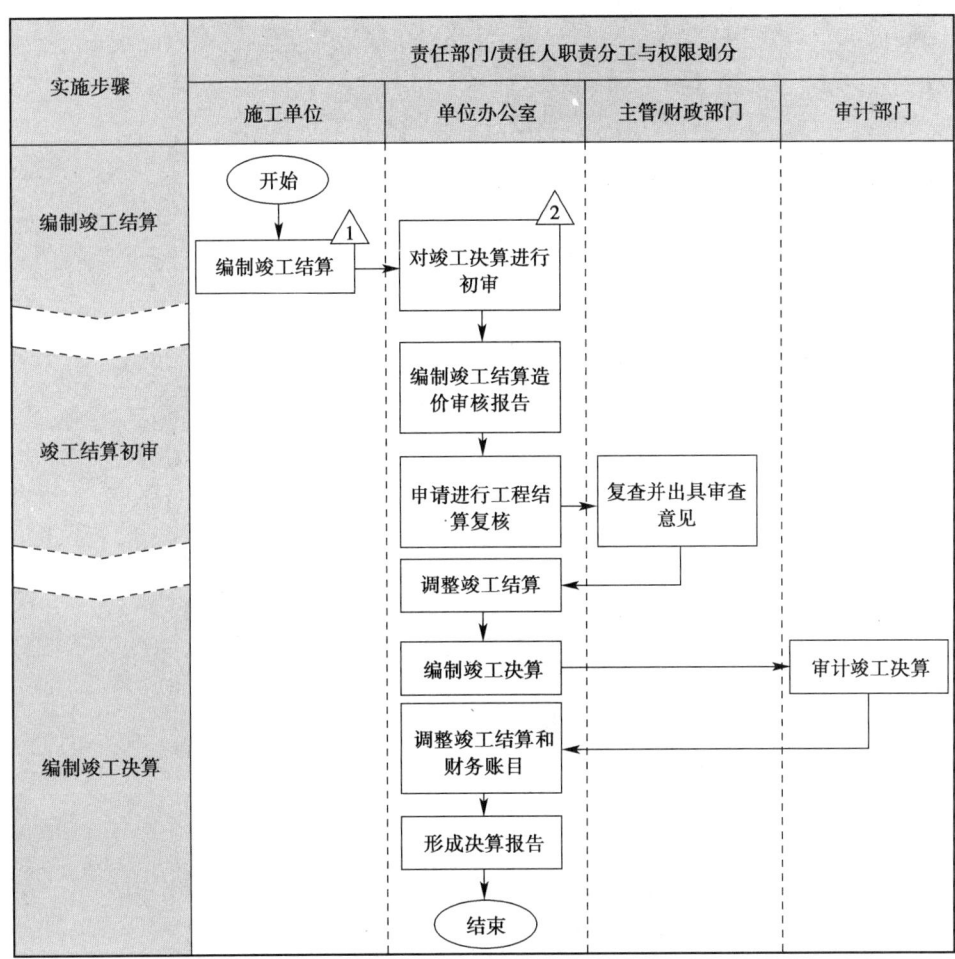

关键节点说明：

关键节点	相关说明
关键节点1	工程完工后，施工单位应根据国家规定和相关材料，编制竣工结算，经项目监理单位审核并加盖公章后，报单位办公室审核
关键节点2	工程项目管理办公室组织相关部门或人员对竣工结算进行初审；如重大工程项目单位不具备自行审查能力的，可委托有资质的工程造价咨询单位进行工程竣工结算审核工作

第 16 章

行政事业单位内部控制规范——合同控制

第 1 节　合同控制的内容与目的

16.1.1　合同控制的内容

行政事业单位的合同主要是指行政事业单位与自然人、法人及其他组织之间设立、变更、终止民事权利、义务关系的合同及具有合同性质的协议（与聘用人员签订聘用合同除外）。合同内部控制的内容主要包含以下方面，如图 16-1 所示。

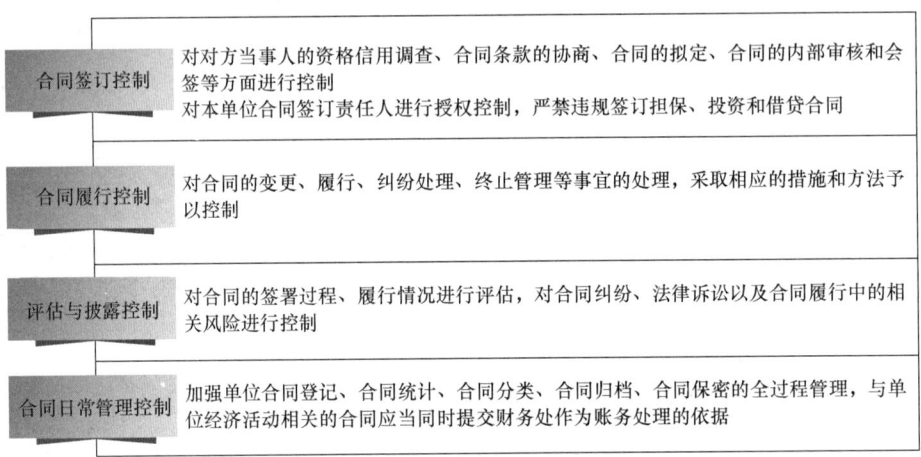

图 16-1　合同控制的内容

16.1.2　合同控制的目的

行政事业单位应不断建立和完善合同内部控制管理。其目的主要如图 16-2 所示。

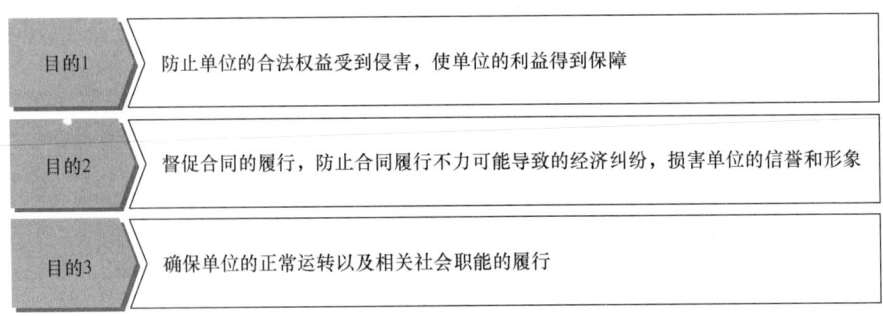

图 16-2　合同控制的目的

第 2 节　岗位责任与授权批准制度

16.2.1　合同管理岗位责任制度

合同管理岗位责任制度	
编制部门：	发布日期：

第一条　为加强对本单位合同的有效管理，明确相关部门和岗位的职责权限，确保单位的合法权益，依据《中华人民共和国合同法》等相关法律法规，结合本单位实际，制定本制度。

第二条　本制度适用于单位内部与合同管理有关的岗位和职责权限的设置。

第三条　单位负责人在合同管理方面的职责。

（一）审核单位合同协议的相关管理制度。

（二）参与重大合同协议文件的审核。

第四条　办公室负责人在合同管理方面的职责。

（一）建立健全合同协议的管理制度。

（二）监督单位合同协议依法、依程序签订。

（三）监督检查单位合同协议的履行、变更、解除等工作。

（四）参与合同协议纠纷的协商、调解，到有关机关办理仲裁、诉讼等相关事宜。

（五）协助有关部门追收到期合同债券等。

第五条　印章保管人员在合同管理方面的职责。

（一）妥善保管合同专用章，不得遗失、毁损或擅自交与他人。

（二）严格按规定使用合同专用印章。

（三）建立印章使用台账，严格印章使用的审批、登记手续。

第六条　办公室档案管理员对合同管理的职责。

（一）建立单位合同台账。

（二）对合同协议资料进行整理、编号、登记，并予以妥善保管。

合同管理岗位责任制度

编制部门：	发布日期：

第七条　承办部门负责人在合同管理方面的职责。

（一）负责对承办人员签订的合同条款进行初审。

（二）监督本部门承办合同的履行情况。

（三）指导本部门承办合同的协商、调解、仲裁、诉讼的准备及善后工作。

第八条　合同协议承办人的职责。

（一）负责合同签订前的意向接触、资信调查，以及谈判工作。

（二）负责本人承办合同的起草工作，并及时提请有关部门审查。

（三）采用招标方式订立合同在提请审查前，应附加经济性、技术性、可行性、安全性说明。

（四）监督、检查本人承办合同的履行情况，并及时向合同管理部门反映合同的履约问题。

（五）参加本人承办合同纠纷的协商、调解、仲裁、诉讼的准备及善后工作。

第九条　法制处负责人对合同管理的职责。

（一）负责做好所签署合同的规范性、合法性审核。

（二）监督、指导各部门起草及修订合同的文本，负责参与重大合同协议的谈判工作。

（三）协助单位相关部门处理合同中的纠纷。

（四）协助业务部门和人员依法签订、变更和解除合同。

第十条　计划财务处负责人在合同管理方面的职责。

（一）组织做好调查拟签约对象的资信情况。

（二）按照合同条款，组织做好协议款项收付工作。

（三）负责按照合同约定条款履行赔偿责任。

第十一条　本制度由单位办公室负责制定。

第十二条　本制度自＿＿＿＿年＿＿月＿＿日起施行。

16.2.2　合同归口管理制度

合同归口管理制度
编制部门：　　　　　　　　　发布日期：

第一条　为对本单位的所有合同实施统一、规范的归口管理，维护单位的合法权益，依据《中华人民共和国合同法》等法律法规，结合本单位实际，制定本制度。

第二条　本制度适用于单位对外签订的所有合同。

第三条　单位的所有合同实行合同管理部门归口管理和承办部门业务管理相结合。其中，单位办公室为合同管理的归口管理部门。

第四条　单位办公室是单位合同的归口管理部门，统一负责单位合同管理工作。其具体职责如下。

（一）贯彻执行有关合同的法律、法规、规章。

（二）建立单位合同管理制度。

（三）监督单位的合同依法、依程序签订，负责合同签订前的法律审查工作，负责合同的登记盖章、存档等工作。

（四）监督检查单位合同履行、变更和解除工作，发现问题及时向单位主管领导报告。

（五）单位对外发生合同纠纷时，参与协商、调解，到有关机关办理仲裁、诉讼等有关事宜。

（六）协助有关部门追收到期合同债权。

（七）合同管理的其他事宜。

第五条　承办部门由单位领导指定或部门职责分工确定，具体负责合同的起草、初审、协商、调解、仲裁、诉讼的准备及善后处理等工作。

第六条　本制度未尽事宜，依照国家相关制度执行。

第七条　本制度由单位办公室负责制定。

第八条　本制度自＿＿＿＿年＿＿月＿＿日起施行。

第3节 合同编审内部控制规范

16.3.1 合同风险防范制度

合同风险防范制度		
编制部门：		发布日期：

第一章 总 则

第一条 为规范单位合同管理，预防与减少因合同签订、履行不当造成的损失，有效维护单位的合法权益，依据《中华人民共和国合同法》和有关法律法规，结合本单位实际，制定本制度。

第二条 本单位及所属单位对外签订的合同及其履行应当遵照本制度执行。

第三条 本制度所称合同指单位与公民、法人和其他组织之间设立、变更、终止权利义务管理的合同及合同性质的协议文件等。

第二章 规范各环节部门和人员职责

第四条 合同订立前的资格审查。

（一）计划财务处负责调查拟签约对象的资信状况。

（二）合同承办人负责调查拟签约对象的主体资格，并做好合同的起草工作。

（三）法制处负责查证拟签约对象的合法身份及法律资格，并对所签署合同的规范性、合法性进行审核。

第五条 合同订立前的内容谈判。

（一）合同承办人负责与拟签约对象商讨合同条款，拟订合同。

（二）合同承办部门负责对承办人与合同对方拟订的合同具体条款进行初审，并做好监督管理工作。

（三）法制处负责审查承办人与合同对方拟订的合同具体条款，并协助承办人依法签订、变更和解除合同。

合同风险防范制度

编制部门：	发布日期：

（四）合同谈判人要重点关注合同核心内容、条款和关键细节，如合同标的、数量、质量或技术标准、合同价格确定方式及支付方式、履约期限和方式、违约责任和争议解决办法等。

（五）加强合同谈判过程的记录、保存及保密工作。

第六条 合同订立前的文本拟订。

（一）单位办公室负责建立健全合同管理制度，并做好监督管理工作。

（二）合同承办人负责草拟合同文本内容，特别留意合同中"其他约定事项"等需要补充的栏目，如不存在其他约定事项，应注明"此项空白"或"无其他约定事项"，防止合同后续篡改。

（三）法制处负责对文本内容进行审核、推敲，防止发生歧义和误解，确保合同文本的形式规范，合同内容合法、严密、完整。

（四）严格执行合同会审制度，对影响重大或关系复杂的合同，要组织管理部门、财务部门、审计部门、纪检部门、业务主管部门进行审核。

（五）履行合同文本签署和登记控制，确保合同签署权限程序合理、登记备案手续完善。

第七条 合同的履行。

（一）合同承办部门监督本部门合同的履行情况，合同承办人定期汇报合同的履行情况，法制处负责实时检查合同的履行情况，确保合同履行过程得到有效的跟踪、监控。

（二）在合同履行过程中签订补充合同，或变更合同，均按国家规定进行审查。

（三）计划财务处按照合同约定条款办理财务手续、收付款项并履行赔偿责任。

第八条 合同纠纷处理。

（一）对于违约行为，法制处应按单位的合同纠纷控制机制，协助合同承办部门和承办人及时申请仲裁或诉讼。

（二）对于合同的欺诈行为，单位办公室应组织相关部门及时采取措施，减少和避免损失，并依据制度规定，对单位相关责任部门和人员予以处分。

合同风险防范制度

编制部门：	发布日期：

第三章 制定有效的风险防范措施

第九条 合同订立前的风险防范。

(一) 详细审核拟签约对象的主体资格、信用等级等,减少交易风险。

(二) 由承办部门指定专人负责了解合同性质,减少合同在履行中和使用法律条款争议带来的经济损失。

(三) 合同条款内容应尽量细化,用词要精确,避免歧义;并明确双方承担的义务、违约责任,以及违约赔偿金额及计算方法,避免以后发生争议引起的经济损失。

(四) 法制处人员应参与合同的订立,尽量预防合同纠纷。

(五) 对于重大合同的订立应开展集体会审。

第十条 合同履行的风险防范。

(一) 合同履行中,承办部门和人员应定期汇报合同履行情况,便于归口管理部门或单位主管负责人进行监督和指导。

(二) 合同管理部门、合同关联部门根据合同编号,分别设立台账,对业务进展情况进行一事一记,便于上级主管部门的检查和备案。

(三) 合同的变更、解除等工作,必须在法制处人员的指导下进行,防止因处理不当带来的损失。

(四) 建立相应的奖惩制度,对合同履行过程中不负责任、管理混乱、造成经济损失的,视情节严重程度和责任大小给予相应的处分。

第十一条 合同纠纷处理风险防范。

(一) 发生合同纠纷时,应及时与合同另一方协商,协商无效的,依法选择仲裁或诉讼方式解决,尽量减少因合同纠纷带来的损失。

(二) 发生合同纠纷时,承办部门或人员应及时向归口管理部门或单位负责人报告,以方便其对纠纷处理进行有效指导。

(三) 合同纠纷的调解书、协议书、裁定书、判决书等,应在争议处理结束后_____日内交单位办公室归入档案,便于对合同进行有效评估,减少以后同类合同的风险。

合同风险防范制度	
编制部门：	发布日期：

第四章 附 则

第十二条 本制度未尽事宜，依照国家相关规定执行。

第十三条 本制度由单位办公室负责解释。

第十四条 本制度自＿＿＿＿年＿＿月＿＿日起施行。

16.3.2　合同会审实施办法

<table>
<tr><td colspan="2" align="center">合同会审实施办法</td></tr>
<tr><td>编制部门：</td><td>发布日期：</td></tr>
</table>

第一章　总　则

第一条　为加强合同管理，有效防范和控制合同可能的风险，依据《中华人民共和国合同法》等法律法规，结合本单位的实际情况，制定本办法。

第二条　本办法所称的会审是指在合同拟稿后，正式生效之前，由合同关键条款涉及的其他专业部门会同承办部门对合同文本进行的审核。

第二章　合同会审机构

第三条　单位办公室、计划财务处、法制处、审计监察室相关人员参加单位所有合同的会审，其他科室人员根据合同会审事项涉及的内容，并依照单位办公室安排参加会审。

第四条　应参加会审人员不得无故推脱，确因特殊原因不能参加的，须经本部门主管领导同意，并委托其他人员参加会审。

第三章　合同会审管理

第五条　单位可依据需要选择会审方式，具体的会审方式如下。

（一）单独会审：将合同分别报送相关科室一一进行会审。

（二）集体会审：将参与会审的科室相关成员聚集在一起组成会审小组，一次性完成合同会审工作。

第六条　合同会审主体根据科室职责分工承担合同协议相关内容的会审工作。

（一）法制处主要负责对合同对方身份和资格、合同条款的合法性、合同的争议解决方式等内容的审核。

（二）计划财务处主要负责合同对方资信情况、价款支付、违约金的赔偿及经济损失计算等条款的审核。

第七条　合同会审要点。

（一）合法性：包括合同的主体、内容和形式是否合法，合同订立程序是否符合规定，会审意见是否齐备，资金的来源、使用及结算方式是否合规等。

合同会审实施办法	
编制部门：	发布日期：

（二）经济性：主要指合同的内容是否能够保证本单位的利益不受损。

（三）可行性：包括签约方是否具有资信及履约能力、是否具备签约资格等。

（四）严密性：包括合同条款及有关附件是否完整齐备、文字表述是否准确、附加条件是否适当合法、合同约定的权利义务是否明确和数量、金额等标示是否准确等。

第八条 合同会审的实施程序。

（一）合同承办部门和人员向会审主体（或会审小组）提交会审合同，并对重点问题进行相关说明。

（二）会审主体（或会审小组）根据其职责范围对合同相关内容发表各自意见，最终形成决定性结论；参与会审人员要对会审计意见和结果签字负责。

（三）承办部门和人员依据会审主体（或会审小组）签署的意见，做好相关处理工作。

第九条 合同会审的工作要求包括但不限于以下三个方面。

（一）合同会审工作应控制在个＿＿＿＿工作日以内。

（二）会审主体（或会审小组成员）在会审过程中，应认真、仔细，发现疑问之处，及时与拟订合同的部门进行沟通。

（三）对以前签订的、程序不合法、损害单位利益的合同，承办人员应依照会审意见，对合同关系予以解除。

第四章 附 则

第十条 本办法未尽事宜，依照国家相关规定执行。

第十一条 本办法由单位办公室负责解释。

第十二条 本办法自＿＿＿＿年＿＿月＿＿日起施行。

第4节　合同订立履行内部控制规范

16.4.1　合同保密管理制度

合同保密管理制度	
编制部门：	发布日期：

第一章　总　则

第一条　为保守单位合同的秘密，维护本单位合法权益，依据《中华人民共和国保守国家秘密法》《中华人民共和国保守国家秘密法实施办法》等法律法规，结合本单位实际，制定本制度。

第二条　合同管理所涉及的相关人员均应依据本制度，做好保密工作。

第二章　密级的划分

第三条　单位合同的密级分为"绝密""机密""秘密"三级，属于单位秘密合同及相关文件、资料，应在文件的右上角标明密级。

（一）"绝密"合同是指此类合同文件资料的泄密会使单位的利益受到特别严重的损害。

（二）"机密"合同是指此类合同文件资料的泄密会使单位受到严重的损害。

（三）"秘密"合同是指此类合同文件资料的泄密会使单位的利益受到损害。

第四条　各密级合同的保存期限。

（一）"绝密"合同文件的保密期限为＿＿＿＿＿＿＿年。

（二）"机密"合同文件的保密期限为＿＿＿＿＿＿＿年。

（三）"秘密"合同文件的保密期限为＿＿＿＿＿＿＿年。

第五条　单位定密责任人由办公室保密负责人及保密员担任，具体负责本单位合同密级的确定、变更、解除工作。

第六条　解密和降低密级的具体操作要求。

（一）解密和降低密级由定密责任人提出，报单位主管领导批准后执行。

合同保密管理制度

编制部门：	发布日期：

（二）解密和降低密级操作应由定密责任人监督指导，档案管理员具体实施。

第三章 合同保密工作

第七条 密级合同文件签订后，由定密责任人确定密级，经单位主管领导批准后，交档案管理员进行妥善保管。

第八条 密级合同文件资料的保存。

（一）保存密级合同文件资料，应选择安全保密的场所和部位，并配备安全可靠的保密设备。

（二）保密员离开办公场所时，应当将密级合同文件资料存放在保密设备中。

第九条 阅读和使用密级合同文件资料，应办理登记、签收手续，档案管理员应随时掌握密级合同文件资料的去向。

第十条 密级合同文件资料的复制，按以下程序办理。

（一）复制绝密级合同文件资料，应当经单位主管领导及上级主管部门批准。

（二）复制机密、秘密级合同文件资料，应当经单位主管领导批准。

（三）复制密级合同文件资料，不得改变其密级、保密期限和知悉范围；并履行登记手续；复制件要加盖单位的戳记，并视同原件管理。

第十一条 因工作确需携带密级合同文件资料外出的，应当符合下列要求。

（一）采取保护措施，使密级合同文件资料始终处于携带人的有效控制之下。

（二）须经单位主管领导批准，且携带绝密级合同文件资料的应有二人以上同行。

（三）参加涉外活动不得携带密级合同文件资料。

第十二条 密级合同文件资料的销毁应履行登记、审批手续，并在专人监督下进行，不得向废品收购部门出售。

第十三条 违反本制度泄露合同秘密的，按照有关规定给予责任人行政或党纪处分；情节严重构成犯罪的，由其本人承担刑事责任。

第四章 附 则

第十四条 本制度由办公室负责解释。

第十五条 本制度自＿＿＿＿年＿＿月＿＿日起施行。

16.4.2　合同档案管理规定

<table>
<tr><td colspan="2" align="center">合同档案管理规定</td></tr>
<tr><td>编制部门：</td><td>发布日期：</td></tr>
</table>

第一条　目的。

为加强单位合同文档的管理工作，提高档案管理水平，逐步实现合同管理工作的规范化、制度化、科学化，依据《中华人民共和国合同法》等法律法规，结合本单位实际，制定本规定。

第二条　适用范围。

本规定适用于合同及其相关档案资料的管理工作。

第三条　合同编号管理。

单位合同应实行统一编号。合同承办部门在合同定稿后，向单位办公室取得合同的编号。

第四条　合同存档。

（一）合同正式签订后，合同原件（正本）一份交单位办公室保管，一份交计划财务处保管，一份留合同承办部门保管，其他合同文本交合同对方。

（二）合同承办部门应将合同原件（正本）及其电子版、"合同审批表"（原件）、合同执行过程的往来函件、纠纷或争议的处理情况记载等相关文件材料送单位办公室备案，一年后交档案管理员归档保管。

（三）合同档案密级按"绝密""机密""秘密"三种进行，密级的级别由密级责任人确定；合同保密文档应加盖密级印章，以起到保密提示作用。

第五条　合同保管。

（一）单位档案室应设立合同存放柜，对合同进行专柜管理。

（二）档案管理员应及时清理合同文档的产生和使用过程中出现的一些中间文档或暂时性文档。

（三）做好合同存放柜的防火、防潮、防有害生物等措施，确保合同及相关文件资料的安全。

第六条　合同的查阅与借阅。

（一）工作人员查阅合同文件应办理登记手续，在单位办公室查阅合同文档。

合同档案管理规定

编制部门：	发布日期：

（二）确因工作需要需借出查阅的，须经本部门主管领导及单位主管领导签字后，办理相关借阅手续，以影印件借出，合同原件无特殊情况不得外借。

（三）查阅或借阅人员严禁涂改、圈划、抽取、撤换合同档案资料；不得向外泄露或擅自向外公布档案内容。

（四）密级合同文件的查阅与借阅管理，依据合同保密制度相关规定执行。

第七条　合同档案的销毁。

合同档案销毁应登记造册，经档案鉴定小组审查，主管领导批准后，按规定进行销毁，并指派专人进行监销。

第八条　合同档案违规管理惩罚。

（一）保存的合同文档每_____月整理一次，如有遗失、损毁，要查明原因，及时处理，并追究相关人员责任。

（二）档案借阅人员不得涂改、伪造、撕毁合同档案材料，违者将视情节严重予以处罚。

（三）合同文档的密级为机密，任何人不得擅自公开，违者将视情节严重予以处罚。

第九条　本规定未尽事宜，依照国家相关规定执行。

第十条　本规定由单位办公室负责解释。

第十一条　本规定自公布之日起实施。

16.4.3　合同变更管理办法

合同变更管理办法	
编制部门：	发布日期：

第一条　为有效处理合同中不合理情况，避免和减少因违约和纠纷带来的损失，维护单位合法权益，依据《中华人民共和国合同法》等相关法律法规，结合本单位实际，制定本办法。

第二条　发生下列情况之一的，可变更合同。

（一）与合同对方协商一致的。

（二）订立合同所依据的法律、法规已经修改或失效的。

（三）订立合同所依据的客观情况发生重大变化，致使原合同部分条款无法履行的。

（四）其他符合合同约定的变更条件的。

第三条　单位合同的变更，需要遵循下列程序。

（一）合同承办人在合同履行过程中发现条款需要变更，向归口管理部门提交变更申请。

（二）归口管理部门负责人和单位主管领导对变更申请进行审核，重大合同的变更须报经上级主管单位审核。

（三）审核通过后，合同承办人员与合同对方协商变更条款，并将达成的书面协议递交合同关联部门、分管领导、法制处等职能部门审核并加盖公章或者合同专用章，报单位主管领导或上级主管部门审批。

（四）审批通过后，由合同承办人与合同对方签订合同变更书面协议。

（五）合同档案管理员负责保管合同变更的书面协议及相关材料。

第四条　变更合同到期无法履行时，需要做如下的处理。

（一）变更的合同条款存在欺诈、错误、显失公平等情形的，归口管理部门负责处理。

（二）因合同变更导致无法履行，对单位造成重大损失的，可申请仲裁或诉讼处理。

第五条　若合同双方对合同的变更产生纠纷的，单位任何人员未经授权不得向合同对方做出实质性答复或承诺。

第六条　本办法由单位办公室负责解释，自公布之日起施行。

16.4.4 合同履行验收管理制度

合同履行验收管理制度		
编制部门：		发布日期：

第一条 为监督合同的有效履行，避免或减少因合同违约或纠纷给单位带来的损失，依据《中华人民共和国合同法》等法律法规的规定，结合本单位实际，制定本制度。

第二条 单位所有合同的履行与验收管理工作均依据本制度执行。

第三条 签订合同生效后，单位相关部门与合同对方应当按合同条款规定，全面履行合同义务。

（一）合同承办人负责对承办合同的履行情况进行追踪，并及时向上级主管汇报。

（二）计划财务处根据合同条款审核执行结算业务。

（三）合同承办部门及归口管理部门负责合同履行情况的监督管理。

第四条 合同的归口管理部门组织成立_____人以上的（单数的）合同协议履约验收小组，由单位主管领导指定验收主要责任人，对合同的履约情况进行验收。

第五条 验收中发现下列不符合合同约定的情形的，验收小组应在验收报告中注明违约情形和事项，并及时提请相关部门根据实际情况依法处理：

（一）合同对方未按合同规定时间、内容、方式等履约的。

（二）合同对方履约内容未达到规定标准的。

（三）其他违反合同约定的情形。

第六条 验收完成后，由验收小组提交合同履约验收报告，并依法承担相应的法律责任。

第七条 单位根据验收报告内容，及时与合同对方办理相关清结手续，了结权利义务关系。

第八条 凡未按合同条款履约的，或应签订书面合同而未签订的，或验收未通过的合同，计划财务处有权拒绝付款。

第九条 本制度由单位办公室负责解释。

第十条 本制度自_____年____月____日起施行。